HTML 4.0

Ingo Dellwig

HTML 4.0

 ADDISON-WESLEY

An imprint of Pearson Education

München • Boston • San Francisco • Harlow, England
Don Mills, Ontario • Sydney • Mexico City
Madrid • Amsterdam

Die Deutsche Bibliothek – CIP-Einheitsaufnahme
Ein Titeldatensatz für diese Publikation ist bei
Der Deutschen Bibliothek erhältlich

Die Informationen in diesem Produkt werden ohne Rücksicht auf einen
eventuellen Patentschutz veröffentlicht.
Warennamen werden ohne Gewährleistung der freien Verwendbarkeit benutzt.
Bei der Zusammenstellung von Texten und Abbildungen wurde mit größter
Sorgfalt vorgegangen.
Trotzdem können Fehler nicht vollständig ausgeschlossen werden.
Verlag, Herausgeber und Autoren können für fehlerhafte Angaben
und deren Folgen weder eine juristische Verantwortung noch
irgendeine Haftung übernehmen.
Für Verbesserungsvorschläge und Hinweise auf Fehler sind Verlag und
Herausgeber dankbar.

Alle Rechte vorbehalten, auch die der fotomechanischen Wiedergabe und der
Speicherung in elektronischen Medien.
Die gewerbliche Nutzung der in diesem Produkt gezeigten Modelle und Arbeiten
ist nicht zulässig.

Fast alle Hardware- und Softwarebezeichnungen, die in diesem Buch erwähnt werden,
sind gleichzeitig auch eingetragene Warenzeichen oder sollten als solche betrachtet
werden.

Umwelthinweis:
Dieses Buch wurde auf chlorfrei gebleichtem Papier gedruckt.
Die Einschrumpffolie – zum Schutz vor Verschmutzung – ist aus
umweltverträglichem und recyclingfähigem PE-Material.

10 9 8 7 6 5 4 3 2 1

04 03 02 01 00

ISBN 3-8273-1669-3

© 2000 by Addison-Wesley Verlag,
ein Imprint der Pearson Education Deutschland GmbH
Martin-Kollar-Straße 10–12, D-81829 München/Germany
Alle Rechte vorbehalten

Einbandgestaltung:	Vera Zimmermann, Mainz
Lektorat:	Christina Gibbs, cgibbs@pearson.de
Korrektorat:	Simone Burst, Großberghofen
Herstellung:	TYPisch Müller, San Ginesio, Italien
Satz und Layout:	mediaService, Siegen (www.mediaproject.net)
Druck und Verarbeitung:	Nørhaven, Viborg (DK)

Printed in Denmark

Inhaltsverzeichnis

Vorwort 13

Teil I – Start up! 19
Einführung

1 Was ist HTML? 19
2 Voraussetzungen 20
   2.1 Texteditor 20
   2.2 Browser 20
3 HTML Grundlagen 23
   3.1 Hello World! 23
   3.2 Tags 25
   3.3 Kopf und Körper 26
   3.4 Attribute 27
4 Das Textbild 28
   4.1 Zeilenumbrüche und Absätze 28
   4.2 Umlaute und Sonderzeichen 29
   4.3 Überschriften 31
   4.4 Textpassagen hervorheben 33
   4.5 Text ausrichten 33
5 Links 34
   5.1 Interne Links 34
   5.2 Externe Links 37
   5.3 Telnet 38
   5.4 FTP 40
   5.5 E-Mail 41
   5.6 Sprünge innerhalb einer Seite 42
6 Listen 43
   6.1 Ungeordnete Listen 43
   6.2 Geordnete Listen 46

7		Tabellen	48
	7.1	Grundaufbau einer Tabelle	49
	7.2	Daten eingetragen	50
	7.3	Formatierung von Tabellen	51
	7.4	Text in Tabellen ausrichten	52
8		Schriftbild	54
	8.1	Schriftgröße	54
	8.2	Schriftarten	56
9		Farben	57
	9.1	Wie werden Farben erzeugt?	57
	9.2	Textfarben ändern	58
	9.3	Hintergrundfarbe	59
10		Grafiken	61
	10.1	Grafiken anzeigen	61
	10.2	Grafiken ausrichten	63
	10.3	Grafiken als Anker für Links nutzen	66
	10.4	Hintergrundgrafiken	66
	10.5	Videos	68
11		Musik und Geräusche	70
	11.1	Musik einfügen	70
	11.2	Geräusche einfügen	70
12		Rahmen	71
	12.1	Eine Seite in Rahmen unterteilen	72
	12.2	Rahmen gezielt ansprechen	75
	12.3	Browser ohne Rahmenunterstützung	77
13		Formulare	79
	13.1	Textfelder	79
	13.2	Radio- und Checkbuttons	82
	13.3	Auswahlmenüs	84
	13.4	Formulare absenden und löschen	85
	13.5	Formulare auswerten	90
14		Besondere Tags	90
	14.1	Trennlinien ziehen	90
	14.2	Kommentare	91

15	Planung vor Projektbeginn	91
15.1	Überlegungen vor der Programmierung	91
15.2	Programmierung	94
15.3	Erscheinungsbild	101

Teil II – Take that!
Kurzreferenz

107

1	Themenübersicht		107
2	A		109
	2.1	<a>	109
	2.2	<abbr>	114
	2.3	<acronym>	114
	2.4	<address>	115
	2.5	<applet>	115
	2.6	<area>	118
3	B		120
	3.1	<b>	120
	3.2	<base>	121
	3.3	<basefont>	121
	3.4	<bdo>	122
	3.5	<bgsound>	123
	3.6	<big>	124
	3.7	<blink>	124
	3.8	<blockquote>	125
	3.9	<body>	125
	3.10	 	129
	3.11	<button>	130
4	C		131
	4.1	<caption>	131
	4.2	<center>	133
	4.3	<cite>	133
	4.4	<code>	134
	4.5	<col>	134
	4.6	<colgroup>	136
	4.7	<comment>	138

5 D — 139

- 5.1 <dd> — 139
- 5.2 <del> — 141
- 5.3 <dfn> — 142
- 5.4 <dir> — 142
- 5.5 <div> — 143
- 5.6 <dl> — 145
- 5.7 <dt> — 146

6 E — 148

- 6.1 <em> — 148
- 6.2 <embed> — 148

7 F — 149

- 7.1 <fieldset> — 149
- 7.2 <font> — 151
- 7.3 <form> — 152
- 7.4 <frame> — 154
- 7.5 <frameset> — 157

8 H — 160

- 8.1 <h1> ... <h6> — 160
- 8.2 <head> — 163
- 8.3 <hr> — 163
- 8.4 <html> — 164

9 I — 165

- 9.1 <i> — 165
- 9.2 <iframe> — 166
- 9.3 <img> — 169
- 9.4 <ins> — 172
- 9.5 <input> — 174
- 9.6 <isindex> — 191

10 K — 192

- 10.1 <kbd> — 192
- 10.2 <keygen> — 192

11 L — 193

- 11.1 <label> — 193
- 11.2 <legend> — 194
- 11.3 <li> — 195
- 11.4 <link> — 197
- 11.5 <listing> — 199

12	**M**		199
	12.1	\<map\>	199
	12.2	\<marquee\>	200
	12.3	\<menu\>	202
	12.4	\<meta\>	204
	12.5	\<multicol\>	205
13	**N**		206
	13.1	\<nextid\>	206
	13.2	\<nobr\>	206
	13.3	\<noembed\>	207
	13.4	\<noframes\>	207
	13.5	\<noscript\>	208
14	**O**		209
	14.1	\<object\>	209
	14.2	\<ol\>	212
	14.3	\<optgroup\>	214
	14.4	\<option\>	215
15	**P**		216
	15.1	\<p\>	216
	15.2	\<param\>	217
	15.3	\<plaintext\>	218
	15.4	\<pre\>	219
16	**Q**		220
	16.1	\<q\>	220
17	**R**		220
	17.1	\<rt\>	220
	17.2	\<ruby\>	221
18	**S**		222
	18.1	\<s\>	222
	18.2	\<samp\>	222
	18.3	\<script\>	223
	18.4	\<select\>	224
	18.5	\<small\>	226
	18.6	\<spacer\>	227
	18.7	\<span\>	228

	18.8	\<strike\>	228
	18.9	\<strong\>	229
	18.10	\<style\>	229
	18.11	\<sub\>	231
	18.12	\<sup\>	231
19	T		231
	19.1	\<table\>	231
	19.2	\<tbody\>	235
	19.3	\<td\>	237
	19.4	\<textarea\>	240
	19.5	\<tfoot\>	242
	19.6	\<th\>	244
	19.7	\<thead\>	248
	19.8	\<title\>	250
	19.9	\<tr\>	250
	19.10	\<tt\>	253
20	U		253
	20.1	\<u\>	253
	20.2	\<ul\>	253
21	V		255
	21.1	\<var\>	255
22	W		256
	22.1	\<wbr\>	256
23	X		256
	23.1	\<xml\>	256
	23.2	\<xmp\>	256
24	!		257
	24.1	\<!-- ... --\>	257

Teil III – Go ahead! 261
Fortgeschrittene Programmierung, Tipps und Tricks

1	Style Sheets		261
	1.1	Eine Stil-Datei anlegen	261
	1.2	Ein »Style Sheet« einbinden	262
	1.3	Den eigenen Stil definieren	263
	1.4	Übersicht	273
2	Dynamic HTML		274

	2.1	Was bietet Dynamic HTML?	274
	2.2	Seitenübergänge	274
	2.3	Spezialüberschrift	285
3	Nützliche JavaScripts		287
	3.1	Aktualisierungsdatum	287
	3.2	Kompatibilitäts-Skript	288
	3.3	Statuszeilen-Laufschrift	289
4	Interessante Seiten im Web		292
	4.1	Browser	292
	4.2	HTML	294
	4.3	Über dieses Buch	299
5	Mein Tipp zum Schluss ...		301

Anhang		303
A	Umformungen von Sonderzeichen	303
B	Vordefinierte Farbwerte	306
C	Die hexadezimalen Zahlen	311
D	Glossar	312
E	Die Beispieldateien zum Buch	320
Stichwortverzeichnis		321

Vorwort

Sehr geehrte Leserin, sehr geehrter Leser,

die Entwicklung des Internets, und damit auch die Weiterentwicklung der Internetsprachen und -technologien, geht mit atemberaubender Geschwindigkeit vonstatten. Die Hypertext Markup Language (HTML) ist allerdings schon seit einiger Zeit auf dem Stand der Version 4.0. Gerade diese Sprache scheint derzeit recht ausgereift und auf dem Stand der Zeit zu sein.

Einzig und allein die unterschiedlichen Browser, die jeweils andere Standards unterstützen, machen es einem HTML-Programmierer schwer, kompatible HTML-Seiten zu erstellen. Aus diesem Grund finden Sie hier eine umfassende Kurzreferenz, die zu jedem Tag und dessen Attributen die Browserkompatibilität dokumentiert.

Wenn Sie noch keine HTML-Erfahrung haben, hilft Ihnen die Einführung auf die Sprünge. Hier erfahren Sie in leicht verständlichen Schritten, wie Sie in HTML programmieren. In der Einführung lernen Sie auch die grundlegenden HTML-Technologien kennen. Mit Hilfe der Kurzreferenz können Sie Ihre Kenntnisse auf einen professionellen Wissensstand ausbauen.

Abschließend möchte ich Sie auf ein paar interessante Technologien (Style Sheets, Dynamic HTML, ...) im Kapitel »Tipps & Tricks« aufmerksam machen, die nicht direkt im Zusammenhang mit HTML 4.0 stehen, aber das Leben eines HTML-Programmierers wesentlich einfacher gestalten.

An dieser Stelle möchte ich allen danken, die (wie auch immer) an der Entstehung dieses Buches beteiligt waren:

Zuerst ist hier die Addison-Wesley Lektorin Christina Gibbs zu nennen, die alle Hebel in Bewegung gesetzt hat, um mehr Zeit für die Schreibphase zu reservieren.

Ein weiteres Dankeschön geht an meinen Bruder Elmar Dellwig, der mehr Produktionsanteil am parallel entstehenden Titel »Nitty Gritty JavaScript 1.3« auf sich genommen hat, als zuvor geplant war.

Nicht zu vergessen sind hier meine Eltern und Freunde, die mich in der »heißen Phase« kaum zu Gesicht bekommen haben. Sorry, aber es kommen auch wieder ruhigere Zeiten. Versprochen!

Last but not least ist mir das Dortmunder Universitätsorchester auf der Konzertreise in die Toskana sehr behilflich gewesen, denn alle Mitglieder haben viel Rücksicht auf mich genommen, wenn ich ins Schreiben vertieft war. Die Orchesterfahrt hat wieder einmal riesigen Spaß gemacht.

Nun wünsche ich Ihnen viel Spaß beim Lesen und hoffe, dass Sie alle Informationen über HTML 4 finden, die Sie für Ihre Zwecke brauchen.

Ingo Dellwig
Volterra im Juli 2000

Ingo Dellwig

... ist ein begeisterter und engagierter Internet-Nutzer, der schon seit einigen Jahren seine eigene Homepage unterhält. Er beschäftigt sich bereits seit 1986 mit Computern. Durch seine zusätzliche Tätigkeit an der Hotline eines großen Online-Dienstanbieters sammelte er neben seinem Informatikstudium bereits Erfahrungen zum Thema Internet.

Während dieser Zeit wurde er immer wieder mit den Problemen der Anwender bei der Erstellung einer eigenen Homepage konfrontiert. Darüber hinaus machte er sich 1997 selbstständig und gründete die Softwarefirma SPECTROsoftware, die neben Projekten im Unterhaltungsbereich und Schulungen auch Homepages für Unternehmen aus den verschiedensten Branchen herstellt.

»In meinen Büchern möchte ich den Lesern die Angst vor der Theorie nehmen, indem ich sie Schritt für Schritt mit praktischen Beispielen weiter ans Ziel führe.«

Mit dieser Einstellung fährt Ingo Dellwig anscheinend ganz gut, denn er hat schon einige Bücher in den Bereichen Internet, Hardware und Programmierung verfasst, die immer ein voller Erfolg wurden.

TEIL 1

Nitty Gritty

START UP!

Einführung

Dieses Buch ist in drei Teile gegliedert. Lernen Sie in der Einführung die Grundlagen der HTML-Programmierung kennen und machen Sie sich mit den wichtigsten Tags vertraut. Die Kurzreferenz soll Ihnen einen Überblick über die Tags von HTML 4 geben und dient als schnelles Nachschlagewerk. Die Tipps und Tricks runden dieses Buch ab und verraten Ihnen einige Kniffe, auf die Sie vielleicht nicht allein gekommen wären. Außerdem werden Sie dort auf weiterführende Sprachen und Methoden hingewiesen und zum Beispiel kurz in Dynamic HTML und Style Sheets eingeführt.

1 Was ist HTML?

Da Sie dieses Buch mit dem Titel »HTML 4« in den Händen halten, kann man schon davon ausgehen, dass Sie wissen, was HTML ist. Deshalb fasse ich mich an dieser Stelle kurz. Die Abkürzung »HTML« steht für »Hypertext Markup Language«. Diese Sprache ermöglicht die Übertragung und Darstellung von Internetseiten im World Wide Web (WWW). Dabei werden die einzelnen Seiten durch Links verknüpft. So gelangt man durch einen Klick auf ein Schlüsselwort oder auf eine Grafik zur nächsten Seite. Das komplette WWW lässt sich so erforschen.

Ein weiterer wichtiger Aspekt von HTML ist die Universalität. Da HTML-Seiten im ASCII- bzw. Textformat gespeichert werden, können sie auf fast allen Computern verarbeitet werden. Ein PC kommt damit genauso klar wie ein Macintosh, ein Unix-System oder sogar ein Handheld-PC.

2 Voraussetzungen

Wenn man in HTML programmieren möchte, benötigt man einige Hilfsmittel, die alle kostenlos zu beschaffen sind. Einerseits müssen wir die Quelltexte erstellen. Dazu brauchen wir einen Texteditor. Auf der anderen Seite ist es wichtig, das Ergebnis zu kontrollieren und gegebenenfalls Fehler zu berichtigen. Dazu wird ein (oder besser mehrere) Browser benötigt.

2.1 Texteditor

In jedem Betriebssystem finden Sie einen Texteditor. In Windows können Sie beispielsweise »Notepad« verwenden. Unter Unix und Linux steht Ihnen »joe« zur Verfügung und auch der Macintosh bringt eigene Textverarbeitungsprogramme mit. Wichtig ist, dass Ihr Editor normale Standard-Texte speichern kann. Es dürfen keine zusätzlichen Steuerbefehle, wie zum Beispiel Fettdruck, Tabellen oder Blocksatz, abgespeichert werden. Wenn Ihr Editor das erfüllt, ist er bestens für die HTML-Programmierung geeignet.

2.2 Browser

Ein Browser wandelt HTML-Code in eine formatierte Internetseite um, die er auf dem Bildschirm anzeigt. Es gibt eine Vielzahl von verschiedenen Browsern, die bestimmte Befehle unterschiedlich interpretieren. Allerdings haben sich nur zwei Programme gegen die Konkurrenz durchgesetzt. Das eine Programm ist der »Internet Explorer« der Firma Microsoft und das andere der »Netscape Communicator« von Netscape.

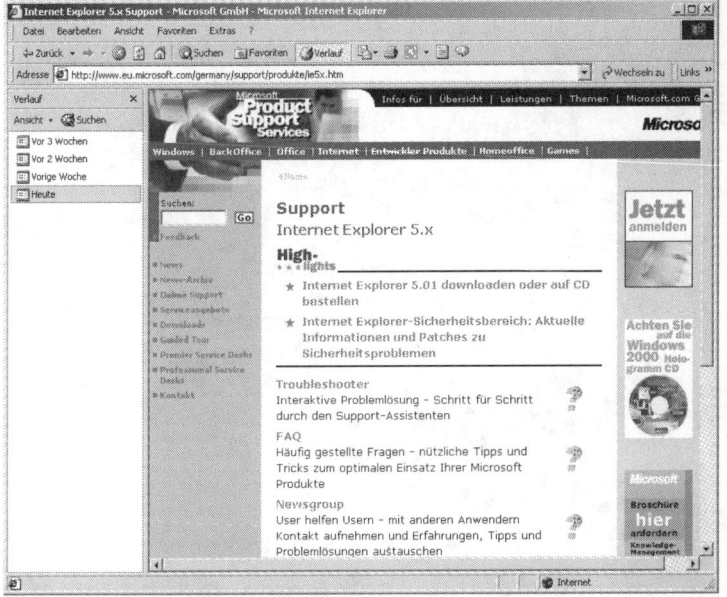

Bild 1.1: Der Microsoft Internet Explorer 5.01

Dieser Browser ist bei den aktuellen Betriebssystemen von Microsoft vorinstalliert. Wenn Sie ein anderes System nutzen, können Sie eine aktuelle Version aus dem Internet laden. Die Adresse lautet:

http://www.microsoft.com/germany/internet/

Bild 1.2: Netscape 6.0 ist zum Erscheinungstermin des Buches nur als Preview-Version erhältlich.

Diesen Browser können Sie aus dem Internet downloaden, wenn Sie folgende Adresse besuchen:

http://www.netscape.com/de/

In diesem Buch werde ich besonders auf diese beiden Browser eingehen und Ihnen die Unterschiede bei jedem einzelnen Thema aufzählen. Mit folgender Grafik möchte ich Ihnen beweisen, dass eine Beschränkung auf die beiden genannten Programme tatsächlich ausreicht:

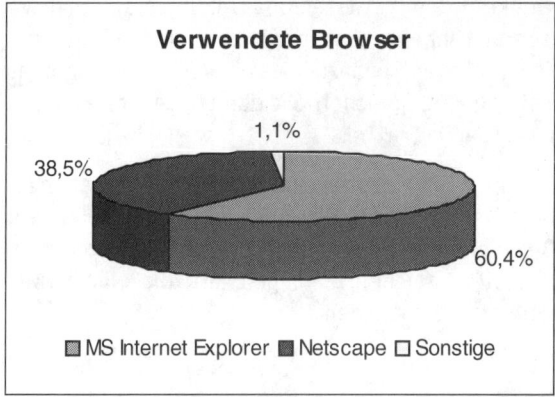

Bild 1.3: Die verwendeten Browser bei WebHits.de (Stand 29.05.2000)

3 HTML Grundlagen

In diesem Kapitel möchten ich Sie in den Umgang mit HTML einführen. Hier werden Sie Ihre erste HTML-Datei erstellen, abspeichern und ansehen. Außerdem lernen Sie die wichtigsten Tags kennen, die Sie bei der Erstellung von Internetseiten mit HTML benötigen.

3.1 Hello World!

Seit jeher ist es Tradition, dass das erste Programm in einer neuen Programmiersprache die Welt begrüßt. Da die meisten Programmiersprachen in Englisch gehalten sind, geben wir nun den Schriftzug Hello World! auf dem Bildschirm aus. Wenn Sie diese Ausgabe sehen, haben Sie erfolgreich Ihr erstes Programm generiert und ausgeführt. Also frisch ans Werk ...

Starten Sie Ihren Lieblings-Texteditor und tragen Sie die folgenden Zeilen ein.

```
<html>
Hello World!
</html>
```

Das Tag <html> markiert den HTML-Teil des Dokuments. Damit wir das Ergebnis ansehen können, müssen wir den Quelltext auf der Festplatte abspeichern. Legen Sie dazu bitte ein Verzeichnis namens HTML4 auf Ihrer Festplatte an. Speichern Sie dann unser erstes Dokument in die Datei HelloWorld.html.

Bitte beachten Sie, dass der Quelltext im Textformat abgespeichert werden muss. Wenn Sie ein HTML-Dokument zum Beispiel im Word-Format abspeichern, werden zusätzliche Steuerzeichen abgespeichert, die eine HTML-Datei unbrauchbar machen.

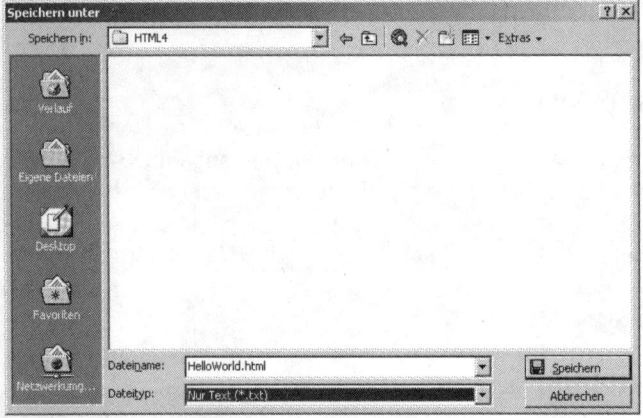

Bild 1.4: HTML-Dateien sind immer im Textformat abzuspeichern.

Unser Meisterwerk befindet sich nun auf Ihrer Festplatte. Aber wie schaut man sich jetzt das Ergebnis an? Wenn Sie einen Internetbrowser – wie zum Beispiel den Microsoft Internet Explorer oder den Netscape Communicator – installiert haben, können Sie Ihre Datei über den Explorer durch einen simplen Doppelklick öffnen.

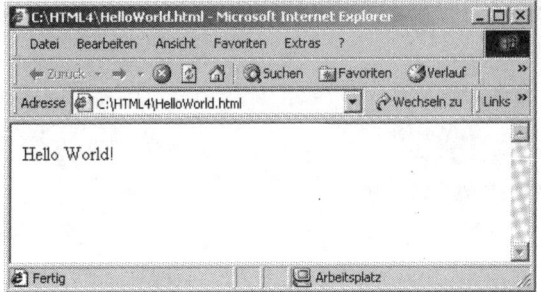

Bild 1.5: So sieht HelloWorld.html im Internet-Explorer aus.

Sie haben nun Ihre erste HTML-Datei geschrieben und vom Browser anzeigen lassen. Sie haben die beiden Kennzeichnungen kennen gelernt, die eine HTML-Datei von einer anderen Textdatei unterscheiden. Das ist zum einen die Dateiendung .htm oder .html und zum anderen die Umschließung des HTML-Codes mit den Tags <html> und </html>. Was genau sind nun diese Tags?

3.2 Tags

Wenn man beispielsweise einen Textabschnitt in fetter Schrift darstellen möchte, sollte der Browser wissen, wo der fett gedruckte Text beginnt und wo er endet. Dazu muss man einen Start- und einen Endpunkt im Text markieren. Fetter Text wird in HTML mit dem Tag <b> (engl. bold = fett gedruckt) gekennzeichnet. Sicher haben Sie inzwischen erkannt, dass sich Tags durch die spitzen Klammern (< und >) von normalem Text unterscheiden. Wenn der Fettdruck wieder abgeschaltet werden soll, wird ein schließendes Tag verwendet. Dieses unterscheidet sich vom öffnenden Tag <b> durch den Querstrich (/). Das Ende einer fett gedruckten Passage wird also mit </b> gekennzeichnet. Es folgt ein passendes Beispiel:

```
<html>
Dieser Text ist noch normal formatiert, während die nächsten drei Worte
<b>in fett gedruckter Schrift</b> auf dem Bildschirm erscheinen.
</html>
```

Schauen wir uns das Ergebnis im Browser an:

Bild 1.6: Wie versprochen werden die markierten Worte tatsächlich fett gedruckt.

3.3 Kopf und Körper

Man kann HTML-Seiten in zwei Teile zerlegen. Der erste wird Kopf genannt und wird durch <head> gekennzeichnet. Da der Kopf einen Bereich umfasst, gibt es auch hier ein schließendes Tag </head>. Alles, was im Kopf der HTML-Seite angegeben wird, ist später nicht direkt auf der Seite zu sehen, sondern macht sich anders bemerkbar. Sie sollten zum Beispiel einen Titel für Ihre Homepage wählen. Er wird in den meisten Browsern in der Kopfleiste neben dem Browsernamen angegeben. Der Titel wird durch <title> und </title> umschlossen.

Zu jedem Kopf gehört ein Körper. Im HTML-Körper werden alle Informationen angegeben, die direkt auf der Seite angezeigt werden sollen. Der Körper wird von <body> und </body> eingegrenzt. Wenn wir den HelloWorld-Code um Kopf und Körper ergänzen, sieht der Quelltext so aus:

```
<html>
  <head>
    <title>HelloWorld-Titel</title>
  </head>
  <body>
    Hello World!
  </body>
</html>
```

Nun erscheint das Wort HelloWorld-Titel in der Titelleiste.

Bild 1.7: *Die Titelleiste enthält nun den durch <title> und </title> umrahmten Text.*

3.4 Attribute

In manchen Fällen reichen Tags allein nicht aus. Nehmen wir an, wir möchten eine Trennlinie in ein Dokument einfügen. Das geschieht mit dem Tag `<hr>`. Standardmäßig werden Trennlinien vom Browser in 3D-Optik mit einem Schatten versehen. Manchmal ist dieser Effekt aber nicht erwünscht. Dann wird allerdings kein zusätzliches Tag eingefügt, das den Schattenwurf verhindert, sondern das Tag erhält den Zusatz `noshade` (engl. kein Schatten). Die Schreibweise eines solchen Tags mit Attribut ist dann `<hr noshade>`. Hier wird dann eine Trennlinie ohne Schatten erzeugt.

Zusätzlich gibt es bei vielen Attributen die Möglichkeit, Werte zu übergeben. Wenn wir die Breite unserer Linie um die Hälfte reduzieren möchten, ist dafür das Attribut `width` zuständig. Ein `<hr width>` macht aber keinen Sinn, da der Browser ja nicht wissen kann, dass wir genau eine halblange Linie erzeugen möchten. Deshalb weisen wir `width` den Wert `50%` zu. Das sieht dann so aus: `<hr width=50%>`. Die Linie wird nun in halber Breite angezeigt.

Attribute lassen sich auch kombinieren. So erzeugt `<hr noshade width=50%>` eine Linie ohne Schattenwurf und von halber Bildschirmbreite. Alle Beispiele erkennen Sie in der hier vorgestellten Reihenfolge im nachfolgenden Screenshot wieder:

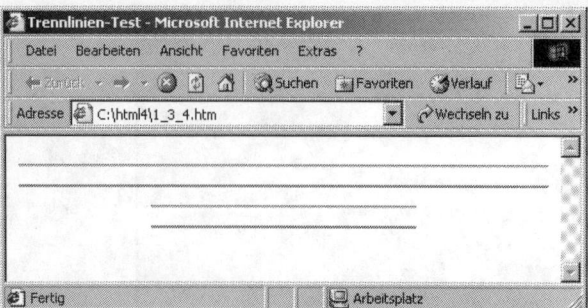

Bild 1.8: Die vier vorgestellten Trennlinienformate

Viel mehr gibt es zur HTML-Syntax nicht zu wissen. Sie kennen nun Tags und deren Attribute. Jetzt wird es Zeit, dieses Wissen anzuwenden und die einzelnen HTML-Tags kennen zu lernen.

4 Das Textbild

Der Großteil einer HTML-Seite besteht normalerweise aus Text. Damit er nicht allzu trist aussieht und damit man besondere Textstellen hervorheben kann, ist es in HTML möglich, das Textbild sehr kreativ zu gestalten.

4.1 Zeilenumbrüche und Absätze

Wenn Sie einfachen Fließtext in HTML-Code kopieren, werden Sie schnell feststellen, dass weder Leerzeichen am Zeilenanfang noch Zeilenumbrüche oder Absätze übernommen werden. Der Browser geht immer davon aus, dass neuer Text hinter das vorhergehende Wort eingefügt werden soll. Dabei ist es egal, ob dieses Wort einige Zeilen zuvor zu finden ist. Das hat den Vorteil, dass man einen Text in verschiedenen Browsern, die eine unterschiedlich breite Darstellungsfläche haben können, optimal ausrichten kann. Wenn man aber Zeilenumbrüche benötigt, muss man diese mit dem Tag `<br>` (engl. break) extra erzwingen. Damit man keine Leerzeilen verwenden muss, die nur das `<br>`-Tag enthalten, wurde `<p>` (engl. paragraph = Absatz) eingeführt, das einen Absatz erzeugt. Da ein Zeilenumbruch keinen Bereich markiert, sondern nur einen Punkt, gibt es hier kein schließendes Tag. `<p>` kann man ebenfalls als allein stehendes Tag verwenden, aber auch die Umrahmung eines Absatzes durch `<p>` und `</p>` ist möglich und durchaus üblich.

4.2 Umlaute und Sonderzeichen

Es gibt leider noch einige alte Browser, die keine Umlaute im Quelltext akzeptieren. Neuere Browser erkennen diese Sonderzeichen aber schon. Wenn Sie Ihre Seite für alle Internetanwender optimal lesbar machen möchten, sollten Sie beachten, dass man Umlaute auch durch Umformungen erzeugen kann. In HTML ist zum Beispiel der Buchstabe ö durch die Umformung `&ouml;` definiert. Das & besagt, dass eine Umformung folgt, die immer am Semikolon endet. Das o sagt, um welchen Vokal es sich handelt, und `uml` ist eine Abkürzung für Umlaut. Auch das & und das ß werden umgeformt, denn das ß ist ein weiterer typisch deutscher Buchstabe und das & ist für die Kennzeichnung von Umformungen reserviert. Auch < und > sind reservierte Sonderzeichen. Sie werden für die Kennzeichnung von Tags genutzt. Daraus ergibt sich die folgende Tabelle:

Umlaut	Umformung
ä	&auml;
ö	&ouml;
ü	&uuml;
Ä	&Auml;
Ö	&Ouml;
Ü	&Uuml;
ß	&szlig;
&	&amp;
<	&lt;
>	&gt;

Tabelle 1.1: Die wichtigsten Umformungen von Sonderzeichen

Weitere Umformungen von Sonderzeichen finden Sie im Anhang A. Hier ein kleiner Beispieltext mit umgeformten Sonderzeichen:

```html
<html>
 <head>
  <title>Sonderzeichen</title>
 </head>
 <body>
  Dieser Beispieltext soll Ihnen zeigen, was mit
  Umformungen m&ouml;glich ist.<p>Sehen Sie hier, wie
  man beispielsweise das Gr&ouml;&szlig;erzeichen (&gt;)
  in HTML-Text einf&uuml;gen kann.
 </body>
</html>
```

Wenn wir uns diese Seite nun ansehen, erscheint folgende Ausgabe:

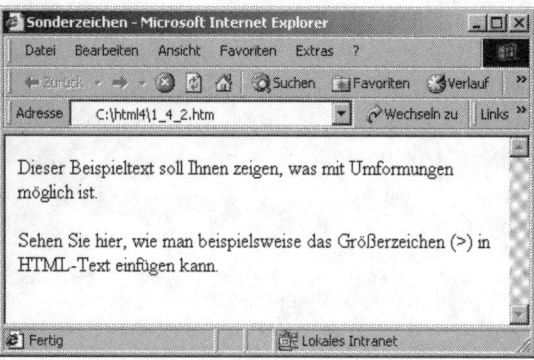

Bild 1.9: Jetzt ist der Text wieder normal lesbar.

Da wir nicht mit so alten Browsern arbeiten und auch HTML 4 sicher nicht von solchen Browsern unterstützt wird, werde ich Umlaute in den folgenden Beispielen nicht umformen.

Es ist aber trotzdem wichtig, dass Sie wissen, worum es sich handelt, wenn Sie beispielsweise fremden Quelltext lesen. Falls Sie Sonderzeichen verwenden möchten, die von HTML selbst reserviert sind, gibt es nur die Möglichkeit, diese über Umformungen zu erzwingen.

4.3 Überschriften

Damit eine HTML-Seite übersichtlich wird, ist es notwendig, Überschriften anzugeben und diese auch hervorzuheben. Dafür gibt es mehrere ganz leicht zu handhabende Tags. Für eine Hauptüberschrift sollte man `<h1>` (engl. headline) verwenden. Für die untergeordneten Überschriften stehen dann noch die Marken `<h2>` bis `<h6>` zur Verfügung. Eine Überschrift ist natürlich ein Textbereich. Deshalb sind hier wieder schließende Tags notwendig (also `</h1>` bis `</h6>`). Ein Beispiel könnte so aussehen:

```
<html>
  <head>
    <title>Überschriften</title>
  </head>
  <body>
    <h1>Speichermedien</h1>
    In der heutigen Zeit gibt es eine Vielzahl von
    elektronischen Speichermedien. Diese werden
    grundsätzlich in magnetische und optische Speicher
    unterteilt.
    <h2>Magnetische Speichermedien</h2>
    Unter den magnetischen Datenträgern wären die
    Datenbänder und Disketten zu nennen.
    <h3>Datenbänder</h3>
    Datenbänder zeichnen sich durch eine hohe
    Speicherkapazität aus. Der Nachteil ist allerdings
    eine relativ langsame Schreib- und
    Lesegeschwindigkeit.
    <h3>Disketten</h3>
    Der gängige Diskettentyp ist die 3,5"-Diskette. Sie
    kann bis zu 1,44 MB Daten speichern.
    <h2>Optische Speichermedien</h2>
    In dieser Kategorie fallen besonders die CD-ROM und
    neuerdings die DVD ins Gewicht.
    <h3>CD-ROM</h3>
    Die CD-ROM fasst bis zu 700 MB Daten.
    <h3>DVD</h3>
    Die DVD (digital versatile disc) fasst bis zu 18 GB.
```

```
</body>
</html>
```

Hier sehen Sie das Ergebnis dieses Quellcodes:

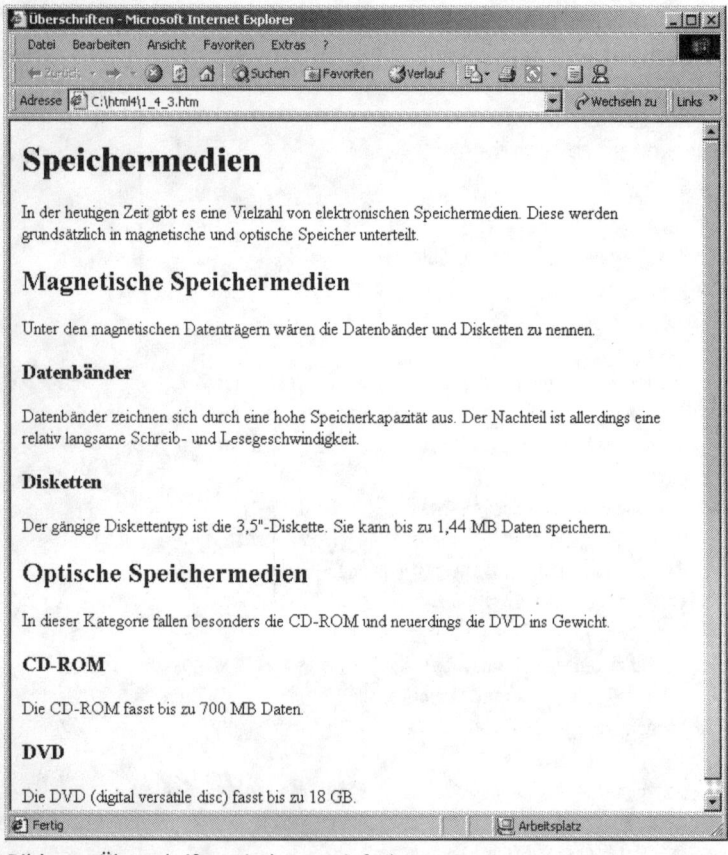

Bild 1.10: Überschriften sind ganz einfach zu erzeugen.

Wie Sie sehen, ist in einem Überschrift-Endtag schon ein Zeilenumbruch enthalten. Ein zusätzliches `<br>` ist also nicht mehr notwendig.

4.4 Textpassagen hervorheben

Manchmal ist es nützlich, Wörter oder ganze Sätze hervorzuheben. Dazu hat man mehrere Tags eingerichtet:

- `<b>` ... `</b>` erlaubt es, Text fett auszugeben. Dieses Tag haben Sie ja schon kennen gelernt.
- Wenn man `<i>` ... `</i>` verwendet, wird der Text kursiv dargestellt.
- Manchmal möchte man einfach eine andere Schriftart zur optischen Abhebung verwenden. Hier hilft `<tt>` weiter, denn diese Marke kann Text in Schreibmaschinenschrift darstellen.
- Einige Browser können `<blink>` ... `</blink>` interpretieren. Der so umrahmte Textabschnitt blinkt auf dem Bildschirm.

Es gibt noch eine Vielzahl von weiteren Möglichkeiten, die allerdings sehr speziell werden und von den verschiedenen Browsern auch unterschiedlich interpretiert werden können. Weitere Details zu diesen Tags finden Sie in der Kurzreferenz.

4.5 Text ausrichten

In vielen Fällen ist es notwendig, Textabschnitt in der Mitte der Seite zu zentrieren. Dabei hilft Ihnen `<center>` ... `</center>`. Wenn wir die neu erlernten Marken einsetzen, können wir schon den folgenden Quellcode erstellen:

```
<html>
  <head>
    <title>Textbild</title>
  </head>
  <body>
    Dieser Text ist ganz normal an der linken Seite des
    Fensters ausgerichtet.<br>
    <center>
       Dieser Text wird dagegen zentriert.<br>
    </center>
    Man kann Texte auch <b>fett, <i>fett &amp;
    kursiv</i></b> oder auch nur <i>kursiv</i>
    darstellen.<br>
  </body>
</html>
```

Einführung

Hier sehen Sie das Ergebnis im Internet-Explorer.

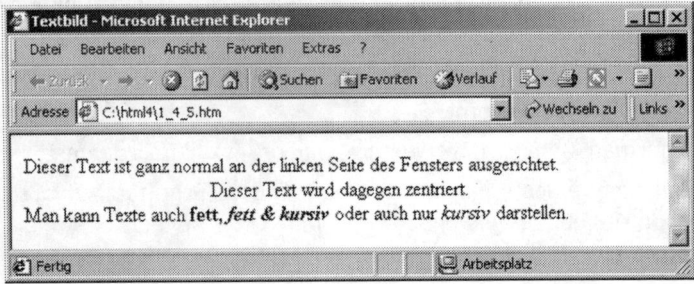

Bild 1.11: Man kann mit einfachen Mitteln wichtige Textteile hervorheben.

Wie Sie erkennen, kann man Hervorhebungsmarken durchaus ineinander verschachteln, denn ein Teil des Textes wird ja gleichzeitig fett und kursiv ausgegeben.

5 Links

Ein Vorteil von HTML-Seiten zu normalem Text ist die Möglichkeit, Verknüpfungen zu anderen HTML-Seiten zu erzeugen. Durch diese Technik wird das »Surfen« im WWW erst möglich gemacht.

5.1 Interne Links

So eine Verknüpfung wird auch Link (Verbindung) genannt. Dabei spielt es keine Rolle, ob Sie zu einer Seite auf Ihrem eigenen Server, auf einem fremden Server oder vielleicht sogar innerhalb einer Seite springen möchten. In diesem Unterkapitel befassen wir uns erst einmal ganz allein mit Seiten, die auf dem gleichen Computer liegen wie die Ausgangsseite.

Der folgende Code erzeugt eine Seite, die Sie bitte unter C:\HTML4\a.htm speichern.

```
<html>
  <head>
    <title>Seite A</title>
  </head>
```

```
<body>
   Sie sehen die Seite A.<P>
   Klicken Sie bitte <a href="b.htm">hier</a>, um zur
   Seite B zu gelangen.
  </body>
</html>
```

Es folgt der Quellcode für die Seite C:\HTML4\b.htm.

```
<html>
  <head>
    <title>Seite B</title>
  </head>
  <body>
    Sie sehen die Seite B.<P>
    Klicken Sie bitte <a href="a.htm">hier</a>, um zur
    Seite A zurückzugelangen.
  </body>
</html>
```

Betrachten wir die Seite a.htm im Browser:

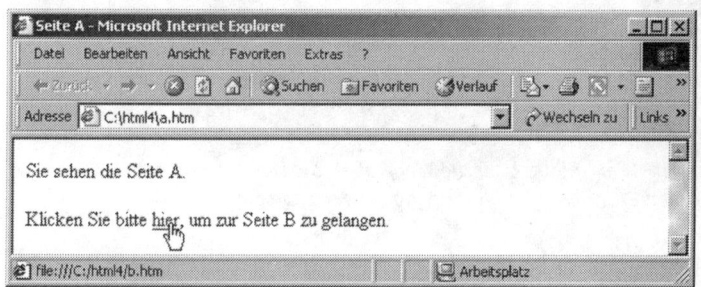

Bild 1.12: Verknüpfungen werden in einer anderen Farbe dargestellt und unterstrichen.

Neben der andersfarbigen und unterstrichenen Darstellung des Wortes »hier« fällt die Veränderung des Mauszeigers auf, wenn man ihn über dieses Wort bewegt. Klicken Sie bitte auf die hervorgehobene Stelle und Sie gelangen zur Seite B, auf der Sie einen Link zurück zur Seite A finden. Sie können also von der Seite A zur Seite B und wieder zurück springen.

Einführung **35**

Dieser Effekt wird durch das Tag `<a>` ... `</a>` ermöglicht. Dadurch wird ein so genannter Anker definiert. Dieser dient als Ansatzpunkt für die Verknüpfung, denn irgendwo muss der Betrachter der HTML-Seite ja klicken, um den Sprung zu nächsten Seite hervorzurufen. Dem Attribut `href` muss der Dateiname der Zielseite zugewiesen werden.

Wenn Sie statt auf eine HTML-Seite auf ein anderes Dateiformat (zum Beispiel eine `.exe`- oder `.zip`-Datei) verweisen, wird auch diese vom Browser angezeigt, wenn ein entsprechendes Unterprogramm (Plug-In) installiert wurde.

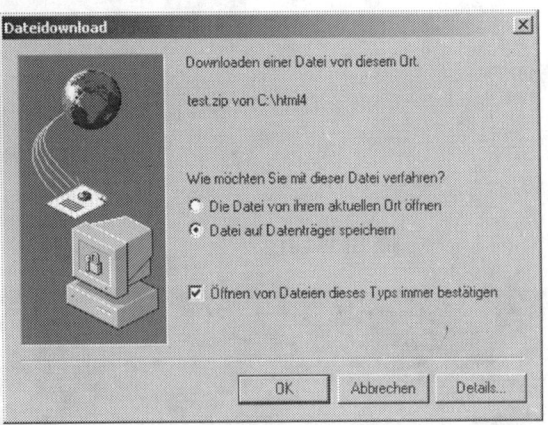

Bild 1.13: *Hier hat der User die Wahl, ob er die Datei mit einem externen Programm öffnen oder doch lieber speichern möchte.*

Wählt der Anwender die Speichern-Option, wird der Browser den Anwender fragen, wohin die Datei gespeichert werden soll. Die Datei wird danach aus dem Internet heruntergeladen und auf dem Computer des Betrachters gespeichert.

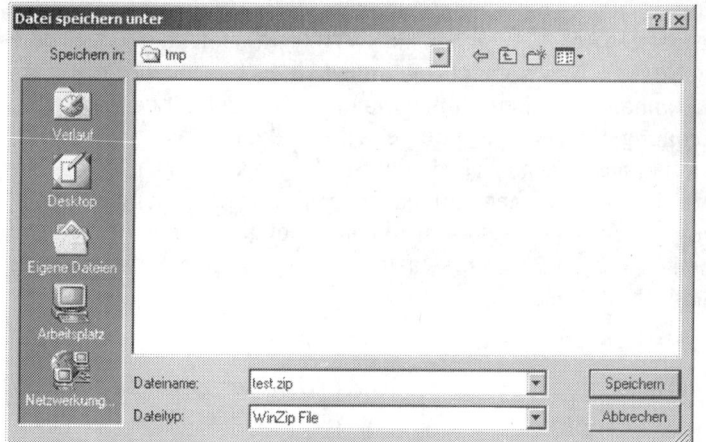

Bild 1.14: Gleich wird die Datei abgespeichert ...

Wenn Sie eine Verzeichnisstruktur aufgebaut haben, können Sie relative Pfadangaben verwenden. Der Browser sucht immer zuerst in dem Verzeichnis, in dem die Ausgangsdatei liegt. Wenn Sie zum Beispiel in der Datei C:\HTML4\test\index.htm den Link <a href="start.htm"> verwenden, wird die Seite C:\HTML4\test\start.htm aufgerufen. Mit <a href="neu/start.htm"> wird die Seite C:\HTML4\test\neu\start.htm angesprungen. <a href="../start.htm"> verweist auf C:\HTML4\start.htm und <a href="../neu/start.htm"> würde die Datei C:\HTML4\neu\start.htm aufrufen.

5.2 Externe Links

Es wäre ziemlich langweilig, wenn der Betrachter nur zwischen Ihren eigenen Seiten wechseln könnte. Deshalb gibt es auch die Möglichkeit, eine Verknüpfung zu Seiten aufzubauen, die nicht von Ihnen stammen.

Wenn Sie später Ihre Seiten veröffentlichen, erhalten Sie eine Adresse, unter der Sie zu finden sind. So gibt es für jede Homepage eine eindeutige Adresse. Da HTML-Dateien mit dem Protokoll HTTP (hypertext transfer protocol) übertragen werden, beginnen diese

Adressen immer mit http://. Danach folgt die Serverbezeichnung. Die meisten Anbieter nennen ihn »WWW«. Nun folgt die Domain, die angibt, wem dieser Server zugeordnet ist. Es handelt sich meist um den Namen der Anbieterfirma. Die Domain endet mit der Länderbezeichnung. So steht .de zum Beispiel für Deutschland und .com für Unternehmen, die meist in den USA zu finden sind. Nach der Landesbezeichnung kann man optional noch ein Verzeichnis und einen Dateinamen angeben. Das ist nicht immer nötig, da oft eine Startdatei existiert, die der Browser selbstständig findet. Eine Adresse könnte demnach so aussehen:

```
http://www.firma.de/verz/unt_verz/datei.htm
```

Man kann also ohne weiteres mehrere Unterverzeichnisse angeben. Da diese Adresse frei erfunden ist, wird man hier keine Homepage finden, sondern es wird nur eine Fehlermeldung erscheinen. Wir geben jetzt einmal eine echte Adresse in das Feld ein, in dem Sie schon zuvor Ihre Seite angewählt haben. Wie wäre es mit:

```
http://www.spectrosoftware.de/
```

Der Browser wird jetzt eine Verbindung mit dem Netzwerk aufbauen und nach einigen Sekunden Ladezeit erscheint die Homepage von SPECTROsoftware. Wenn Sie so einen »externen Link« in eine HTML-Seite einbringen möchten, geschieht dieses nach folgendem Prinzip:

```
Wer <a href="http://www.spectrosoftware.de/">hier</a>
klickt, landet bei SPECTROsoftware.
```

Jetzt genügt ein Mausklick, und schon sind Sie da, wo Sie hin wollen.

5.3 Telnet

Da im Internet nicht nur das World Wide Web mit den Homepages vertreten ist, sondern auch andere Dienste angeboten werden, ist es nicht ausreichend, wenn man nur zwischen Seiten wechseln kann. Ein beliebter Dienst ist das »Telnet«. Man kann sich hier in einen anderen Rechner einwählen und dort direkt Befehle ausführen oder Programme ablaufen lassen. Das bietet unter anderem auch die Möglichkeit, Spiele zu erstellen, an denen mehrere Anwender gleichzeitig teilnehmen, obwohl sie in ganz anderen Ländern am Computer sitzen. Oder eine andere Möglichkeit wäre, online Flughäfen abzufragen, ob eine Maschine gelandet ist.

Da man den Dienst Telnet auch mit Adressen ansprechen muss, kann man ganz einfach Verknüpfungen erstellen. Man sollte dem Browser nur mitteilen, dass es sich um Telnet und nicht mehr um das Protokoll HTTP handelt. Insgesamt sieht das dann zum Beispiel so aus:

```
Wer gerne Abenteuer erlebt, kann hier im Rollenspiel
<a href="telnet://epacris.mud.de">EPACRIS</a>
mitspielen.
```

Wenn Sie diesen Text wie gewohnt in eine HTML-Seite einfügen, können Sie jetzt über die Verknüpfung »EPACRIS« an dem gleichnamigen Spiel teilnehmen. Dazu startet der Browser ein Telnet-Programm.

Bild 1.15: Der Startbildschirm von EPACRIS im Telnet-Fenster

Wenn der Browser bei Ihnen allerdings nur die Fehlermeldung ausgibt, dass er die Anwendung nicht finden konnte, dann sollten Sie ein Telnet-Programm einfügen. Beim Netscape geht das unter dem Menüpunkt OPTIONEN / ALLGEMEINE EINSTELLUNGEN / ANWENDUNGEN. (Windows 95/98 liefert dieses Programm in C:\WINDOWS\TELNET.EXE mit.) Der Microsoft Internet Explorer verfügt von Haus aus über dieses Programm.

Einführung

Wenn diese Anwendung erfolgreich geöffnet wurde, baut sie eine Verbindung zu der angegebenen Adresse auf. Hier ist es also epacris.mud.de. Wenn die Verbindung steht, erscheint ein kurzer Willkommenstext auf dem Bildschirm und Sie können sich einen Namen und ein Passwort aussuchen und am Spiel teilnehmen. Natürlich gibt es noch viel mehr Adressen, die sich mit ganz anderen Themen befassen.

5.4 FTP

Der Begriff »FTP« steht für »file transfer protocol«. Dieses Protokoll ist immer dann sinnvoll, wenn man Dateien übertragen möchte. Es gibt im Internet viele Anbieter, die Dateiarchive zur Verfügung stellen und zur Übertragung genau dieses Protokoll anbieten. Wenn man zum Beispiel auf eine Dateiliste einer Softwarefirma zugreifen möchte, könnte die Verknüpfung dann so aussehen:

```
Hier kann man die aktuellen Programme von
<a href="ftp://ftp.microsoft.com">Microsoft</a>
einsehen.
```

Der Browser wählt sich dann unter der angegebenen Adresse mit einem so genannten Gastzugang ein und zeigt die Dateiliste an.

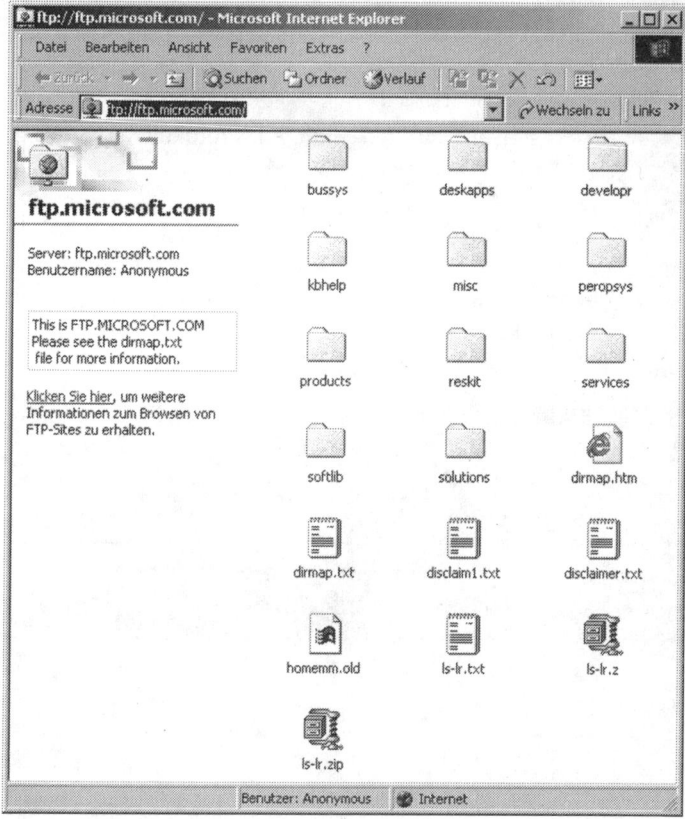

Bild 1.16: In den meisten Browsern ist ein FTP-Programm integriert.

Hier kann man jetzt wie in einem Dateimanager durch Ordner wechseln und auch Dateien empfangen, wenn man sie einfach anklickt.

5.5 E-Mail

Was wäre das Internet ohne elektronische Post? Auch dafür gibt es eine Alternative zur einfachen Angabe Ihrer E-Mail-Adresse im Text. Sie können nämlich eine Verknüpfung zu Ihrer persönlichen E-Mail-Adresse so angeben:

Einführung 41

Hier kann man eine
```
<a href="mailto:Ingo.Dellwig@SPECTROsoftware.de?subject=Nitty Gritty
HTML 4">E-Mail</a>
```
an den Autor dieses Buches senden.

Warnung

Im Gegensatz zu den anderen Protokollen wird bei `mailto:` kein `//` verwendet.

Hinweis

Den Teil `?subject=Nitty Gritty HTML 4` können Sie aus der Adresse auch streichen. Er dient nur dazu, direkt einen Betreff in die E-Mail einzufügen.

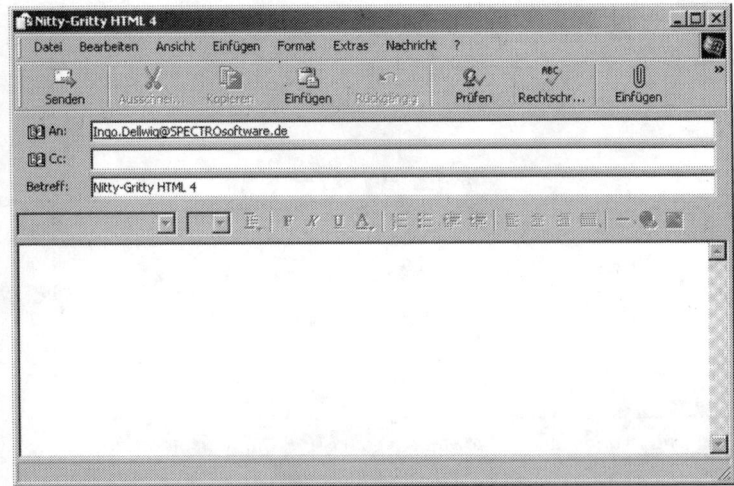

Bild 1.17: Ein E-Mailfenster, das durch den HTML-Code aufgerufen wurde und neben der Adresse bereits einen Eintrag im Betreff-Feld hat.

Probieren Sie es einfach mal aus und lassen Sie mich wissen, ob bisher alles funktioniert hat.

5.6 Sprünge innerhalb einer Seite

Nicht selten kommt es vor, dass man eine lange Liste veröffentlichen möchte. Dann ist es für den Anwender hilfreich, wenn er gezielt an bestimmte Stellen dieser Liste springen kann. Deshalb kann für das Tag <a> das Attribut name angegeben werden. Eine alphabetisch sortierte Liste könnte diesen Eintrag enthalten:

```
<a name="M">M</a>
```

Nach dieser Zeile sollten alle Eintragungen der Liste folgen, die mit einem »M« beginnen. Der Buchstabe »M« wird auf der Seite später nicht als Verknüpfung erkennbar sein. Deshalb kann man ihn nicht anklicken. Er dient lediglich als Zielpunkt für diese Verknüpfung:

```
<a href="#M">
Hier gelangen Sie zum ersten Eintrag, der mit M beginnt.
</a>
```

Wenn Sie diese Verknüpfung anklicken, gelangen Sie zum vorher definierten Zielpunkt. Damit ist es dann möglich, durch lange Seiten schnell zu navigieren.

6 Listen

Es kommt oft vor, dass man Aufzählungen mit einer HTML-Seite verwirklichen möchte. Das kann bei Hobbys anfangen und bei einer Produktpalette aufhören. Hier spricht man dann von Listen.

6.1 Ungeordnete Listen

Wenn man naiv an dieses Thema herangehen würde, könnte man eine Liste etwa so implementieren:

```
<html>
  <head>
    <title>Eine naive Liste</title>
  </head>
  <body>
    <h1>Internetsprachen</h1>
    - HTML ist die Internetsprache, die für den Aufbau von
    Homepages entwickelt wurde. Sie ist die
    Standardsprache im WWW.<br>
    - CGI-Skripte sind serverseitig laufende
    Programme.<br>
```

```
            - JavaScripts laufen meist auf dem Computer des Users.
            Es gibt aber auch die serverseitige Variante.
        </body>
</html>
```

Das laienhafte Ergebnis sieht dann etwa so aus:

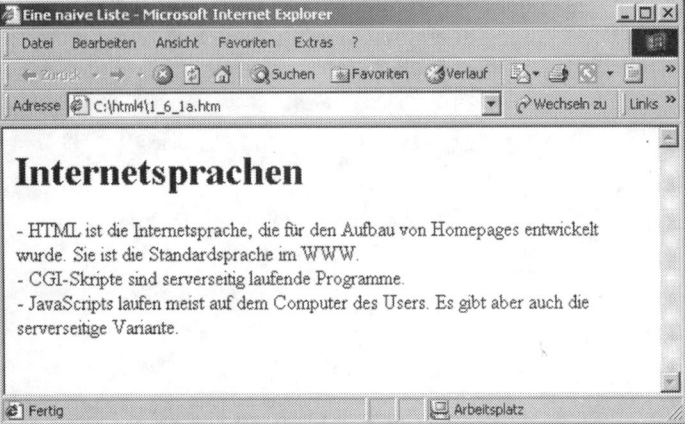

Bild 1.18: Dieses Ergebnis genügt nicht den Ansprüchen einer professionellen HTML-Seite.

Wie Sie sehen, wird der Text am Ende der Zeile umgebrochen und beginnt in der nächsten Zeile unter dem Listenpunkt. Das sieht nicht besonders anspruchsvoll aus.

Wenn wir jetzt eine Aufzählung realisieren möchten, in der jedes einzelne Element aus mehrzeiligem Text bestehen kann, können wir mit einem normalen Minus als Aufzählungszeichen nicht mehr viel anfangen, da wir für eine optimale Formatierung vor der zweiten Zeile eines Elements zwei Leerzeichen voranstellen müssten. Dafür wäre auch eine manuelle Abzählung der Buchstaben notwendig, denn man müsste ja immer einen Zeilenumbruch erzwingen. Woher sollte man sonst wissen, wo die Leerzeichen stehen müssen? Da jedoch jeder Browser eine andere Seitenbreite realisieren kann, ist dieses Vorgehen in jedem Fall ein Kompromiss. In HTML gibt es aber eine einfache Lösung. Sie heißt »ungeordnete Liste«.

Im vorherigen Beispiel bestehen die einzelnen Punkte teilweise aus mehreren Zeilen. Wir müssen also erst einmal dem Browser mitteilen, dass jetzt so eine ungeordnete Liste folgt. Dafür ist `<ul>` ... `</ul>` zuständig. Die einzelnen Punkte werden mit `<li>` ... `</li>` eingerahmt.

Ein einzelnes `<li>` am Anfang des Punktes reicht eigentlich auch aus, aber mit schließenden Tags kann man eine bessere Lesbarkeit des Quelltextes erzielen.

Wir können nun also das Beispiel so umschreiben:

```
<html>
  <head>
    <title>Eine professionelle Liste</title>
  </head>
  <body>
    <h1>Internetsprachen</h1>
    <ul>
      <li>
        HTML ist die Internetsprache, die für den Aufbau
        von Homepages entwickelt wurde. Sie ist die
        Standardsprache im WWW.
      </li>
      <li>
        CGI-Skripte sind serverseitig laufende
        Programme.
      </li>
      <li>
        JavaScripts laufen meist auf dem Computer des
        Users. Es gibt aber auch die serverseitige
        Variante.
      </li>
    </ul>
  </body>
</html>
```

Das Ergebnis der professionellen Variante sieht so aus:

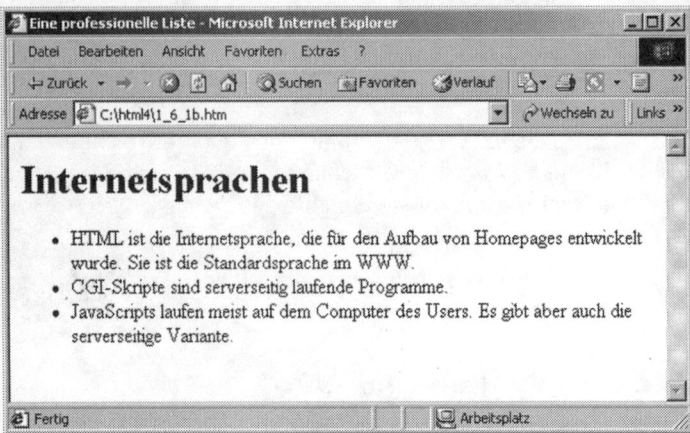

Bild 1.19: So übersichtlich kann eine Liste aussehen.

Hier stellen Sie fest, dass alle Listenelemente exakt formatiert angezeigt werden.

6.2 Geordnete Listen

Angenommen, wir möchten nicht nur eine Aufzählung mit gleichen Aufzählungszeichen, sondern wir benötigen eine Liste, die durchnummeriert ist. Dann wäre das genau der richtige Zeitpunkt, eine geordnete Liste einzusetzen. Im folgenden Beispiel habe ich statt der Tags der ungeordneten Liste <ul> ... </ul> die Tags der geordneten Liste <ol> ... </ol> verwendet.

Bild 1.20: Zwei Handgriffe, und schon wurde aus der ungeordneten Liste eine geordnete.

Wenn Sie keine Zahlen mögen, steht Ihnen bei vielen Browsern auch die Möglichkeit offen, die Nummerierung zu ändern. Sie können dazu das Attribut `type` verwenden. Es kann die folgenden Werte haben:

Wert	Ergebnis
1	1, 2, 3, 4, 5, 6, ...
A	A, B, C, D, E, F, ...
a	a, b, c, d, e, f, ...
I	I, II, III, IV, V, VI, ...
i	i, ii, iii, iv, v, vi, ...

Tabelle 1.2: Die verschiedenen Möglichkeiten, eine Liste durchzunummerieren.

Nun kann es aber auch sein, dass Ihre Liste nicht mit der Nummer eins, sondern zum Beispiel mit der Nummer neun beginnen soll. Hier hilft dann das Attribut `start`. Mit diesen beiden neuen Attributen könnte man also folgenden HTML-Text erstellen:

```html
<html>
  <head>
    <title>Römische Nummerierung</title>
  </head>
  <body>
    <ol type="I" start=9>
      <li>Nummer 9</li>
      <li>Nummer 10</li>
      <li>Nummer 11</li>
    </ol>
  </body>
</html>
```

Hier wird also dargestellt, wie die Zahlen Neun bis Elf im römischen Zahlenformat aussehen.

Bild 1.21: Der Browser kennt sogar das römische Zahlenformat.

Wie Sie sehen können, ist es tatsächlich möglich, mehrere Attribute in einer Marke anzuwenden. Eine weitere Besonderheit ist, dass man Zahlen auch ohne Anführungszeichen einem Attribut zuweisen kann.

7 Tabellen

Wenn man Text besonders formatieren oder große Zahlenmengen übersichtlich darstellen möchte, dann kommt man nicht um Tabellen herum.

7.1 Grundaufbau einer Tabelle

Ein großer Vorteil von HTML ist, dass man recht einfach Tabellen erstellen kann. Wenn man zum Beispiel irgendwelche Daten, die aus vielen Zahlen bestehen, an den Betrachter der Seite weitergeben möchte, sollte man diese möglichst anschaulich darstellen. Der komplette Tabellencode wird durch `<table>` ... `</table>` umrahmt. Eine Tabelle ist ein relativ komplexes Gebilde, dessen Erscheinungsbild durch mehrere Attribute beeinflusst werden kann.

- Das Attribut `border` gibt zum Beispiel die Breite des Tabellenrahmens an. Wenn man hier eine Null verwendet, wird die Tabelle über keinen Rahmen verfügen. Bei neuen Browsern ist der Standardwert für `border` Null.
- Mit `cellpadding` kann man angeben, wie viele Bildpunkte der Tabellentext vom Zellenrand entfernt sein soll.
- `cellspacing` gibt dagegen an, wie weit die Zellen selbst voneinander getrennt sind.
- Außerdem kann man mit `width` angeben, wie breit die Tabelle insgesamt werden soll. Hier kann man sowohl einen absoluten Wert in Punkten als auch den Prozentanteil der Breite des Bildschirms angeben.
- Man kann natürlich auch die Höhe festlegen. Diese wird wie `width` verwendet, muss aber dem Attribut `height` zugewiesen werden.

Hier ein paar Beispiele:

```
<table>
```

Eine Tabelle, die so beginnt, hat keinen Rahmen. Der Text würde nur wie in einer Tabelle formatiert werden. Die einzelnen Elemente würden nicht einmal durch Linien voneinander getrennt.

```
<table border=1 cellpadding=5 width=100>
```

Diese Tabelle wird mit einem Rahmen versehen, der die kleinste Breite hat. Der Text hat überall einen Abstand von fünf Punkten zu den Trennlinien und die Tabelle wird insgesamt genau 100 Punkte breit sein.

```
<table border=10 cellpadding=10 width=50%>
```

Diese Tabelle erhält einen breiten Rahmen. Jede Zelle ist 10 Punkte von der nächsten entfernt. Die ganze Tabelle nimmt die Hälfte der Breite des Browsers ein.

7.2 Daten eingetragen

Jetzt können wir zwar schon das Aussehen der Tabelle angeben, aber wie kommen die Daten nun eigentlich in die Tabelle? Da wir von links nach rechts und von oben nach unten schreiben, ist es sinnvoll, auch bei der Erstellung einer Tabelle zeilenweise vorzugehen. Jede Zeile in einer Tabelle wird mit <tr> ... </tr> (table row) umrahmt. Da jede Zeile mehrere Einträge hat, werden diese durch <td> ... </td> (table data) markiert. Wenn ein Element eine Tabellenüberschrift enthalten soll, verwendet man stattdessen <th> ... </th> (table header). Eine Tabelle könnte also so aussehen:

```
<html>
  <head>
    <title>Browserstatistik</title>
  </head>
  <body>
    <table border=1>
      <tr>
        <th>Browser</th>
        <th>Marktanteil</th>
      </tr>
      <tr>
        <td>Microsoft Internet-Explorer</td>
        <td>60,4 %</td>
      </tr>
      <tr>
        <td>Netscape Communicator</td>
        <td>38,5 %</td>
      </tr>
      <tr>
        <td>Sonstige</td>
        <td>1,1 %</td>
      </tr>
    </table>
```

```
</body>
</html>
```

Das Ergebnis sieht schon ganz gut aus, aber ich verspreche Ihnen, dass man da noch einiges verbessern kann.

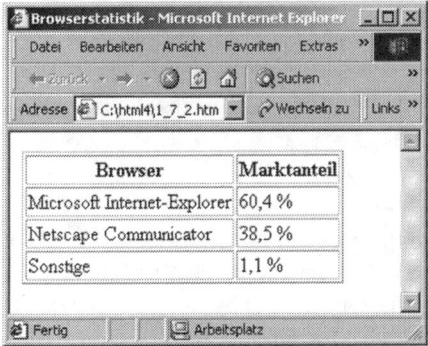

Bild 1.22: Eine Tabelle lässt die Daten viel übersichtlicher aussehen.

7.3 Formatierung von Tabellen

Nun ergänzen wir die Tabelle um eine weitere Zeile, welche den Stand der Tabelle angeben soll. Wenn wir den Text einfach in eine Zelle schreiben, hätte diese nur die Größe einer Spalte. Es ist aber optisch ansprechender, wenn die Anmerkung über beide Spalten verläuft. Dafür wurde eigens ein Attribut eingeführt. Mit colspan kann man die Anzahl der Spalten angeben, über die sich eine Zelle erstrecken soll. Dieses Attribut wird also in das Tag <td> beziehungsweise auch <th> eingefügt. Wir könnten demnach die Tabelle um die folgenden Zeilen erweitern:

```
<tr>
  <td colspan=2>Stand: Juli 2000</td>
</tr>
```

Man kann hier also auch erkennen, dass man Zellen überspringen kann, wenn man einfach keinen Text angibt. Da es möglich ist, mehrere Spalten zusammenzufassen, kann ein Element natürlich auch mehrere Zeilen umschließen. Hier wird das Attribut rowspan eingesetzt.

Eines habe ich aber noch nicht erwähnt. Sie haben bestimmt schon festgestellt, dass sich die Breite der Spalten nach dem darin enthaltenen Text berechnet. Sie werden allerdings oft eine Tabelle mit gleich breiten Spalten benötigen. Deshalb kann man für die einzelnen Spalten die Breite angeben. Am einfachsten ist es, wenn Sie das Attribut width, das wir schon bei der gesamten Tabellenbreite eingesetzt haben, in der ersten Tabellenzeile in jeder Zelle definieren. Dadurch können Sie alle Spalten in der Breite festlegen. Sie können ebenfalls das Attribut height in den ersten Zellen einer Zeile verwenden, um deren Höhe festzulegen.

7.4 Text in Tabellen ausrichten

Der Text wurde immer linksbündig geschrieben. Das sieht bei den Zahlen nicht sehr professionell aus. Wie kann man also Tabellentext rechtsbündig stellen oder zentrieren? Sie könnten natürlich in jeder Tabellenzelle <center> verwenden, um den Text auf der horizontalen Achse zu zentrieren. Es geht auch einfacher! Man kann für eine Tabellenzeile, aber auch für einzelne Zellen, das Attribut align definieren. Es kann folgende Werte annehmen:

Wert	Auswirkung
left	Der Text wird linksbündig ausgerichtet.
center	Der Text wird zentriert.
right	Der Text wird rechtsbündig ausgerichtet.

Tabelle 1.3: Die Werte des Attributs align in Tabellen

Für die Ausrichtung an der vertikalen Achse ist das Attribut valign zuständig. Man kann es mit diesen Werten verwenden:

Wert	Auswirkung
top	Der Text wird am oberen Rand der Zelle ausgerichtet.
middle	Der Text wird vertikal zentriert.
bottom	Der Text wird am unteren Rand der Zelle ausgerichtet.

Tabelle 1.4: Die Werte des Attributs valign in Tabellen

Wir testen diese neuen Kenntnisse einmal aus:

```html
<html>
  <head>
    <title>Tabellenausrichtungen</title>
  </head>
  <body>
    <table border=1>
      <tr valign="top">
        <td width=100 height=100 align="left">
        top-left</td>
        <td width=100 height=100 align="center">
        top-center</td>
        <td width=100 height=100 align="right">
        top-right</td>
      </tr>
      <tr valign="middle">
        <td width=100 height=100 align="left">
        middle-left</td>
        <td width=100 height=100 align="center">
        middle-center</td>
        <td width=100 height=100 align="right">
        middle-right</td>
      </tr>
      <tr valign="bottom">
        <td width=100 height=100 align="left">
        bottom-left</td>
        <td width=100 height=100 align="center">
        bottom-center</td>
        <td width=100 height=100 align="right">
        bottom-right</td>
      </tr>
    </table>
  </body>
</html>
```

Das Ergebnis ist im Browser:

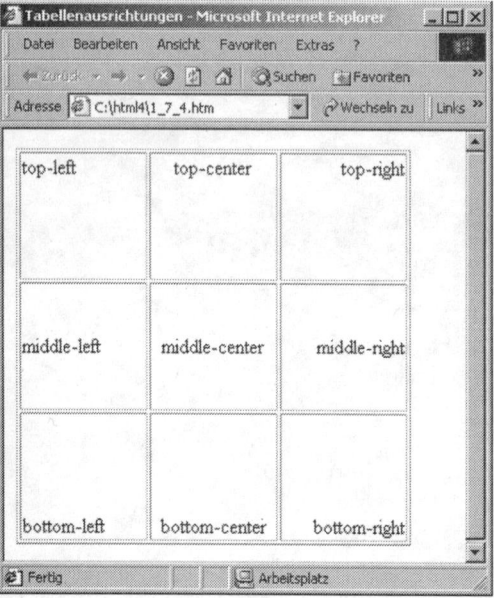

Bild 1.23: Hier kann man gut erkennen, wie man den Text in einer Tabelle ausrichten kann.

8 Schriftbild

Wir haben ja bereits im zweiten Kapitel einige Möglichkeiten kennen gelernt, wie man Textpassagen hervorheben kann. Manchmal reicht es aber nicht aus, alles in der gleichen Schriftgröße und in derselben Schriftart zu schreiben. Deshalb gibt es einige weitere nützliche Möglichkeiten, das Schriftbild zu verändern.

8.1 Schriftgröße

Man muss natürlich irgendwie die Textabschnitte kennzeichnen, deren Schriftbild anders gestaltet werden soll. Dafür ist <font> ... </font> zuständig. Man kann diesem Tag unter anderem das Attribut size zuordnen, das Werte von 1 bis 7 annehmen kann. Wenn man einfach eine Zahl angibt, wird der Text in dieser Schriftgröße ausgegeben. Wenn man nicht immer nachsehen will, welche Größe gerade verwendet wird, man aber auf jeden Fall eine kleinere Schriftart benötigt, kann man auch ein Vorzeichen setzen.

`<font size=-2>`

Diese Marke würde also eine Schriftart erzeugen, die um zwei Größen kleiner ist als die zuvor verwendete. Wenn Sie eine größere Schriftart benötigen, können Sie natürlich auch den umgekehrten Weg gehen. Zum Beispiel:

`<font size=+3>`

Damit Sie nicht den ganzen Körper Ihrer Seite mit `<font>` ... `</font>` umschließen müssen, können Sie auch am Anfang einfach eine Standardschrift mit `<basefont>` festlegen. Ein kleines Beispiel könnte also so aussehen:

```
<html>
  <head>
    <title>Schriftgrößen</title>
  </head>
  <body><basefont size=3>
    Dieses ist jetzt die Standardschrift.<br>
    <font size=-3>0</font>
    <font size=-2>1</font>
    <font size=-1>2</font>
    <font size=+0>3</font>
    <font size=+1>4</font>
    <font size=+2>5</font>
    <font size=+3>6</font>
    <font size=+4>7</font>
    <font size=+5>8</font>
  </body>
</html>
```

Ein Blick auf das Ergebnis lässt viele Schlüsse zu:

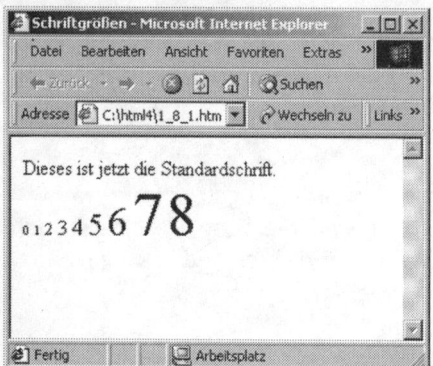

Bild 1.24: Die Schriftgröße ist in sieben Stufen veränderbar.

Hier können wir erkennen, dass wirklich nur die Werte eins bis sieben Sinn machen, denn die Null stimmt mit der Eins überein, des Weiteren sind die Ziffern Sieben und Acht auch gleich groß.

8.2 Schriftarten

Ein weiteres Attribut, welches das Aussehen einer Seite wesentlich verbessern kann, ist face. Es erlaubt die Angabe einer Schriftart. Diese Funktion wird allerdings leider noch nicht von allen Browsern unterstützt.

```
<font face="arial">
```

Ein Textabschnitt, der so beginnt, wird in der Schriftart »Arial« angezeigt. Diese muss allerdings auf dem Rechner des Betrachters installiert sein. Deshalb können Sie auch mehrere Schriftarten angeben, denn der Browser sucht diese dann der Reihe nach durch. Als Trennzeichen dient hier ein Komma.

```
<font face="irgendeine schrift, igloolaser, arial">Test</font>
```

An diesem Beispiel kann man gut erkennen, wie man mit verschiedenen Schriftarten umgehen kann. Der Browser versucht das Wort »Test« zuerst in der Schriftart »Irgendeine Schrift« darzustellen. Ist diese nicht installiert, sucht er nach »IglooLaser«. Erst danach weicht er auf »Arial« aus.

Wenn Sie ganz sichergehen wollen, dass Ihre Seite richtig angezeigt wird, können Sie die verwendeten Schriftarten auch mit Ihrer Homepage hochladen und eine Verknüpfung darauf verweisen lassen. So kann der Betrachter diese Dateien dann herunterladen und die Schriftarten installieren. Sie erkennen Schriftarten an der Dateiendung .ttf oder .fon.

9 Farben

Irgendwie war alles, was wir bisher entworfen haben, ziemlich farblos. Es wird langsam Zeit, dass etwas Farbe ins Spiel kommt. Zuerst sollten wir einmal untersuchen, wie ein Computer Farben darstellt.

9.1 Wie werden Farben erzeugt?

Eine Farbe kann man in drei Grundfarben zerlegen. Da der Monitor Licht ausstrahlt, handelt es sich hier um die Grundfarben der additiven Farbmischung. Diese sind Rot, Grün und Blau. Wenn man zum Beispiel eine rote, eine grüne und eine blaue Lampe auf einen Punkt richten würde, wäre das Licht, das ankommt, weiß. Wenn man nun die Lampen unterschiedlich hell einstellen könnte, ließen sich fast alle Farben erzeugen. Man kann also eine Farbe anhand der Helligkeit der Anteile Rot, Grün und Blau eindeutig definieren. Man spricht hier von der RGB-Codierung. Jeder Farbanteil kann einen Wert zwischen 0 und 255 haben. Man gibt diese Zahl in der hexadezimalen Schreibweise, also im Sechzehnersystem, an. Hier sind Werte zwischen 00 und FF möglich. Wenn Sie noch nie in diesem System gerechnet haben, habe ich diese Zahlen zur Orientierung für Sie im Anhang C aufgelistet.

Damit Sie eine ungefähre Vorstellung bekommen, wie welche Farben dargestellt werden, habe ich hier die wichtigsten zusammengestellt:

Farbe	RGB-Codierung
Schwarz	00 00 00
Weiß	FF FF FF
Rot	FF 00 00
Grün	00 FF 00

Farbe	RGB-Codierung
Blau	00 00 FF
Gelb	FF FF 00
Braun	99 66 33
Zyan	00 FF FF
Lila	FF 00 FF
Dunkles Lila	80 00 80
Dunkelrot	80 00 00
Dunkelgrün	00 80 00
Dunkelblau	00 00 80
Hellgrau	C0 C0 C0
Grau	A0 A0 A0
Dunkelgrau	80 80 80

Tabelle 1.5: Die wichtigsten Farben und ihre Codierungen

Eine komplettere Tabelle finden Sie im Anhang B.

9.2 Textfarben ändern

Wir haben ja bereits im letzten Kapitel <font> kennen gelernt. Hier ist ein weiteres Attribut namens color möglich. Damit können wir die Textfarbe bestimmen. Einige Browser unterstützen tatsächlich nur die RGB-Codierung. Deshalb sollten Sie die Farbe auch in dieser Form angeben.

<font color="#FFFF00">

Dieses Tag würde also vor einem Text stehen, der gelb angezeigt werden soll. Bitte beachten Sie, dass ein Doppelkreuz (#) vor den Werten der einzelnen Farbanteile stehen muss, damit der Browser erkennt, dass es sich hier um RGB-Codierung handelt. Neue Browser verstehen aber auch ausgeschriebene, englische Farbnamen. Sie erreichen Ihr Ziel demnach auch mit:

<font color="yellow">

Bitte entnehmen Sie die englischen Namen und deren RGB-Codierungen der Tabelle in Anhang B.

Sie haben sicherlich schon gemerkt, dass Verknüpfungen in einer eigenen Farbe dargestellt werden. Diese Farbe kann man selbst auch in der `<body>` festlegen. Dazu gibt man einfach zu dem Attribut `link` die gewünschte Farbe an. Sie können dem Attribut `vlink` auch eine Farbe zuweisen. Diese wird dann für Verknüpfungen verwendet, welche Sie bereits besucht haben. Auch an `alink` kann eine Farbe übergeben werden. Sie wird dann für Links verwendet, die auf die aktuelle Seite zeigen. Ein weiteres Attribut ist `text`. Sie können ihm die Farbe für normalen Text zuweisen.

```
<body text="#FFFFFF" link="#00FF00" vlink="FF0000" alink="0000FF">
```

Wenn ein Körper so beginnt, wird normaler Text in Weiß, Verknüpfungen werden in Grün, besuchte Verknüpfungen in Rot und Verknüpfungen auf diese Seite selbst in Blau angezeigt.

9.3 Hintergrundfarbe

Wenn Sie den grauen bzw. weißen Hintergrund nicht mögen, können Sie ganz einfach eine andere Farbe wählen. Sie wird wieder in der Marke `<body>` definiert und muss dem Attribut `bgcolor` zugewiesen werden.

```
<body bgcolor="#FFBBBB">
```

Diese Seite erhält also einen Hintergrund in der Farbe Rosa. Man kann sogar den Hintergrund für einzelne Tabellenzellen definieren, indem man das Attribut `bgcolor` im Tag `<td>` für den Tabelleninhalt einfügt. Damit kann man also eine Tabelle erzeugen, welche die wichtigsten Farben und ihre RGB-Codierung darstellt. Der Quellcode für diese Tabelle sieht dann zum Beispiel so aus:

```
<html>
  <head>
    <title>Farbtabelle</title>
  </head>
  <body>
    <table border=5>
      <tr>
```

```html
      <td bgcolor="#FFFFFF"><font color="#000000">
      Schwarz</font><td>00 00 00
    <td bgcolor="#000000"><font color="#FF00FF">
      Lila</font><td>FF 00 FF
  <tr>
    <td bgcolor="#000000"><font color="#FFFFFF">
      Weiß</font><td>FF FF FF
    <td bgcolor="#FFFFFF"><font color="#800080">
      dunkles Lila</font><td>80 00 80
  <tr>
    <td bgcolor="#000000"><font color="#FF0000">
      Rot</font><td>FF 00 00
    <td bgcolor="#FFFFFF"><font color="#800000">
      Dunkelrot</font><td>80 00 00
  <tr>
    <td bgcolor="#000000"><font color="#00FF00">
      Grün</font><td>00 FF 00
    <td bgcolor="#FFFFFF"><font color="#008000">
      Dunkelgrün</font><td>00 80 00
  <tr>
    <td bgcolor="#000000"><font color="#0000FF">
      Blau</font><td>00 00 FF
    <td bgcolor="#FFFFFF"><font color="#000080">
      Dunkelblau</font><td>00 00 80
  <tr>
    <td bgcolor="#000000"><font color="#FFFF00">
      Gelb</font><td>FF FF 00
    <td bgcolor="#000000"><font color="#C0C0C0">
      Hellgrau</font><td>C0 C0 C0
  <tr>
    <td bgcolor="#000000"><font color="#996633">
      Braun</font><td>99 66 33
    <td bgcolor="#000000"><font color="#A0A0A0">
      Grau</font><td>A0 A0 A0
  <tr>
    <td bgcolor="#000000"><font color="#00FFFF">
      Zyan</font><td>00 FF FF
    <td bgcolor="#000000"><font color="#808080">
```

```
      Dunkelgrau</font><td>80 80 80
    </table>
  </body>
</htm>
```

Das Ergebnis zeigt die gängigsten Farben am Bildschirm:

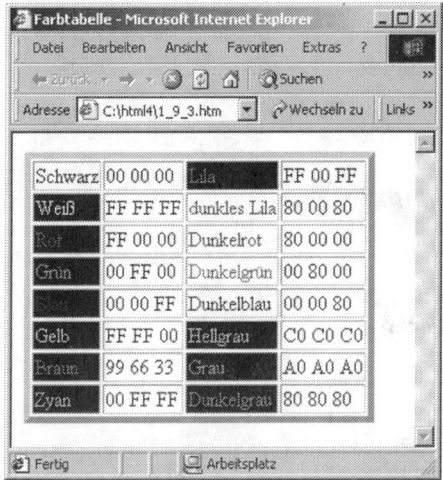

Bild 1.25: Die wichtigsten Farben und ihre RGB-Codierungen

Hier erscheinen die Farben leider nur in Graustufen, aber wenn Sie sich das Beispiel mit einem Browser ansehen, kommen sie voll zur Geltung.

10 Grafiken

Mit aktuellen Browsern kann man nicht nur Texte anzeigen, sondern auch Grafiken. Damit können Sie Ihre Homepage auflockern und ihr auch einen professionellen Anstrich geben. Die Möglichkeiten sind fast unbegrenzt.

10.1 Grafiken anzeigen

Alle gängigen Browser können Bilder in den Formaten .gif und .jpg beziehungsweise .jpeg anzeigen. Bevor man Bilder in eine Seite einbindet, sollte man sie möglichst in eines dieser Formate konvertieren, wenn sie noch nicht so vorliegen. Dazu kann man zum Beispiel eine Grafik in ein Zeichenprogramm einladen und einfach in einem der beiden Formate wieder abspeichern. Sie sollten auch beachten, dass die Grafiken nicht zu groß werden, denn es dauert über das Internet immer etwas länger, alle Bilder zu laden.

 Schauen Sie sich also nach dem Hochladen noch einmal Ihre Seite über eine Internetverbindung an und entscheiden Sie, ob die Seite schnell genug aufgebaut wird.

Wenn man nun eine Grafik in eine Seite einbinden möchte, muss man <img> verwenden. Darin gibt man dem Attribut src den Namen der Grafik an. Das würde also zum Beispiel so aussehen:

<img src="ein_bild.gif">

Wenn man ein Bild verwenden möchte, das irgendwo auf einem ganz anderen Rechner liegt, kann man auch eine komplette Adresse angeben:

<IMG SRC="http://www.firma.de/verzeichnis/ein_bild.gif">

Wie Sie wissen, sind ältere Browser noch nicht grafikfähig. Speziell für diese Programme kann man das Attribut alt hinzufügen. Man kann ihm einen Text zuordnen, der bei den alten Browsern anstelle des Bildes angezeigt wird.

<img src="ein_bild.gif" alt="Bild">

Hier würde also in einem modernen Browser die Grafik ein_bild.gif angezeigt. Ein alter Browser, der keine Bilder anzeigen kann, würde nur das Wort »Bild« ausgeben. Neue Browser zeigen den Text des alt-Attributs an, wenn man die Maus über das Bild fährt und sie etwa zwei Sekunden nicht bewegt. So kann man also zusätzliche Informationen zu Bildern und Grafiken einbinden, die nicht auf Anhieb sichtbar sind, aber trotzdem abgerufen werden können. Dies macht zum Beispiel Sinn, wenn die grafische Gestaltung durch Text unnötig gestört würde.

10.2 Grafiken ausrichten

In vielen Fällen möchte man ein Bild in eine Seite einbauen und trotzdem Text direkt daneben anzeigen lassen. Dabei empfiehlt es sich, die Ausrichtung des Textes zum Bild festzulegen. Dafür ist das Attribut `align` von `<img>` zuständig. Es kann drei Werte annehmen:

Wert	Auswirkung
top	Der Text wird am oberen Rand des Bildes ausgerichtet.
middle	Der Text wird zur Mitte des Bildes ausgerichtet.
bottom	Der Text wird am unteren Rand des Bildes ausgerichtet.

Tabelle 1.6: Die Werte des Attributs align für Bilder

Sie sehen, dass nicht das Bild zum Text, sondern der Text zum Bild ausgerichtet wird. Zur Demonstration des `align`-Attributs können Sie die folgende Seite anzeigen lassen:

```
<html>
  <head>
    <title>Text zum Bild ausrichten</title>
  </head>
  <body>
    <img src="ein_bild.gif" align="top">
    Dieser Text wird am oberen Rand des Bildes
    ausgerichtet.<br>
    <img src="ein_bild.gif" align="middle">
    Dieser Text wird zur Mitte des Bildes
    ausgerichtet.<br>
    <img src="ein_bild.gif" align="bottom">
    Dieser Text wird am unteren Rand des Bildes
    ausgerichtet.<br>
  </body>
</html>
```

Diese Seite wird so aussehen:

Bild 1.26: Die verschiedenen Ausrichtungen von Text zu einer Grafik

Wenn man Text neben ein Bild legt, der über den Rand des Browserfensters hinausragt, gibt es ein Problem. Der Text wird nicht mehr komplett neben dem Bild angezeigt, sondern nach dem Zeilenumbruch unter dem Bild fortgesetzt. Ich empfehle daher, Bilder und Texte in eine Tabelle einzufügen, da man diese wesentlich genauer ausrichten kann und der Text in seiner Zelle bleibt.

Wenn Ihnen ein Bild zu groß oder zu klein erscheint, können Sie mit den Attributen `height` und `width` in `<img>` die Höhe und Breite des Bildes verändern. Hier können Sie wie gewohnt direkt die Anzahl der Pixel oder den prozentualen Anteil der Bildschirmbreite bzw. -höhe angeben. Wenn Sie nur eines der Attribute verwenden, wird das Bild in der anderen Richtung der Größenänderung angepasst.

```
<html>
  <head>
    <title>Verschiedene Bildgrößen</title>
  </head>
  <body>
    <img src="ein_bild.gif" width=100% height=50><p>
    <img src="ein_bild.gif" width=10% height=20%><p>
    <img src="ein_bild.gif" height=20%><p>
  </body>
</html>
```

Schauen wir uns das Ergebnis im Browser an:

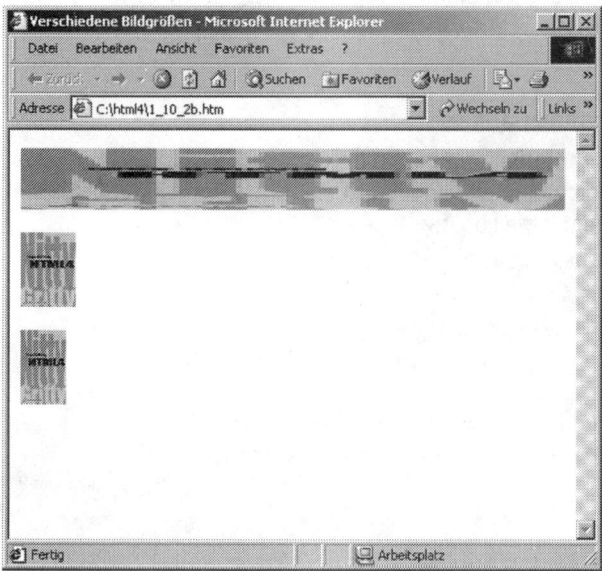

Bild 1.27: Die Größe eines Bildes lässt sich exakt festlegen.

Einführung

10.3 Grafiken als Anker für Links nutzen

Sie können natürlich auch Grafiken mit `<a>` ... `</a>` umschließen. Dann wird die angegebene Verknüpfung auf das Bild angewendet.

```
<a href="http://www.addison-wesley.de">
  <img src="ein_bild.gif">
</a>
```

Dieses Beispiel wird wie gewohnt das Bild darstellen. Wenn man es nun aber anklickt, wird man zu der Seite von Addison-Wesley gelangen. Dieses Bild ist von einem farbigen Rahmen umgeben, der anzeigt, dass zu diesem Bild eine Verknüpfung definiert wurde. Er hat die gleiche Farbe wie die anderen Links auf der Seite. Wenn Sie dieser Rahmen stört, können Sie ihn auch mit dem Attribut `border` ausschalten. Es wird in `<img>` verwendet. Wenn man ihm den Wert Null zuordnet, verschwindet der Rahmen.

Hinweis: Sie können übrigens mit animierten `.gif`-Dateien besonders schöne Effekte erzielen. Dieses Thema ist aber nicht Bestandteil eines HTML-Kurses, sondern gehört eher in ein Buch zum Thema Web-Publishing.

10.4 Hintergrundgrafiken

Die Hintergrundfarbe können Sie bereits verändern. In vielen Fällen ist das aber nicht ausreichend. Ein gemusterter oder texturierter Hintergrund ist dann die Lösung:

```
<html>
  <head>
    <title>Hintergrund</title>
  </head>
  <body background="ein_bg.jpg">
    <h1>Der Komplette Hintergrund ist mit der Grafik
    ausgefüllt.</h1>
  </body>
</html>
```

Wie Sie sehen, kann man dem Attribut background im Tag <body> direkt den Dateinamen der Grafik übergeben, die als Hintergrundbild angezeigt werden soll.

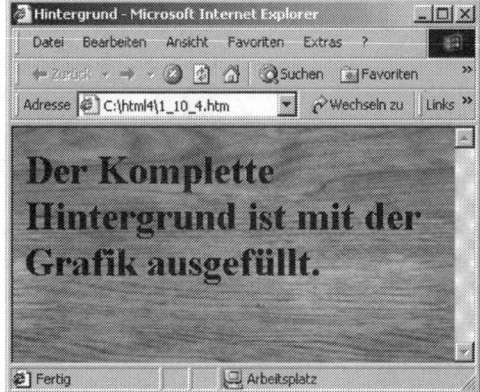

Bild 1.28: Der Hintergrund des Browsers kann mit einer Grafik verschönert werden.

Bitte beachten Sie, dass die Textfarbe möglichst nicht in der Hintergrundgrafik vorkommt, da man sonst schlecht lesen kann, was auf Ihrer HTML-Seite geschrieben steht. Achten Sie auch darauf, dass Sie bei einer hellen Textfarbe eine möglichst dunkle Hintergrundfarbe und umgekehrt verwenden.

Wenn Sie ein wenig mehr Text auf Ihrer Seite darstellen oder den Browser weiter verkleinern, bis ein Scrollbalken auf der rechten Seite erscheint, können Sie das Bild nach oben und unten verschieben. Sie werden feststellen, dass sich der Hintergrund immer mit verschiebt. Das kann man übrigens auch unterbinden:

Fügen Sie dem <body>-Tag das Attribut bgproperties mit dem Wert fixed ein. Das sieht dann so aus:

```
<body background="ein_bg.jpg" bgproperties="fixed">
```

Sie werden nun beim Scrollen feststellen, dass der Hintergrund fest stehen bleibt und nur der Text fließt wie auf einer Transparentfolie darüber.

Einführung **67**

10.5 Videos

Genauso wie man Grafiken in Dokumente einfügen kann, ist es bei neuen Browsern auch möglich, ganze Videos abzuspielen. Hier sollte man sich vorher natürlich gut überlegen, wie groß das gesamte Video werden darf, denn es kann erst abgespielt werden, wenn es komplett übertragen worden ist. Das heißt für den Betrachter, dass er unter Umständen eine ganze Weile warten muss, bevor er in den Genuss Ihres Videos kommt. Viele Internet-Anwender haben aber keine unerschöpfliche Geduld und brechen den Vorgang vorher ab.

Ein Video liegt üblicherweise im Format .avi vor. Man verwendet hier ebenfalls <img>, um eine Videodatei einzubinden. Das bereits bekannte Attribut src sollte möglichst immer den Dateinamen des Startbildes enthalten, denn alle Browser, die keine Videos verarbeiten können, werden dann dieses Bild anzeigen, wenn es sich nicht gerade um einen reinen Text-Browser handelt. Dafür kann man ja immer noch das Attribut alt mit einer Textbeschreibung hinzufügen. Die Videodatei übergibt man dann einfach an das Attribut dynsrc. Angenommen, Sie haben einen Film namens ein_film.avi und eine weitere Datei, die ein_film.jpg heißt und das Startbild des Films enthält. Dann testen Sie einmal die folgende HTML-Seite:

```html
<html>
  <head>
    <title>Ein Video</title>
  </head>
  <body>
    <center>
      <h1>Jetzt kommt ein Video...</h1>
      <img src="ein_film.jpg" alt="Hier sollte ein Film
      spielen." dynsrc="ein_film.avi">
    </center>
  </body>
</html>
```

Man kann auch für Videos die Attribute height und width verwenden. Sie sind wie gewohnt einzusetzen.

Wie Sie bereits gesehen haben, ist es dem Anwender nicht möglich, den Ablauf des Videos zu steuern, wenn Sie es wie im vorherigen Beispiel einbinden. Falls Sie aber dem Betrachter diese Möglichkeit einräumen möchten, können Sie das Attribut controls einfügen. Es genügt, dieses Attribut in <img> einzufügen. Sie brauchen also keinen Wert zu übergeben.

```
<img src="ein_film.jpg" alt="Hier sollte ein Film spielen."
dynsrc="ein_film.avi" controls>
```

Hier kann der Betrachter anhand der entsprechenden Buttons den Ablauf des Videos beeinflussen. Wenn Sie das Beispiel mit einem videofähigen Browser ansehen konnten, werden Sie festgestellt haben, dass der Film einmal durchgelaufen ist und dann anhielt. Sollten Sie aber eine Wiederholung wünschen, können Sie dieses direkt angeben. Das Attribut loop ist für diese Option zuständig.

```
<img src="ein_film.jpg" alt="Hier sollte ein Film spielen."
dynsrc="ein_film.avi" loop=3>
```

Dieses Video würde also nach dem ersten Abspielen noch zweimal wiederholt. Sie können aber mit loop=-1 auch eine endlose Wiederholung erzeugen. Mit loopdelay steht Ihnen die Möglichkeit offen, eine Wartezeit zwischen den Wiederholungen zu erzwingen. Diese wird in Millisekunden angegeben.

```
<img src="ein_film.jpg" alt="Hier sollte ein Film spielen."
dynsrc="ein_film.avi" controls loop=-1 loopdelay=3000>
```

Dieses Beispiel würde also ein Video einfügen, das sich ständig wiederholt und eine Wartezeit von drei Sekunden zwischen den Wiederholungen einhält. Abschließend steht Ihnen noch die Möglichkeit offen, den Start des Videos festzulegen. Hier hilft das Attribut start. Es kann zwei Werte annehmen:

Wert	Auswirkung
fileopen	Das Video startet, nachdem die gesamte Seite geladen wurde.
mouseover	Hier wird der Film erst dann abgespielt, wenn der Benutzer den Mauszeiger in das Videofenster hineinbewegt.

Tabelle 1.7: Die Werte des Attributs start bei Videos.

11 Musik und Geräusche

Bisher haben wir uns viel mit der Optik von HTML-Seiten beschäftigt. Der Aspekt der akustischen Gestaltung kam bisher ein wenig zu kurz. Das ändern wir an dieser Stelle:

11.1 Musik einfügen

Wenn man die Homepage mit Musik ausstatten möchte, kann man in einigen Browsern direkt Hintergrundmusik einbinden. Dazu sollten Sie das Tag `<bgsound>` verwenden. Darin können Sie mit dem Attribut `src` die Datei angeben, die abgespielt werden soll. Eine Musik-Datei könnte zum Beispiel `ein_song.mid` heißen. Es handelt sich dabei um eine typische Musikdatei im MIDI-Format (`.mid`). Die Einbindung in eine HTML-Seite sieht dann so aus:

```
<html>
  <head>
    <title>Musik</title>
  </head>
  <body>
    <bgsound src="ein_song.mid">
    Hier spielt die Musik!
  </body>
</html>
```

Das Lied ist einmal zu hören und danach wird es wieder still. Sie können allerdings (wie bei Videos) die Attribute `loop` und `loopdelay` nutzen.

```
<bgsound src="ein_song.mid" loop=-1 loopdelay=1000>
```

In diesem Beispiel wird die Musik unendlich oft abgespielt. Dabei wird zwischen den Wiederholungen jeweils eine Pause von einer Sekunde eingelegt.

11.2 Geräusche einfügen

Wenn Sie ein Mikrofon an Ihren Computer anschließen können, haben Sie die Möglichkeit, Geräusche oder Ihre Stimme aufzunehmen. Sie können damit so genannte Wave-Dateien erstellen. Sie haben die Dateiendung `.wav` und können mit einem kleinen Trick in eine Homepage eingebunden werden. Man kann einfach eine Verknüpfung auf diese Datei einfügen, und der Browser wird sie nach der Übertragung abspielen. Allerdings muss der Anwender zuerst auf die Verknüpfung klicken.

Eine benutzerfreundlichere Alternative ist das »Einbetten« von Hilfsprogrammen, die solche Dateien abspielen. Dazu verwendet man <embed>, die wie im folgenden Beispiel eingesetzt werden kann:

```
<html>
  <head>
    <title>Geräusche</title>
  </head>
  <body>
    Hier wird ein Geräusch abgespielt.<br>
    <embed src="ein_ger.wav" autostart=true hidden=true>
  </body>
</html>
```

Das Attribut hidden (versteckt) kann den Wert false (falsch) oder true (wahr) annehmen. Wenn man angibt, dass das Hilfsprogramm versteckt werden soll, also hidden=true, erscheint es nicht auf dem Bildschirm. Beim Internet Explorer wird aber der Platz, der für die Anwendung benötigt würde, freigelassen. autostart kann ebenfalls diese beiden Werte annehmen und gibt an, ob die Anwendung direkt gestartet werden soll oder ob der Anwender sie erst aktivieren muss.

Sie können eine Vielzahl von Dateitypen mit diesem Befehl einbetten. So ist es zum Beispiel auch möglich, Musik und Videos im Netscape abzuspielen. Wenn Ihre Homepage sowohl für Netscape als auch für den Internet Explorer Musik abspielen soll, können Sie ein JavaScript verwenden, das Sie im Kapitel »Tipps & Tricks« finden.

12 Rahmen

Bisher war es uns nur möglich, immer eine Seite nach der anderen anzuzeigen. Es wäre aber weitaus komfortabler, wenn man mehrere Seiten gleichzeitig anzeigen und sie getrennt voneinander bewegen könnte. Dafür wurden die Rahmen geschaffen.

12.1 Eine Seite in Rahmen unterteilen

Wenn Sie eine Seite in zwei Rahmen aufteilen möchten, müssen Sie insgesamt drei Dateien anlegen. Die erste definiert die Größe und die Besonderheiten der beiden Rahmen. Wir nennen diese Seite die rahmenerzeugende Seite. Die beiden anderen werden dann in die entsprechenden Abschnitte der Seite geladen. Es handelt sich hier also um die Inhalte der Rahmen.

Wir betrachten erst einmal die Datei, die für den Aufbau der Rahmen verantwortlich ist. Eine solche HTML-Datei hat einen gewöhnlichen Kopf, muss aber nicht über einen Körper verfügen. Stattdessen wird <frameset> ... </frameset> eingefügt. Sie teilt dem Browser mit, dass nun Rahmen definiert werden.

Da man eine Seite horizontal oder vertikal unterteilen kann, gib man eines der folgenden Attribute in diesem Tag an. Es handelt sich um cols oder rows. Mit cols kann man Spalten (horizontal getrennte Rahmen) festlegen, mit rows werden dagegen die Zeilen (vertikal getrennte Rahmen) definiert.

<frameset cols=20%,80%>

Hier würde die Seite in zwei Spalten unterteilt, wobei die linke Spalte 20% des Browserfensters breit wäre und die rechte die restlichen 80% einnehmen würde. Sie können aber auch wieder direkt die Anzahl der Pixel angeben. Eine weitere Möglichkeit ist die relative Angabe in einer speziellen Syntax:

<frameset rows=40,2*,*>

In diesem Beispiel würden drei Zeilen erzeugt. Die oberste wäre exakt 40 Punkte hoch. Die beiden unteren teilen sich den Rest des Bildschirmes im Verhältnis 2:1.

Jede Zeile oder Spalte muss nun mit einer HTML-Seite verknüpft werden, da sonst keine Inhalte angezeigt würden. Deshalb fügt man für jeden Rahmen das Tag <frame> ein. Mit dem Attribut src kann man nun die Datei angeben, die im Rahmen erscheinen soll.

Für den Fall, dass noch nicht alles klar geworden ist, möchte ich die Möglichkeiten, die Rahmen bieten, an einigen Beispielen verdeutlichen. Dazu benötigen wir jetzt erst einmal einige Dateien, die in den Rahmen angezeigt werden können. Bitte erstellen Sie die sechs Seiten a.htm bis f.htm, die immer nur einen Buchstaben anzeigen sollen. Die erste Seite würde also so aussehen:

```
<html>
  <head>
    <title>A</title>
  </head>
  <body>
  A
  </body>
</html>
```

Für die folgenden fünf Dateien können Sie nun einfach die beiden Buchstaben A durch B bis F ersetzen.

Nun benötigen wir noch eine Seite, die Rahmen erzeugt. Wir nennen sie einfach rahmen.htm:

```
<html>
  <head>
    <title>Ein Rahmenbeispiel</title>
  </head>
  <frameset rows=20%,60%,20%>
    <frame src="a.htm">
    <frameset cols=50%,50%>
      <frame src="b.htm">
      <frame src="c.htm">
    </frameset>
    <frame src="d.htm">
  </frameset>
</html>
```

Betrachten wir die Browseranzeige:

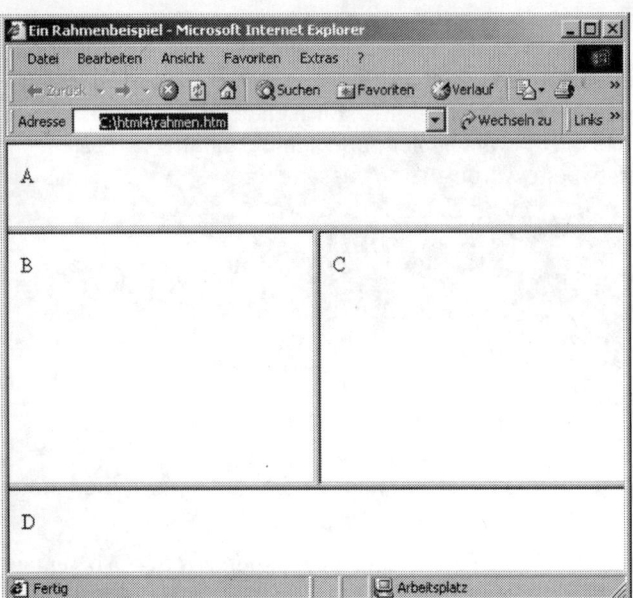

Bild 1.29: Die Definition von Rahmen erlaubt es, mehrere Seiten gleichzeitig darzustellen.

Wenn man diese Datei nun betrachtet, stellt man fest, dass ein `<frameset>`-Tag auch innerhalb einer übergeordneten Rahmendefinition verwendet werden kann. Das wird dazu genutzt, um einen bestehenden Rahmen wieder in mehrere Abschnitte zu teilen.

Sie können die Ränder der einzelnen Rahmen in diesem Beispiel beliebig verstellen, indem Sie die Trennlinien mit der Maus bewegen. Wenn dem Betrachter diese Möglichkeit nicht eingeräumt werden soll, können Sie in `<frame>` das Attribut `noresize` einfügen.

Sie haben sicher schon gemerkt, dass der Browser normalerweise immer einen kleinen Rand an den Seiten sowie oben und unten frei lässt. Wenn man nun aber Grafik oder Text direkt an den Rand des Rahmens bringen möchte, benötigt man weitere Attribute. Das ist zum Beispiel notwendig, wenn der Rahmen relativ klein ist und komplett mit einer Grafik ausgefüllt werden soll. Das Attribut `margin-`

`height` bestimmt daher die Größe des oberen und unteren Randes. Mit `marginwidth` kann man zusätzlich auch die Seitenränder festlegen. Diese Attribute erwarten die Anzahl der Pixel, die für die Ränder festgelegt werden sollen. Diese müssen allerdings größer als null sein. Der Wert eins ist also die kleinste mögliche Rahmenbreite.

Es kann natürlich sein, dass die Größe eines Rahmens nicht ausreicht, um alle Informationen darin anzuzeigen. Das kommt zum Beispiel vor, wenn der Rahmen zu klein, die Auflösung zu niedrig oder der Inhalt einfach zu groß ist. Natürlich gibt es hierfür eine Lösung: Scrollbalken, die auch Bildlaufleisten genannt werden. Ein Browser kann diese bei Bedarf auch für Ihre Rahmen erstellen. Das Attribut `scrolling` kann nun bestimmen, wie sich der Browser hinsichtlich dieser Balken verhalten soll. Zu diesem Attribut gibt es drei verschiedene Werte:

Wert	Auswirkung
auto	Bei Bedarf wird ein solcher Scrollbalken eingefügt.
yes	Es wird in jedem Fall eine Bildlaufleiste angezeigt.
no	Auch wenn eine Leiste nötig wäre, wird keine angezeigt.

Tabelle 1.8: Die Werte des Attributs scrolling bei Rahmen

12.2 Rahmen gezielt ansprechen

Da nun mehrere Seiten gleichzeitig auf dem Bildschirm erscheinen und alle mit Verknüpfungen versehen sein können, muss man ein paar Aspekte bei Verknüpfungen in einer rahmenfähigen Seite beachten.

Woher soll der Browser wissen, in welchem Rahmen die Seite aufgebaut werden soll, auf die die Verknüpfung verweist? Eine simple Regel wird er auf jeden Fall immer befolgen, denn wenn nichts anderes vorgegeben wurde, wird eine neue Seite immer in dem Rahmen aufgebaut, von dem aus die Verknüpfung aktiviert wurde. Wenn Sie jetzt also in die Seite `a.htm` die folgende Verknüpfung in den Körper einfügen, wird der Browser die Datei `e.htm` in dem Rahmen anzeigen, in dem zuvor die Seite `a.htm` erschien.

```html
<html>
  <head>
    <title>A</title>
  </head>
  <body>
  A<br>
  <a href="e.htm">Zur Seite E.</a><br>
  </body>
</html>
```

In vielen Fällen möchte man aber eine Seite in einem anderen Rahmen öffnen. Deshalb kann man jedem `<frame>` einen Namen geben. Das Attribut `name` ist dafür zuständig. Sie könnten die Datei rahmen.htm also ohne weiteres so abändern:

```html
<html>
  <head>
    <title>Ein Rahmenbeispiel</title>
  </head>
  <frameset rows=20%,60%,20%>
    <frame src="a.htm" name="oben">
    <frameset cols=50%,50%>
      <frame src="b.htm" name="mitte links">
      <frame src="c.htm" name="mitte rechts">
    </frameset>
    <frame src="d.htm" name="unten">
  </frameset>
</html>
```

Wenn die Rahmen nun benannt sind, kann man bei jeder Verknüpfung einen Zielrahmen angeben. Für die `<a>` existiert also noch das Attribut `target`, welches den Rahmennamen enthält, in dem die nächste Seite angezeigt werden soll. Sie können in den Körper von a.htm noch die folgende Zeile einfügen:

```html
<a href="f.htm" target="unten">Seite F (unten)</a>
```

Wenn Sie nun diese Verknüpfung aktivieren, wird die Seite f.htm im unteren Rahmen angezeigt.

Für das Attribut target existieren vier vordefinierte Werte, welche die nächste Seite einem ganz besonderen Ziel zuordnen.

Wert	Auswirkung
_SELF	Lädt die nächste Seite in denselben Rahmen.
_PARENT	Aktualisiert den Rahmen.
_BLANK	Zeigt die nächste Seite in einem neuen Browserfenster.
_TOP	Lädt die Seite auf die oberste Rahmenebene.

Tabelle 1.9: Die Werte für das Attribut TARGET bei Rahmen.

Wenn Sie auf einer Seite für die meisten Verknüpfungen ein bestimmtes Ziel verwenden, können Sie <base> sehr sinnvoll einsetzen. Dieses Tag erlaubt nämlich die Einstellung eines Standard-Zielrahmens.

```
<base target="unten">
```

Dieser Befehl bedeutet also, dass alle Verknüpfungen ohne eigenes target-Attribut direkt im Rahmen namens unten angezeigt werden.

12.3 Browser ohne Rahmenunterstützung

Die Rahmen sind erst mit neueren Versionen des Netscape Navigators und des Microsoft Internet Explorers eingeführt worden. Es gibt also noch einige ältere Browser, die keine Rahmen unterstützen. Wenn so ein Browser auf eine Rahmenseite treffen würde, könnte er <frame> nicht interpretieren und würde nur einen leeren Bildschirm anzeigen. Deshalb wurde in allen rahmenfähigen Browsern ein weiteres Tag eingeführt, das einen Bereich angibt, in dem HTML-Text geschrieben wird, der in einem alten Browser angezeigt werden soll. Es heißt <noframes> und wird wie im folgenden Beispiel angewendet:

```
<html>
  <head>
    <title>Ein Rahmenbeispiel</title>
  </head>
  <frameset rows=20%,60%,20%>
    <frame src="a.htm" name="oben">
    <frameset cols=50%,50%>
      <frame src="b.htm" name="mitte links">
```

```
        <frame src="c.htm" name="mitte rechts">
    </frameset>
    <frame src="d.htm" name="unten">
</frameset>
<noframes>
 <head>
   <title>Ein Rahmenbeispiel (leider ist Ihr Browser zu
   alt)</title>
 </head>
 <body>
  <center>
    ACHTUNG!<P>
    SIE BENUTZEN EINEN BROWSER, DER KEINE RAHMEN
    UNTERSTÜTZT. BITTE KLICKEN SIE
    <a href="a.htm">HIER</a>, UM ZU EINER VERSION OHNE
    RAHMEN ZU GELANGEN!<p>
  </center>
 </body>
</noframes>
</html>
```

Dieser Browser unterstützt keine Rahmen und zeigt den noframes-Teil an:

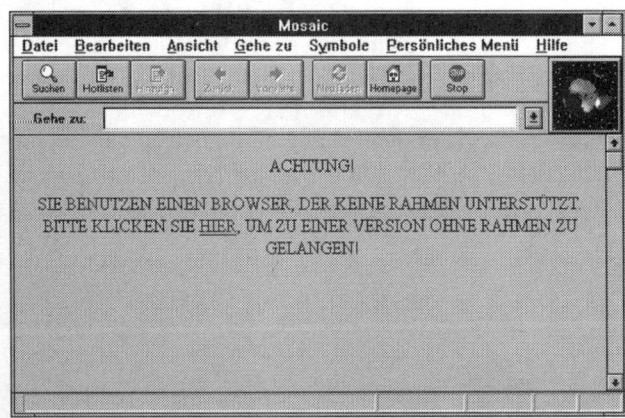

Bild 1.30: Auch wenn es kaum noch Anwender mit so alten Browsern gibt, empfiehlt es sich, extra für diese eine Mitteilung zu generieren.

Ein Anwender eines alten Browsers sieht also den Hinweis, der im Bereich `<noframes>` ... `</noframes>` eingetragen ist. Man kann dort ganz einfach eine Verknüpfung auf eine Seite einfügen, die keine Rahmen enthält.

13 Formulare

Eine Homepage ist immer eine Informationsquelle für den Betrachter der Seite. Manchmal möchte man aber Informationen von dieser Person erhalten. In vielen Fällen reicht es dann, die E-Mail-Adresse anzugeben und den Besucher Ihrer Seite zu bitten, Ihnen eine Mail zu schreiben. Aber wenn man immer bestimmte Informationen benötigt und es dem Anwender so leicht wie möglich machen möchte, sind Formulare eine lohnenswerte Alternative.

13.1 Textfelder

Angenommen, Sie möchten die Adresse eines Surfers abfragen. Dann wäre diese Möglichkeit recht unprofessionell:

```
<html>
  <head>
    <title>Adresse</title>
  </head>
  <body>
    Wenn Sie mit mir in Kontakt treten möchten, schreiben
    Sie mir doch einfach eine
    <a href="mailto:meine@adresse.de">E-Mail</a>, die Ihre
    Adresse, E-Mail Adresse, Telefon- und Faxnummer
    enthält.
  </body>
</html>
```

Dieses Beispiel ist sicher nicht sehr komfortabel, da der Betrachter der Seite behalten muss, was er alles in die Mail schreiben soll. Hier könnte man viel besser ein Formular erstellen.

Ein solches Formular wird durch `<form>` ... `</form>` gekennzeichnet. Es gibt zwei wichtige Attribute, die `<form>` immer zugeordnet werden sollten. Das erste heißt method. Ich erwähne hier nur der Vollständigkeit halber, wozu es dient: method gibt an, wie die Daten beim Senden verschickt werden sollen.

Wert	Auswirkung
post	Hier werden die Daten als separater Datenstrom direkt an das Skript gesandt.
get	Hier werden die Daten an die URL angehängt und dann zusammen mit ihr dem Zielskript übergeben.

Tabelle 1.10: Die Werte für das Attribut method bei Formularen.

Für uns ist eigentlich nur der Wert post wichtig.

Das zweite Attribut, das man immer angeben sollte, heißt action und gibt die Adresse des Skripts an. Da diese Skripts in diesem Buch nicht behandelt werden, ist es für Sie nur wichtig zu wissen, dass man auch eine E-Mail-Adresse angeben kann, an welche die Inhalte des Formulars geschickt werden. Ein Formular-Tag könnte also so aussehen:

```
<form method="post" action="mailto:meine@adresse.de">
```

Hier wird eine Mail mit dem Inhalt des Formulars an die Adresse meine@adresse.de gesendet.

Für den Anfang definieren wir einmal ein Eingabefeld, das aus mehreren Textzeilen bestehen kann. Dafür verwendet man <textarea> ... </textarea> Damit man jedem Formularelement später wieder seinen Wert zuordnen kann, erhält jedes Element einen Namen. Es wird also das Attribut name für <textarea> definiert. Jetzt muss der Browser nur noch wissen, wie groß das Textfeld werden soll. Deshalb gibt man die Attribute rows (Zeilen) und cols (Spalten) an.

```
<textarea name="Bemerkungen" rows=3 cols=40>
Dieses ist der vorgegebene Text im Feld.
Man benötigt für ihn keine <br>-Tags.
</textarea>
```

Dieses Textfeld heißt »Bemerkungen« und hat einen Umfang von drei Zeilen mit 40 Spalten. Der Text zwischen dem Start- und dem Endtag wird direkt in das neue Textfeld eingefügt. Die Adressabfrage könnte dann schon so aussehen:

```
<html>
  <head>
    <title>Adresse</title>
  </head>
  <body>
    Wenn Sie mit mir in Kontakt treten möchten, schreiben
    Sie mir doch einfach eine
    <a href="mailto:meine@adresse.de">E-Mail</a>, die Ihre
    Adresse, E-Mail Adresse, Telefon- und Faxnummer
    enthält.
    <form method="post" action="mailto:meine@adresse.de">
      <textarea name="Bemerkungen" rows=3 cols=40>
      </textarea>
    </form>
  </body>
</html>
```

Hier würden nun alle Angaben direkt dem Namen »Bemerkungen« zugeordnet. In einem Formular ist es aber meist sinnvoller, verschiedene Daten getrennt abzufragen. So kann man zum Beispiel den Namen und Vornamen getrennt vom Rest erfassen. Da es sich hier um einzeiligen Text handelt, wird wieder ein neues Tag notwendig. Mit `<input>` lassen sich sehr viele Formularelemente erstellen. Damit der Browser nun genau weiß, was hier gefragt ist, erhält `<input>` immer das Attribut `type`. Damit man eine Texteingabe ermöglichen kann, muss `type` den Wert `text` erhalten. Man kann die Breite des Textfeldes mit dem Attribut `size` bestimmen und die maximale Textlänge darin mit `maxlength`. Wenn Sie möchten, können Sie sogar einen Standardwert an die Texteingabe übergeben. Dieser Wert muss an das Attribut `value` gegeben werden.

```
<input name="Nachname" type="text" size=40 maxlength=80 value="Mustermann">
```

Einführung

Dieser Befehl erzeugt ein Eingabefeld namens »Nachname«, das die Breite 40 hat und 80 Zeichen als Eingabe zulässt. Wenn die Seite aufgebaut wird, ist der Name »Mustermann« schon eingetragen.

```html
<html>
  <head>
    <title>Adresse</title>
  </head>
  <body>
    Wenn Sie mit mir in Kontakt treten möchten, schreiben
    Sie mir doch einfach eine
    <a href="mailto:meine@adresse.de">E-Mail</a>, die Ihre
    Adresse, E-Mail Adresse, Telefon- und Faxnummer
    enthält.
    <form method="post" action="mailto:meine@adresse.de">
      Nachname:
      <input name="Nachname" type="text" size=40
      maxlength=80 value="Mustermann"><br>
      Vorname:
      <input name="Vorname" type="text" size=40
      maxlength=80 value="Max"><br>
      Adresse:
      <textarea name="Adresse" rows=3 cols=40>
      </textarea>
    </form>
  </body>
</html>
```

Ein Textfeld ist aber noch lange nicht alles, was man mit einem Formular erstellen kann. Einige wichtige Elemente fehlen noch.

13.2 Radio- und Checkbuttons

Aus Ihrem Betriebssystem ist Ihnen sicherlich das Verhalten von so genannten Radiobuttons und Checkbuttons bekannt. Trotzdem möchte ich die unterschiedlichen Verhalten dieser Knöpfe hier kurz erläutern.

Man verwendet oft Checkbuttons, wenn man mehrere Optionen aus einer Liste wählen kann. Dieses Verfahren kennen Sie sicherlich von den Führerscheinbögen.

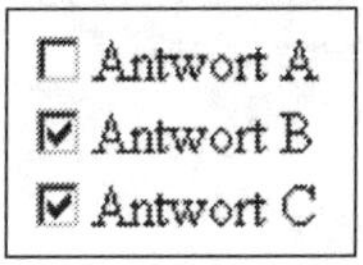

☐ Antwort A
☑ Antwort B
☑ Antwort C

Bild 1.31: Man kann mehrere Checkbuttons aktivieren.

Radiobuttons werden ebenfalls dazu verwendet, um Elemente einer Liste zu wählen. Allerdings sind hier nicht mehrere Elemente gleichzeitig wählbar. Eine Entscheidung zwischen Ja und Nein lässt sich so gut darstellen.

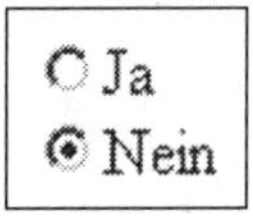

○ Ja
⦿ Nein

Bild 1.32: Eine typische Ja/Nein-Abfrage.

Wenn wir zum Beispiel die Abfrage nach der Anrede mit Radiobuttons darstellen möchten, müssen wir nur in `<input>` das Attribut `type` auf den Wert `radio` setzen. Damit der Browser weiß, welche Radiobuttons zusammengehören, müssen alle Knöpfe der gleichen Auswahl denselben Namen haben. Die mit `value` gesetzten Werte der Knöpfe werden später dem Namen der Auswahl zugeordnet, wenn der entsprechende Knopf aktiviert wurde. Das Attribut `checked` kann in das Tag des Knopfes eingefügt werden, der standardmäßig aktiviert werden soll.

```
<input type="radio" name="Anrede" value="Herr" checked>Herr
<input type="radio" name="Anrede" value="Frau">Frau
```

Hier wurde eine Entscheidungsabfrage entworfen, die den Namen »Anrede« trägt und bei der die Option »Herr« standardmäßig ausgewählt ist.

Checkbuttons unterscheiden sich in der Programmierung nur unwesentlich von Radiobuttons. Man übergibt nur den Wert `checkbox` an das Attribut `type`. Für eine Auswahl verwendet man möglichst auch wieder denselben Namen. Die einzelnen Werte werden mit `value` übergeben, und wenn man das Attribut `checked` verwendet, ist der Checkbutton standardmäßig aktiviert.

```
<input type="checkbox" name="Browser" value="MS-IE">Microsoft Internet
Explorer<br>
<input type="checkbox" name="Browser" value="Netscape">Netscape<br>
<input type="checkbox" name="Browser" value="sonstige">Sonstige<br>
```

So könnte dann eine Abfrage aussehen, welche Browser der Anwender häufig verwendet. Man kann auch mehrere Möglichkeiten ankreuzen.

13.3 Auswahlmenüs

Eine andere Möglichkeit, vorgegebene Antworten zu erhalten, sind die Auswahlmenüs.

Bild 1.33: So ein Auswahlmenü kann man auch mit HTML erstellen.

Für so ein Menü wurde `<select>` ... `</select>` eingeführt. Man ordnet den Namen des Menüs wie gewohnt mit dem Attribut `name` zu und sollte auch die gleichzeitig angezeigten Einträge mit `size` festlegen. Die einzelnen Menüpunkte werden mit `<option>` versehen.

```
<select name="Land" size=1>
  <option>Deutschland
  <option>Österreich
  <option>Schweiz
  <option>Sonstiges
</select>
```

Dieser Quelltext gibt genau die von uns besprochene Auswahl als Menü wieder. Wenn man dem Attribut size einen größeren Wert als eins zuweist, werden mehrere Optionen gleichzeitig sichtbar. Man kann sogar multiple als Attribut setzen, um die Auswahl von mehreren Optionen zuzulassen.

13.4 Formulare absenden und löschen

Damit wäre ein Formular schon fast betriebsbereit. Es fehlt nur noch die Möglichkeit, es abzusenden oder gegebenenfalls zu löschen. Deshalb fügt man noch zwei Buttons ein, die immer so programmiert werden:

```
<input type="submit" value="Formular absenden">
<input type="reset" value="Formular löschen">
```

Bild 1.34: Zumindest der linke Knopf ist in einem Formular notwendig.

Man setzt für type also submit ein, um einen Knopf zu erzeugen, der das Formular absendet. Es kann gelöscht werden, wenn man einen Knopf erzeugt, der für type den Wert reset erhält. In value steht immer die Beschriftung des Knopfes.

Das ganze Adressformular sieht dann so aus:

```
<html>
  <head>
    <title>Adresse</title>
  </head>
  <body>
    <form method="post" action="mailto:meine@adresse.de">
      <input type="radio" name="Anrede" value="Herr"
      checked>Herr
      <input type="radio" name="Anrede"
      value="Frau">Frau<br>
      Nachname:
      <input name="Nachname" type="text" size=40
      maxlength=80><br>
      Vorname:
```

```html
        <input name="Vorname" type="text" size=40
        maxlength=80><br>
        Adresse:
        <textarea name="Adresse" rows=3 cols=40>
        </textarea><br>
        Land:
        <select name="Land" size=1>
          <option>Deutschland
          <option>Österreich
          <option>Schweiz
          <option>Sonstiges
        </select><br>
        Telefon:
        <input name="Tel" type="text" size=40
        maxlength=80><br>
        Telefax:
        <input name="Fax" type="text" size=40
        maxlength=80><br>
        E-Mail:
        <input name="E-Mail" type="text" size=40
        maxlength=80><p>
        <input type="submit" value="Formular absenden">
        <input type="reset" value="Formular löschen">
     </form>
  </body>
</html>
```

Dieses Formular ist noch ziemlich unübersichtlich, da die einzelnen Elemente in den Fließtext eingebunden werden.

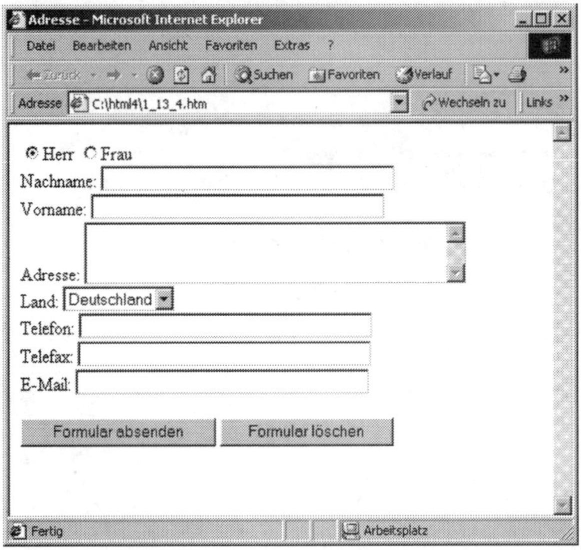

Bild 1.35: Ein Formular sollte etwas übersichtlicher aussehen als dieses Beispiel.

Es ist immer empfehlenswert, den Einsatz von Formularen und Tabellen zu kombinieren. Wenn man die Formatierung des Formulars mit den Tabellenfunktionen korrigiert, kann der Quelltext zum Beispiel so aussehen:

```
<html>
  <head>
    <title>Adresse</title>
  </head>
  <body>
    <form method="post" action="mailto:meine@adresse.de">
      <table cols=2>
        <tr>
          <td></td>
          <td>
            <input type="radio" name="Anrede" value="Herr"
            checked>Herr
            <input type="radio" name="Anrede"
```

Einführung

```html
      value="Frau">Frau
    </td>
  </tr>
  <tr>
    <td>Nachname:</td>
    <td><input name="Nachname" type="text" size=40
        maxlength=80></td>
  </tr>
  <tr>
    <td>Vorname:</td>
    <td><input name="Vorname" type="text" size=40
        maxlength=80></td>
  </tr>
  <tr>
    <td>Adresse:</td>
    <td>
     <textarea name="Adresse" rows=3 cols=30>
     </textarea>
    </td>
  </tr>
  <tr>
    <td>Land:</td>
    <td>
      <select name="Land" size=1>
        <option>Deutschland
        <option>Österreich
        <option>Schweiz
        <option>Sonstiges
      </select>
    </td>
  </tr>
  <tr>
    <td>Telefon:</td>
    <td><input name="Tel" type="text" size=40
        maxlength=80></td>
  </tr>
  <tr>
    <td>Telefax:</td>
    <td><input name="Fax" type="text" size=40
        maxlength=80></td>
```

```
      </tr>
      <tr>
        <td>E-Mail:</td>
        <td><input name="E-Mail" type="text" size=40
            maxlength=80></td>
      </tr>
      <tr>
        <td colspan=2 align="center">
           <input type="submit"
           value="Formular absenden">
           <input type="reset" value="Formular löschen">
        </td>
      </tr>
    </table>
  </form>
 </body>
</html>
```

Wenn man die Ausgabe dieses Quelltextes betrachtet, erscheint das Formular gleich viel freundlicher und übersichtlicher.

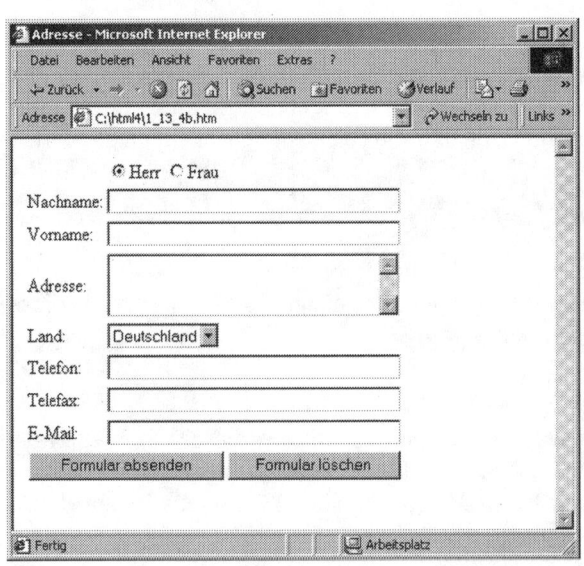

Bild 1.36: Dieses Formular ist viel übersichtlicher als sein Vorgänger.

13.5 Formulare auswerten

Ich habe das eben gezeigte Formular einmal abgesendet, um zu demonstrieren, wie die Eingaben in der Mail aussehen. Sie werden alle in eine Zeile gepackt, weil man auf gleiche Weise auch ein Skript ansprechen könnte und dafür alle Angaben in einer Zeile stehen müssen.

```
Anrede=Herr&Nachname=Mustermann&Vorname=Max&Adresse=Muster-
stra%DFe+123%0D%0A12345+Musterstadt&Land=Deutschland&Tel=01234-
56789&Fax=01234-56790&E-Mail=Max.Mustermann@Muster.de
```

Auf den ersten Blick sieht das etwas wirr aus. Man kann aber erkennen, dass die einzelnen Formularelemente jeweils durch ein & getrennt sind. Jedem Formularelement wird der Wert mit einem = zugewiesen. Bei Nachname wurde also Mustermann eingetragen. Wenn mehrere Eingaben bei einem Element möglich waren, so werden diese jeweils getrennt dem Element zugeordnet. Auch das Feld Adresse ist sehr aufschlussreich. Hier kann man erkennen, dass Leerzeichen durch ein + ersetzt wurden und ein Zeilenumbruch durch die Sequenz %0D%0A.

Einige Dienstanbieter stellen eine Möglichkeit zur Verfügung, solche Mailformulare direkt auszuwerten und in geordneter Form an Ihre Mailadresse weiterzuleiten. Bitte fragen Sie beim Support Ihres Dienstanbieters nach, ob und wie so eine Möglichkeit funktioniert.

14 Besondere Tags

Sie haben nun einen Einblick in alle wichtigen Bereiche erhalten, die HTML bietet. Es gibt allerdings noch einige Marken, die nicht in diese Bereiche einzuordnen waren.

14.1 Trennlinien ziehen

Das Aussehen einer Seite kann wesentlich verbessert werden, wenn man die einzelnen Abschnitte durch Trennlinien absetzt. So eine Linie erzeugt man mit <hr>. Dieses Tag haben Sie bereits in den HTML-Grundlagen kennen gelernt.

14.2 Kommentare

Der Quelltext einer HTML-Seite wird schnell unübersichtlich. Dann ist es oft notwendig, Kommentare einzufügen, die zwar im Quellcode auftauchen, auf der Seite aber nicht zu sehen sind. Deshalb ignorieren alle Browser Texte, die in der Marke <!-- ... --> eingeschlossen sind.

```
<!-- Hier wird das Wort TEST ausgegeben. -->
TEST
<!-- Dieser Kommentar bleibt unsichtbar. -->
```

Wenn Sie vorübergehend einen Teil Ihrer Homepage unsichtbar machen möchten, können Sie die betreffenden Marken mit der Kommentarmarke umschließen. Wenn Sie diese Marke später entfernen, erscheint der betreffende Teil wieder.

15 Planung vor Projektbeginn

Sie kennen nun die Grundlagen der HTML-Programmierung und können selbst Internetseiten erstellen und veröffentlichen. Bevor Sie jedoch direkt mit der Programmierung einer Homepage beginnen, sollten Sie sich einige wichtige Gedanken zum Inhalt und zur Gestaltung machen. Sie fragen sich nun bestimmt: »Warum befindet sich dieses Kapitel am Ende der Einführung?« Die Antwort ist ganz einfach, denn ich werde Ihnen hier einige Beispiele nennen, die voraussetzen, dass Sie sich mit HTML auskennen.

15.1 Überlegungen vor der Programmierung

Zu allererst machen Sie sich ein wenig Gedanken über den Inhalt Ihrer Seiten. Gehen Sie doch einmal den folgenden Fragenkatalog durch und prüfen Sie, ob Sie an alles gedacht haben.

Was möchte ich mit meiner Homepage vermitteln? Welche Inhalte sollen vorkommen? Zum Beispiel:

- Private Homepage: Hobbys, Interessen, Bekanntenkreis, Lieblingsspiele, Beruf, eben alles, was Ihnen Spaß macht.
- Homepage eines Vereins: Vorstellung des Vereins, die Mitglieder, Veranstaltungen und Termine, Satzung ...

- Gewerbliche Homepage: Firmenbeschreibung, Angebot, Produktinformationen, Treiber, Mitarbeiter, Termine, Adresse, Wegbeschreibung ...

Wen soll die Seite ansprechen?

- Private Homepage: Freunde, Bekannte, evtl. den neuen Arbeitgeber, der Ihre Homepageadresse in den Bewerbungsunterlagen fand ...
- Homepage eines Vereins: die Mitglieder, die sich über Neuigkeiten informieren möchten, Personen, die noch Mitglied werden möchten und sich noch nicht entschieden haben, welchem Verein sie beitreten.
- Gewerbliche Homepage: In erster Linie sollte die Homepage die Kunden ansprechen. Es informieren sich aber auch Bewerber im Internet, um einen ersten Eindruck vom Unternehmen zu bekommen.

Was müssen Ihre Seiten bewirken?

- Private Homepage: Wenn Sie kein Ziel verfolgen (wie z.B. Bewerbung), sollten Sie Ihrer Phantasie freien Lauf lassen, denn es ist nicht so wichtig, welche Wirkung die Seite auf den Betrachter hat. Der Spaß steht eindeutig im Vordergrund.
- Homepage eines Vereins: Die Homepage sollte den Verein repräsentieren und neue Mitglieder werben, indem sie neugierig macht.
- Gewerbliche Homepage: In diesem Bereich ist der Eindruck, den eine Seite auf den Betrachter macht, besonders wichtig, denn ein Kunde sollte sich angesprochen fühlen und sollte sofort finden, was er sucht. Deshalb ist es sehr wichtig, dass die Homepage übersichtlich gestaltet ist. Es liegt natürlich im Interesse der Firma, dass der Kunde die Produkte im Gedächtnis behält und sie beim nächsten Einkauf berücksichtigt. Der Werbeeffekt steht dabei also im Vordergrund.

Welche HTML-Elemente sollen verwendet werden?

- Private Homepage: Auch hier gilt: Gut ist, was gefällt.

- Homepage eines Vereins: Es macht immer einen guten Eindruck, wenn man die Homepage farbig ein wenig den Vereinsfarben anpasst. Des Weiteren ist es von Vorteil, wenn man die Seiten mit Grafik verziert.
- Gewerbliche Homepage: Von diesen Seiten erwartet man, dass sie technisch und inhaltlich auf dem aktuellen Stand sind. Es empfiehlt sich also, neue Trends mitzumachen, wenn sie technisch mit dem Erscheinungsbild der Seiten vereinbar sind. Grafik, Tabellen und Formulare gehören bei gewerblichen Seiten zur Grundausstattung.

Wie kompatibel müssen Homepages sein?

- Private Homepage: Wenn Sie einen bestimmten Browser verwenden und Ihre Seiten dafür optimiert haben, geben Sie diese Information einfach an den Betrachter weiter. Niemand wird Sie zwingen, die Seite auf alle Browser abzustimmen.
- Homepage eines Vereins: Sie sollten die Homepage für die gängigsten Browser (Microsoft Internet Explorer und Netscape Navigator) optimieren. Es ist sicher nicht verkehrt, die Seiten ebenfalls für reine Textbrowser zu erstellen (ist aber heutzutage fast überflüssig).
- Gewerbliche Homepage: Sie sollten versuchen, es so vielen Betrachtern wie möglich recht zu machen. Achten Sie darauf, dass Ihre Seiten bei den meisten Ihnen bekannten Browsern (auch in verschiedenen Versionen) gleich oder zumindest ähnlich aussehen. Nur so ist ein Wiedererkennungseffekt gewährleistet. Sie sollten bedenken, dass manche Browser keine Tabellen, Rahmen oder sogar Grafiken unterstützen. Bieten Sie diesen Anwendern einen geeigneten Kompromiss. Wenn Sie ausländische Kunden auf Ihren Seiten begrüßen dürfen, sollten Sie diesen Ihre Homepage in deren Muttersprache präsentieren können. Englisch ist schon fast Pflicht geworden.

Wo liegen die Grenzen von Internetseiten?

- Generell gilt für alle Homepages: Eine Internetseite kann niemals ein persönliches Gespräch ersetzen. Sie soll informieren und zum persönlichen Kontakt anregen.

Einführung

- Rechtliche Einschränkungen: Bitte beachten Sie die Rechtsprechung in dem Land, in dem Sie Ihre Seiten veröffentlichen. Es ist in Deutschland nicht alles erlaubt, was man in den USA problemlos schreiben darf. Sie sollten immer bedenken, dass man Ihre Homepage weltweit einsehen kann, und sollten sich so verhalten, dass kein schlechtes Licht auf Sie oder übergeordnete Institutionen fällt.

15.2 Programmierung

Wenn Sie wissen, welche Inhalte Sie veröffentlichen möchten, können Sie sich auf die Programmierung konzentrieren.

Dateistruktur

Dabei sollten Sie sich zuerst eine Dateistruktur ausdenken, die Ihnen die Arbeit erleichtert. Es ist meist sinnvoll, große Projekte in Untergruppen aufzuteilen. Ich möchte dieses Verfahren an ein paar Beispielen erläutern.

Wenn Sie eine private Homepage erstellen möchten, ist es sehr nützlich, die Grafikdateien von den HTML-Dateien zu trennen, damit man nicht den Überblick verliert. Eine einfache Datenstruktur wäre also diese:

Bild 1.37: Eine einfache Dateistruktur, wie sie für kleine Homepages üblich ist.

Wenn Sie die Datei `index.htm` im Verzeichnis `Homepage` erstellen, können Sie in dieser Form Grafiken einfügen:

```
<html>
  <head>
    <title>Eine kleine Homepage</title>
  </head>
  <body>
    Diese Grafik liegt in einem eigenen Verzeichnis:<br>
```

```
<img src="grafik/ein_bild.gif"><br>
</body>
</html>
```

Da diese Datei im Verzeichnis Homepage liegt und das Verzeichnis Grafik ebenfalls, reicht es, wenn der Verzeichnisname mit Grafik/... beginnt, denn wenn Sie mit Homepage/Grafik/... beginnen würden, hätte der Browser ein Verzeichnis Homepage im gleichnamigen Verzeichnis gesucht.

Auch wenn Sie unter Windows programmieren und als Trennzeichen von Verzeichnisnamen den Backslash (\) kennen, sollten Sie den normalen Schrägstrich (/) (Slash) bevorzugen, denn dieser wird in UNIX-Systemen verwendet. Da die meisten Server auf diesem System beruhen, ist es empfehlenswert, auf dieses Detail zu achten. Ein aktueller Browser wird auch dann keine Schwierigkeiten machen, wenn er unter Windows läuft und auf einen Slash stößt, denn er interpretiert diesen auch als Backslash, wenn es nötig wird.

Ein weiteres Beispiel möchte ich für Leser erwähnen, die eine gewerbliche Homepage erstellen möchten. Diese Seiten werden im Normalfall sehr komplex und benötigen daher eine gut durchdachte Dateistruktur.

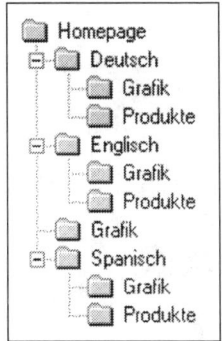

Bild 1.38: Eine gewerbliche Homepage besteht meist aus vielen Daten, die übersichtlich gespeichert werden sollten.

In diesem Fall handelt es sich um eine Homepage in drei Sprachen, die Grafikelemente enthält und eine Vielzahl von Produktbeschreibungen. Wie Sie sehen, wurde für jede Sprache ein eigenes Unterverzeichnis angelegt, das wiederum die Unterverzeichnisse Grafik und Produkte enthält. Außerdem befindet sich ein Ordner namens Grafik im Stammverzeichnis der Homepage.

Sie fragen sich nun sicher, wie man mit dieser Art von Dateistruktur umgeht und warum ein Grafikverzeichnis außerhalb der Sprachordner sinnvoll ist, wenn diese selbst schon eines enthalten. Wenn Sie sich die Homepage eines Hardwareherstellers vorstellen, der seine Seiten in diesen drei Sprachen zur Verfügung stellt, wird er einige Grafiken verwenden, die in jeder Sprache gleich sind. Dazu gehören: das Firmenlogo, Fotos der Hardware, Fotos der Mitarbeiter, usw. Andererseits verwendet er grafische Menüs. Das heißt: Er setzt Grafiken ein, die als Anker für Verknüpfungen dienen und oft Text enthalten. Diese Beschriftung ist natürlich in den einzelnen Sprachen unterschiedlich.

Die Startseite index.htm im Stammverzeichnis Homepage wird so ähnlich aussehen:

```html
<html>
  <head>
    <title>MusterHardware GmbH</title>
  </head>
  <body>
    <center>
      <img src="grafik/logo.gif"
      alt="MusterHardware GmbH">
    </center>
    <p>
    Willkommen auf unserer Homepage. Bitte wählen Sie eine
    Sprache:<br>
    <a href="deutsch/index.htm">Deutsch</a><br>
    <a href="englisch/index.htm">Englisch</a><br>
    <a href="spanisch/index.htm">Spanisch</a><br>
  </body>
</html>
```

Auf dem Bildschirm erscheint das Firmenlogo, das wie gesagt im allgemeinen Grafikordner liegt. Danach wird abgefragt, in welcher Sprache dem Betrachter die Seiten angezeigt werden sollen. Wenn eine Sprache angeklickt wurde, zeigt der Browser die Begrüßungsseite der gewählten Sprache an. Es empfiehlt sich, die sprachlich verschiedenen Versionen der gleichen Seiten auch gleich zu benennen. Die Begrüßungsseite heißt hier in jeder Sprache index.htm. Das hat einen wesentlichen Vorteil, denn man kann die HTML-Struktur einer Seite für die anderen Sprachen übernehmen und muss nur den angezeigten Text übersetzen. Hier ein Beispiel:

Die Begrüßungsseite in Deutsch sieht so aus:

```html
<html>
  <head>
    <title>MusterHardware GmbH (deutsch)</title>
  </head>
  <body>
    <center>
      <img src="../grafik/logo.gif"
      alt="MusterHardware GmbH">
    </center>
    <p>
    Willkommen auf der deutschsprachigen Homepage der
    MusterHardware GmbH.<p>
    Wir bieten Ihnen ein umfangreiches Angebot an
    Hardware. Bitte verschaffen Sie sich einen Überblick
    in unserer
    <a href="produkte/liste.htm">Produktliste</a>.<br>
    Hier gelangen Sie wieder
    <a href="../index.htm">zurück</a> zur
    Sprachauswahl.<br>
    Sie können uns gerne eine
    <a href="mailto:info@musterhardware.de">
    <img src="grafik/mail.gif" alt="E-Mail"></a>
    schreiben.
  </body>
</html>
```

Einführung

Man kann diese Datei nun in den Englischordner kopieren und übersetzt einfach den angezeigten Text. Das sieht dann so aus:

```html
<html>
 <head>
   <title>MusterHardware GmbH (english)</title>
 </head>
 <body>
   <center>
     <img src="../grafik/logo.gif"
     alt="MusterHardware GmbH">
   </center>
   <p>
   Welcome to the English Homepage of MusterHardware
   GmbH.<p>
   We offer any kind of hardware. Please visit our
   <a href="produkte/liste.htm">product list</a> for more
   information.<br>
   Please click <a href="../index.htm">here</a> to choose
   another language.<br>
   Please feel free to send an
   <a href="mailto:info@musterhardware.de">
   <img src="grafik/mail.gif" ALT="email"></a>.
 </body>
</html>
```

Es hat sich nur der Text geändert, der auf dem Bildschirm erscheint. Die Grundstruktur und die Adressen der Verknüpfungen sind identisch geblieben. Das hat den enormen Vorteil, dass man eine Seite nur einmal durchdenken muss und sie eins zu eins in eine andere Sprache übertragen kann.

Wir sehen uns einmal ein paar Details an. Am Anfang erscheint wieder das Firmenlogo. Es wird mit der HTML-Zeile `<img src="../grafik/logo.gif" alt="MusterHardware GmbH">` eingefügt. Diese Zeile bleibt in allen Sprachen gleich, denn es ist egal, welcher der drei Sprachordner diese Zeile beinhaltet. Durch die zwei Punkte am Anfang der Bildadresse wird angegeben, dass der Ordner Grafik im übergeordneten Ordner (in diesem Fall Homepage) zu finden ist. Sie kennen bestimmt den Befehl `cd ..` aus älteren Betriebssystemen. Es reicht also, wenn man das Firmenlogo im Ordner `Homepage/Grafik` abspeichert. Das spart Speicherplatz auf dem Server. Danach wird mit `<a href="produkte/liste.htm">Produktliste</a>` auf die Produktliste der Firma aufmerksam gemacht. Diese befindet sich im jeweiligen Unterverzeichnis `Produkte` der einzelnen Sprachordner. Da der Dateiname der Liste in jedem dieser Verzeichnisse gleich ist, genügt es, wenn man das Wort »Produktliste« übersetzt und den Rest gleich lässt:

```
<A HREF="produkte/liste.htm">product list</A>
```

Am Ende der Seite wird dem Betrachter die Möglichkeit eingeräumt, eine E-Mail an die Firma »MusterHardware« zu schreiben:

```
<a href="mailto:info@musterhardware.de">
<img src="grafik/mail.gif" alt="E-Mail"></a>
```

Dabei wird eine Grafik als Anker verwendet, die im jeweiligen Grafikordner der einzelnen Sprachordner liegt. Es handelt sich also um Grafiken, die Text enthalten und deshalb in jeder Sprache anders sind. Bei diesem Beispiel wird »E-Mail« in Deutsch groß- und in Englisch kleingeschrieben (»email«). Die Adresse `grafik/mail.gif` bleibt jedoch auf allen drei Seiten gleich, denn es wird immer im richtigen Grafikordner die Datei `mail.gif` gefunden. Bitte beachten Sie bei Bildern aber immer, dass ein Text als Alternative für reine Textbrowser angegeben werden kann (`alt="E-Mail"`). Diese Angabe müssen Sie immer mit übersetzen, denn sonst wird sich ein Betrachter mit einem Textbrowser wundern.

Wenn Sie sich selbst eine geeignete Dateistruktur ausdenken, haben Sie immer den Überblick über Ihre Dateien und können sich bei der »Wiederverwendung« von HTML-Texten viel Arbeit sparen.

Übersichtlich programmieren

Übersichtlichkeit in HTML-Texten ist das A und O für schnelle Korrekturen. Deshalb möchte ich Ihnen ein paar Tipps geben, wie man eine größere Seite optimal in HTML umsetzt und sich nachher wieder problemlos darin zurechtfindet.

Als Erstes sollten Sie sich angewöhnen, Texte, die sich zwischen einem öffnenden und einem schließenden Tag befinden, einzurücken. Eine typische HTML-Datei könnte dann so aussehen:

```
<html>
  <head>
    <title>Eine Homepage</title>
  </head>
  <body>
    <center>
      <img src="ein_bild.gif">
      <br>
      Dieser Text wird zentriert, wobei
      <b>diese Passage fett gedruckt wird.</b>
      <br>
    </center>
    Eine <a href="seite2.htm">Verknüpfung</a>
    kann man ohne Bedenken in eine einzige Zeile
    schreiben.
  </body>
</html>
```

Wenn Sie Ihren Quelltext auf diese Weise gestalten, werden Sie sofort feststellen, ob Sie ein schließendes Tag vergessen haben, und können auf einen Blick erkennen, wie weit der Text beispielsweise zentriert wird. Sie sollten allerdings nur größere Abschnitte einrücken, denn kleine Passagen (z. B. Verknüpfungen oder den Titel der Seite) kann man problemlos in eine Zeile schreiben.

Ein weiteres Mittel, um eine Struktur in HTML-Texte zu bringen, haben Sie bereits im Kapitel »Besondere Tags« kennen gelernt. Es handelt sich um Kommentare. Man kann in ganz langen Texten mit ein wenig Phantasie sehr auffällige Absätze produzieren:

```
<html>
  <!-- ************************** -->
  <!-- * Hier beginnt der Kopf! * -->
  <!-- ************************** -->
  <head>
    ...
```

```
</head>
<!-- *************************** -->
<!-- * Hier beginnt der Körper! * -->
<!-- *************************** -->
<body>
   ...
</body>
</html>
```

Wenn Sie diese Methoden berücksichtigen, werden Sie sich selbst nach Jahren in Ihrem Quelltext zurechtfinden. Manchmal ist es sogar nötig, diese Programmierweise anzuwenden, wenn Sie nicht die einzige Person sind, die an den Seiten Änderungen vornimmt. Sie sollten sich dann mit Ihren Partnern abstimmen, welche Programmierweise Sie einhalten möchten, damit man sich nicht unnötig durch fremde HTML-Texte »wühlen« muss, wenn diese bei einem Programmierer so und bei einem anderen wieder anders aussehen.

15.3 Erscheinungsbild

Wenn Sie sich ein wenig im Internet umsehen, werden Sie feststellen, dass sich ein gewisses Erscheinungsbild bei Homepages eingebürgert hat. Dabei gibt es verschiedene Aspekte, die Sie beachten sollten, um eine benutzerfreundliche Homepage zu entwerfen.

Texte

Wenn Ihre Seiten gut aussehen sollen, ist es wichtig, dass die Texte gut formatiert sind und leserlich erscheinen. In der folgenden Liste sind einige Tipps aufgelistet:

- Achten Sie darauf, dass der Text sich möglichst stark von der Hintergrundfarbe abhebt. Verwenden Sie, so oft es geht, schwarzen Text auf hellen Hintergründen und weißen Text auf dunklen.
- Auch wenn Sie über eine Vielzahl von verschiedenen Schriftarten verfügen, sollten Sie sich auf eine oder zwei pro Seite beschränken, da diese sonst sehr unübersichtlich wird.

- Überschriften strukturieren lange Texte. Wenn es sich um größere Abschnitte handelt, können Sie den Effekt mit Trennlinien verstärken.

Verknüpfungen

Die wichtigsten Elemente einer Homepage sind die Verknüpfungen zu anderen Seiten. Deshalb wird oft ein eigener Bereich abgetrennt, der noch einmal alle wichtigen Links zu anderen Seiten zusammenfasst. Dabei gibt es mehrere übliche Methoden:

- Man kann die Verknüpfungen auf der linken Seite untereinander darstellen. Dazu verwendet man entweder Rahmen oder eine Tabelle, die in der linken Spalte nur Verknüpfungen enthält und in der rechten Spalte die eigentliche Seite. So stellt man dem Betrachter ein Inhaltsverzeichnis zur Verfügung, durch das er blättern kann.

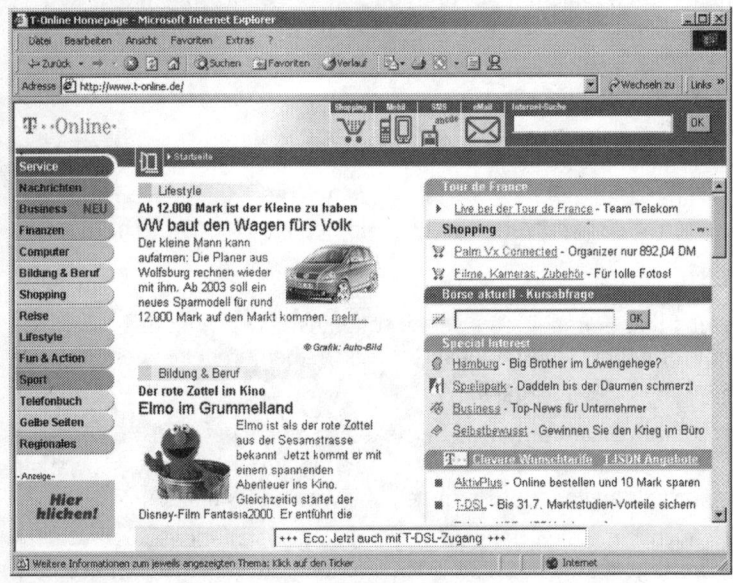

Bild 1.39: Bei T-Online werden Verknüpfungen auf der linken Seite angezeigt.

Da manche Browser keine Rahmen oder Tabellen anzeigen, können Sie zusätzlich die Verknüpfungen an das Ende der Seite in einen fortlaufenden Text bringen. Das sieht dann so aus:

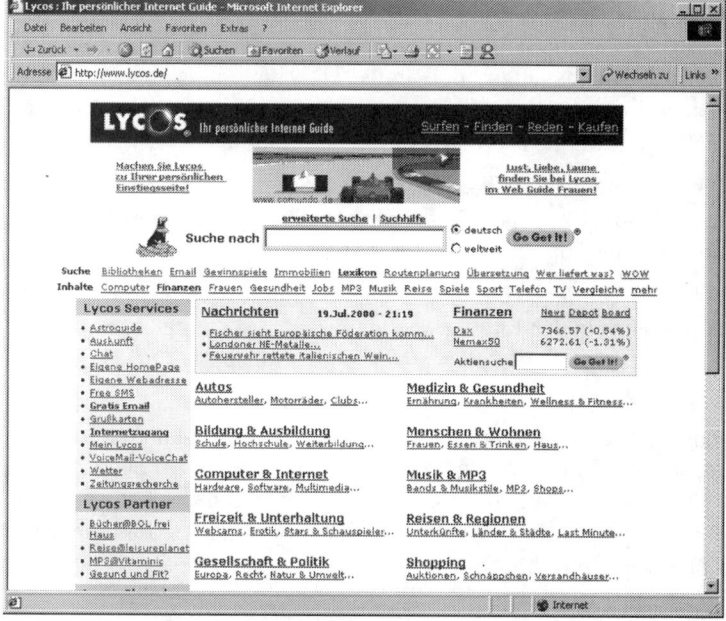

Bild 1.40: Diese Verknüpfungsliste wird selbst bei alten Browsern korrekt angezeigt und bietet dem Betrachter mehr Komfort.

Man kann an der Lycos-Homepage noch einen Punkt erkennen, den man berücksichtigen sollte. Es macht einen guten Eindruck, wenn Sie Navigationsschaltflächen am oberen oder unteren Rand Ihrer Homepage einfügen. Der Betrachter kann dann bequem zur nächsten Seite weiterschalten und findet auch immer wieder zurück. Diese Schaltflächen befinden sich üblicherweise am Kopf oder am Fuß einer Homepage.

Grafiken

Wenn Sie Grafiken in Ihren Seiten verwenden, sollten Sie mehrere Aspekte beachten, damit diese gut wirken.

Grafiken sollten nie zu groß werden. Das erhöht die Ladezeit der Seite. Verringern Sie gegebenenfalls die Auflösung, die Farbvielfalt oder die Abmessungen der Grafik. Manchmal hilft es, ein anderes Format zu verwenden. Speichern Sie Ihre Grafik in verschiedenen Formaten, und vergleichen Sie die Größe der Dateien.

Die verwendeten Grafiken sollten dem Stil der Seite angepasst werden. Ein Bild in grellen Farben macht eine sonst sehr konservative Seite schnell kaputt.

Wenn Sie Grafiken einfügen, sollten Sie darauf achten, dass sie sich harmonisch in den Hintergrund einpassen. Manchmal ist es deshalb sehr sinnvoll, den Hintergrund der Grafik transparent zu schalten.

Hintergrundbilder sollten nicht zu viele Farben beinhalten. Wenn Sie einen dunklen Hintergrund wählen, sollten auch die anderen Farben recht dunkel bleiben. Ein heller Hintergrund wirkt am besten, wenn keine dunklen Farben vorkommen. Wenn Sie das nicht beachten, wird die Seite schnell unleserlich, denn der Text wirkt auf anderem Untergrund unterbrochen, und das erschwert das Lesen.

Teil II – Take that!

Nitty Gritty

TAKE THAT!

Kurzreferenz

Diese Kurzreferenz soll Ihnen aufzeigen, welche Attribute zu den einzelnen Tags gehören und welche Wirkung sie erzielen. Ein sehr wichtiger Punkt in der HTML-Programmierung ist die Kompatibilität einzelner Tags mit verschiedenen Browsern. Ich habe hier für alle Tags und deren Attribute die Verfügbarkeit im Microsoft Internet Explorer und Netscape Navigator sowie die zugehörigen HTML-Versionen aufgelistet. Eine Versionsangabe »4.0B1« versteht sich als Browserversion 4.0 Beta 1. Diese Referenz beinhaltet Informationen bis zu den Browserversionen Microsoft Internet Explorer 5.02 (die Version 5.5 ist zu kurz vor der Manuskriptabgabe erschienen, um diese zu berücksichtigen) und Netscape Navigator 4.72.

1 Themenübersicht

Hier finden Sie einen nach Themengebieten sortierten Überblick aller Tags.

HTML-Struktur

<body>, <head>, <html>, <frameset>

Kopf-Elemente

<base>, <isindex>, <link>, <meta>, <nextid>, <scripts>, <style>, <title>

Hyperlinks

<a>

Zeilenumbrüche

, <nobr>, <wbr>

Absatzformatierung

`<address>`, `<blockquote>`, `<center>`, `<cite>`, `<code>`, `<dfn>`, `<h1>`, `<h2>`, `<h3>`, `<h4>`, `<h5>`, `<h6>`, `<marquee>`, `<multicol>`, `<p>`, `<pre>`

Schrift formatieren

`<abbr>`, `<b>`, `<big>`, `<blink>`, `<em>`, `<font>`, `<i>`, `<kbd>`, `<q>`, `<s>`, `<samp>`, `<small>`, `<strike>`, `<strong>`, `<sub>`, `<sup>`, `<tt>`, `<u>`, `<var>`

Listen

`<dd>`, `<dir>`, `<dl>`, `<dt>`, `<li>`, `<menu>`, `<ol>`, `<ul>`

Tabellen

`<caption>`, `<col>`, `<colgroup>`, `<thead>`, `<tbody>`, `<tfoot>`, `<table>`, `<th>`, `<td>`, `<tr>`

Formulare

`<button>`, `<fieldset>`, `<form>`, `<input>`, `<keygen>`, `<label>`, `<legend>`, `<optgroup>`, `<option>`, `<select>`, `<textarea>`

Rahmen

`<frame>`, `<frameset>`, `<noframes>`

Multimedia-Elemente

`<area>`, `<bgsound>`, `<img>`, `<map>`, `<object>`

Eingebettete Objekte

`<applet>`, `<embed>`, `<iframe>`, `<noembed>`, `<noscript>`, `<param>`, `<script>`

Revision

`<del>`, `<ins>`

2 A

2.1 <a>

Tag / Attribut	2.0	3.0	3.2	4.0	Internet Explorer	Netscape
<a href>	X	X	X	X	1.0	1.0
accesskey				X	4.0B1	
charset				X		
coords				X		
hreflang				X		
methods	X	X				
name	X	X	X	X	1.0	1.0
rel	X	X	X	X		
rev	X	X	X	X		
shape			X	X		
tabindex				X	4.0B1	
target				X	3.0A1	2.0
title	X	X	X	X	4.0B1	
type				X		
urn	X	X				

Das wohl wichtigste Tag in HTML ist <a>, denn es definiert (mit dem Attribut href) einen Link zu anderen HTML-Seiten oder sonstigen Daten. Dabei wird ein Textbereich oder ein sonstiges Objekt als Anker für die Verknüpfung festgelegt.

accesskey

Mit accesskey können Sie einen so genannten Tasten-Shortcut definieren, mit dem der Link erreichbar ist. Ordnen Sie dem Attribut einen einzigen Buchstaben zu und er wird ausgeführt, wenn Sie diese Taste mit der zugehörigen Shortcut-Taste drücken, die von Browser und Betriebssystem abhängt.

charset

Dieses Attribut beinhaltet die Zeichencodierung des Ziels. Der Standardwert ist ISO-8859-1.

coords

Gibt die Koordinaten für den Ankerbereich des Links in einer Image-Map an. Je nach Wert des Attributs shape werden die Koordinaten so angegeben (immer in Bildpunkten von der linken oberen Ecke des Bildes aus):

Wert von shape	Übergabeformat an coords
rectangle	"links, oben, rechts, unten"
circle	"Mittelpunkt X, Mittelpunkt Y, Radius"
polygon	"Punkt1 X, Punkt1 Y, Punkt2 X, Punkt2 Y, ..."

Tabelle 2.1: Übergabeformat an coords je nach Wert von shape.

href

Die Zieladresse des Links.

Entweder href oder name muss zwingend in <a> definiert sein.

hreflang

Dieses Attribut gibt die hauptsächliche Sprache des Ziels an.

methods

Hier sollten ursprünglich mit Leerzeichen getrennte Stichwörter des Ziels eingetragen werden. Da aber kein gängiger Browser dieses Attribut unterstützte, wurde es ab HTML 3.2 nicht mehr aufgelistet.

name

Hier wird eine Bezeichnung für den Link (der dann auch als Lesezeichen funktioniert) eingetragen, die es ermöglicht, direkt zu dieser Stelle im Dokument zu springen.

Warnung

Entweder `href` oder `name` muss zwingend in `<a>` definiert sein.

rel

Hier sollten ursprünglich mit Leerzeichen getrennte Stichwörter eingetragen werden, welche die Verbindung zwischen der Seite und dem Ziel verdeutlichen. Leider unterstützt kein gängiger Browser dieses Attribut.

rev

Dieses Attribut entspricht der Umkehrung von `rel`. Hier sollten ursprünglich mit Leerzeichen getrennte Stichwörter eingetragen werden, welche die Verbindung zwischen dem Ziel und der Seite verdeutlichen. Leider unterstützt kein gängiger Browser dieses Attribut.

shape

Hier wird die geometrische Form des Ankerbereichs in Image-Maps festgelegt. Mögliche Werte sind `default` (Standardwert), `rectangle` (Rechteck), `circle` (Kreis) und `polygon` (Vieleck).

tabindex

Gibt den Tab-Index des Links an. Positive Werte stehen für die Position des Links in der Liste der mit ⇥ aktivierbaren Objekte. Negative Werte bedeuten, dass der Link nicht im Tab-Index auftaucht.

target

Hier wird der Name des Zielframes eingetragen, in dem das Ziel des Links angezeigt werden soll.

title

Gibt den Titel des Ziels an, der angezeigt wird, wenn man die Maus über den Link bewegt, ohne darauf zu klicken.

type

Gibt den MIME-Typ des Ziels an.

urn

Dieses Attribut sollte ursprünglich name ergänzen, wurde aber nie von den gängigen Browsern unterstützt und verschwand deshalb ab HTML 3.2 aus der Sprache.

Beispiel:

```
<a href="http://www.adresse.de/verzeichnis/index.htm#PunktA" target="MittlererRahmen">Hier klicken!</a>
```

Tag / Attribut	2.0	3.0	3.2	4.0	Internet Explorer	Netscape
<a name>	X	X	X	X	1.0	1.0
href	X	X	X	X	1.0	1.0
methods	X	X				
name	X	X	X	X	1.0	1.0
rel	X	X	X	X		
rev	X	X	X	X		
title	X	X	X	X	4.0B1	
urn	X	X				

Das wohl wichtigste Tag in HTML ist <a>, denn es definiert (mit dem Attribut name) ein Lesezeichen.

href

Die Zieladresse des Links.

Warnung

Entweder href oder name muss zwingend in <a> definiert sein.

methods

Hier sollten ursprünglich mit Leerzeichen getrennte Stichwörter des Ziels eingetragen werden. Da aber kein gängiger Browser dieses Attribut unterstützte, wurde es ab HTML 3.2 nicht mehr aufgelistet.

name

Hier wird eine Bezeichnung für das Lesezeichen eingetragen, die es ermöglicht, direkt zu dieser Stelle im Dokument zu springen.

Warnung
Entweder href oder name muss zwingend in <a> definiert sein.

rel

Hier sollten ursprünglich mit Leerzeichen getrennte Stichwörter eingetragen werden, welche die Verbindung zwischen der Seite und dem Ziel verdeutlichen. Leider unterstützt kein gängiger Browser dieses Attribut.

rev

Dieses Attribut entspricht der Umkehrung von rel. Hier sollten ursprünglich mit Leerzeichen getrennte Stichwörter eingetragen werden, welche die Verbindung zwischen dem Ziel und der Seite verdeutlichen. Leider unterstützt kein gängiger Browser dieses Attribut.

title

Gibt den Titel des Ziels an, der angezeigt wird, wenn man die Maus über den Link bewegt, ohne darauf zu klicken.

urn

Dieses Attribut sollte ursprünglich name ergänzen, wurde aber nie von den gängigen Browsern unterstützt und verschwand deshalb ab HTML 3.2 aus der Sprache.

Beispiel:

```
<a name="PunktA">
```

2.2 <abbr>

Tag / Attribut	2.0	3.0	3.2	4.0	Internet Explorer	Netscape
<abbr>				X		
title				X		

Dieses Tag markiert Abkürzungen. Das kann zum Beispiel für Suchmaschinen interessant sein.

title

Gibt die ausgeschriebene Bedeutung der Abkürzung an.

Beispiel:

```
<abbr title="Postleitzahl">PLZ</abbr>
```

Siehe auch:

<b>, <big>, <blink>, <em>, <font>, <i>, <kbd>, <q>, <s>, <samp>, <small>, <strike>, <strong>, <sub>, <sup>, <tt>, <u>, <var>

2.3 <acronym>

Tag / Attribut	2.0	3.0	3.2	4.0	Internet Explorer	Netscape
<acronym>				X	4.0	
title				X	4.0	

Dieses Tag markiert Abkürzungen. Das kann zum Beispiel für Suchmaschinen interessant sein.

title

Gibt die ausgeschriebene Bedeutung der Abkürzung an.

Beispiel:

```
<acronym title="Postleitzahl">PLZ</acronym>
```

2.4 <address>

Tag / Attribut	2.0	3.0	3.2	4.0	Internet Explorer	Netscape
<address>	X	X	X	X	1.0	1.0

Ist besonders für die Einrahmung von Adressen gedacht. Diese wird dann üblicherweise kursiv dargestellt und eingerückt.

Beispiel:

```
<address>
  Max Mustermann<br>
  Musterstraße 123<br>
  12345 Musterstadt<br>
</address>
```

Siehe auch:

<blockquote>, <center>, <cite>, <code>, <dfn>, <h1>, <h2>, <h3>, <h4>, <h5>, <h6>, <marquee>, <multicol>, <p>, <pre>

2.5 <applet>

Tag / Attribut	2.0	3.0	3.2	4.0	Internet Explorer	Netscape
<applet>			X	X	3.0B2	2.0
align			X	X	3.0B2	2.0
alt			X	X	3.0B2	2.0
archive				X	4.0	3.0B7
code			X	X	3.0B2	2.0
codebase			X	X	3.0B2	2.0
height			X	X	3.0B2	2.0
hspace			X	X	3.0B2	2.0
mayscript						3.0
name			X	X	3.0B2	2.0
object				X		
src					4.0	

Kurzreferenz

Tag / Attribut	2.0	3.0	3.2	4.0	Internet Explorer	Netscape
vspace			X	X	3.0B2	2.0
width			X	X	3.0B2	2.0

Dieses Tag ermöglicht die Einbindung von Java-Applets. Browser, die Java unterstützen, ignorieren alle durch `<applet>` ... `</applet>` eingeschlossenen Angaben, außer dem `<param>`-Tag. Browser, die Java nicht unterstützen, ignorieren dagegen `<applet>` und die darin enthaltenen `<param>`-Tags. Sie zeigen alle anderen in `<applet>` ... `</applet>` enthaltenen Angaben. Das gilt auch, wenn das Java-Applet einen Fehler verursachen sollte und nicht geladen werden kann.

align

Gibt die Ausrichtung des nachfolgenden Textes zum Applet an. Mögliche Werte sind: `baseline`, `bottom`, `left`, `middle`, `right`, `textbottom`, `textmiddle`, `texttop` und `top`.

alt

Der Wert dieses Attributs wird ausgegeben, wenn der Browser `<applet>` nicht kennt. Das ist zum Beispiel bei alten Textbrowsern der Fall.

archive

Verweist auf eine `.zip`-Datei, die alle Klassen des Applets enthält. Die URL wird relativ zu `codebase` oder absolut angegeben.

code

Verweist auf die Klasse des Applets. Die URL wird relativ zu `codebase` oder absolut angegeben.

codebase

Gibt das Verzeichnis an, in dem der Code zu finden ist und auf das sich `archive`, `code` und `src` beziehen sollen.

height

Gibt die Höhe des Applets in Bildpunkten an. So kann schon beim Download des Codes ein Platzhalter in entsprechender Größe angezeigt werden.

hspace

Gibt den linken und rechten Abstand des Applets zu allen anderen HTML-Komponenten in Bildpunkten an.

mayscript

Dieses Attribut erhält keinen Wert. Wenn es angegeben wird, erhält das Applet JavaScript-Funktionalität. Sollte das Attribut fehlen und das Applet versucht auf JavaScript-Elemente zuzugreifen, wird ein Fehler ausgegeben.

name

Dieses Attribut enthält den Namen des Applets. Dieser wird benötigt, um sich gegenüber anderen Applets dieser Seite auszuweisen.

object

Gibt den Namen einer Datenquelle an, die Applet enthält.

src

Verweist auf die Klasse des Applets. Die URL wird relativ zu codebase oder absolut angegeben.

vspace

Gibt den oberen und unteren Abstand des Applets zu allen anderen HTML-Komponenten in Bildpunkten an.

width

Gibt die Breite des Applets in Bildpunkten an. So kann schon beim Download des Codes ein Platzhalter in entsprechender Größe angezeigt werden.

Beispiel:

```
<applet codebase="http://www.adresse.de/java/" code="ein_applet.class"
>
  <param name="Zeile1" value="Textzeile 1">
  <param name="Zeile2" value="Textzeile 2">
  <param name="Zeile2" value="Textzeile 2">
  Sie haben keinen Java-fähigen Browser!<br>
</applet>
```

Siehe auch:

<param>, <embed>, <iframe>, <noembed>, <noscript>, <param>, <script>

2.6 <area>

Tag / Attribut	2.0	3.0	3.2	4.0	Internet Explorer	Netscape
<area>			X	X	1.0	2.0
accesskey				X		
alt			X	X	4.0B2	3.0
coords			X	X	1.0	2.0
href			X	X	1.0	2.0
nohref			X	X	1.0	2.0
shape			X	X	1.0	2.0
tabindex				X	4.0B1	
target				X	3.0A1	2.0

Dieses Tag wird benötigt, um so genannte clientseitige Image-Maps zu erstellen. Man kann darin Hot-Areas erzeugen.

accesskey

Mit accesskey können Sie einen so genannten Tasten-Shortcut definieren, mit dem der Link erreichbar ist. Ordnen Sie dem Attribut einen einzigen Buchstaben zu und er wird ausgeführt, wenn Sie diese Taste mit der zugehörigen Shortcut-Taste drücken, die von Browser und Betriebssystem abhängt.

alt

Der Wert dieses Attributs wird ausgegeben, wenn der Browser <area> nicht kennt. Das ist zum Beispiel bei alten Textbrowsern der Fall.

coords

Gibt die Koordinaten für den Ankerbereich des Links in einer Image-Map an. Je nach Wert des Attributs shape werden die Koordinaten so angegeben (immer in Bildpunkten von der linken oberen Ecke des Bildes aus):

Wert von shape	Übergabeformat an coords
rectangle	"links, oben, rechts, unten"
circle	"Mittelpunkt X, Mittelpunkt Y, Radius"
polygon	"Punkt1 X, Punkt1 Y, Punkt2 X, Punkt2 Y, ..."

Tabelle 2.2: Übergabeformat an coords je nach Wert von shape.

href

Gibt das Ziel des Links an.

Darf nicht zusammen mit nohref gesetzt werden!

Warnung

nohref

Wenn Sie kurzfristig einen <area>-Link ausschalten möchten, können Sie statt href dieses allein stehende Attribut verwenden.

shape

Hier wird die geometrische Form des Ankerbereichs in Imagemaps festgelegt. Mögliche Werte sind default (Standardwert), rectangle (Rechteck), circle (Kreis) und polygon (Vieleck).

tabindex

Gibt den Tab-Index der Hot-Area an. Positive Werte stehen für die Position der Area in der Liste der mit [⇆] aktivierbaren Objekte. Negative Werte bedeuten, dass die Hot-Area nicht im Tab-Index auftaucht.

target

Hier wird der Name des Zielframes eingetragen, in dem das Ziel des Links angezeigt werden soll.

Beispiel:

```
<map name="Eine Image-Map">
  <area shape="rectangle" coords="10,20,30,40"
  href="http://www.adresse.de/a.htm">
  <area shape="circle" COORDS="60,50,20" href="
  http://www.adresse.de/b.htm ">
  <area shape="polygon" coords="5,100,10,110,0,110" href="
  http://www.adresse.de/c.htm ">
</map>
```

Siehe auch:

<bgsound>, <img>, <map>, <object>

3 B

3.1 <b>

Tag / Attribut	2.0	3.0	3.2	4.0	Internet Explorer	Netscape
<b>	X	X	X	X	1.0	1.0

Text, der von <b> ... </b> umschlossen ist, wird im Fettdruck angezeigt.

Beispiel:

<b>Dieser Text wird fett gedruckt,</b> aber dieser nicht mehr.

Siehe auch:

<abbr>, <big>, <blink>, <em>, <font>, <i>, <kbd>, <q>, <s>, <samp>, <small>, <strike>, <strong>, <sub>, <sup>, <tt>, <u>, <var>

3.2 <base>

Tag / Attribut	2.0	3.0	3.2	4.0	Internet Explorer	Net-scape
<base>	X	X	X	X	1.0	1.0
href	X	X	X	X	1.0	1.0
target				X	3.0A1	2.0

Dieses Tag ermöglicht eine Grundvoreinstellung von href und target für alle HTML-Elemente der Seite anzugeben.

href

Gibt die Basisadresse an, auf die alle relativen URL-Angaben der Seite bezogen werden.

target

Gibt den Standard-Zielrahmen an, auf den alle HTML-Elemente der Seite automatisch verweisen.

Beispiel:

`<base href="http://www.adresse.de" target="Mittlerer Rahmen">`

Siehe auch:

`<isindex>`, `<link>`, `<meta>`, `<nextid>`, `<scripts>`, `<style>`, `<title>`

3.3 <basefont>

Tag / Attribut	2.0	3.0	3.2	4.0	Internet Explorer	Net-scape
<basefont>			X	X	1.0	1.0
color				X	1.0	
face				X	1.0	
size			X	X	1.0	1.0

Dieses Tag stellt die Standardschriftart ein.

color

Hier wird die Farbe des Textes festgelegt. Gültig sind RGB-Werte und bei vielen Browsern vordefinierte Farbwerte (siehe Anhang B).

face

Erwartet eine durch Kommata getrennte Liste von Schriftart-Namen. Die zuerst gefundene (und auf dem System des Betrachters installierte) Schriftart wird für den von diesem Tag umschlossenen Text als Ausgabeschriftart verwendet.

size

Repräsentiert die Schriftgröße. Gültige Werte sind 1 bis 7. Wenn man dem Wert ein + oder ein - voranstellt, wird die Größe relativ zur aktuellen Schriftgröße berechnet.

Beispiel:

```
<basefont color="#ff0000" face="Arial" size=4>
```

3.4 <bdo>

Tag / Attribut	2.0	3.0	3.2	4.0	Internet Explorer	Netscape
<bdo>				X	5.0B2	
dir				X	5.0B2	
lang				X	5.0B2	

Dieses Tag steht für »bidirectional override«. Es wird verwendet, wenn sowohl Sprachen, die von links nach rechts geschrieben werden, und Sprachen, die von rechts nach links zu lesen sind, im selben HTML-Dokument vorkommen.

dir

Gibt die Schreibrichtung des Textblocks an. Folgende Werte sind möglich:

Wert	Bedeutung
ltr	Von links nach rechts.
rtl	Von rechts nach links.

Tabelle 2.3: Die Werte von dir in <bdo>.

lang

Gibt die Sprache des Textblocks an.

Beispiel:

Das ist vorwärts und <bdo dir="rtl">das ist rückwärts</bdo>.

3.5 <bgsound>

Tag / Attribut	2.0	3.0	3.2	4.0	Internet Explorer	Netscape
<bgsound>					2.0	
balance					4.0B1	
delay					2.0	
loop					2.0	
src					2.0	
volume					2.0B1	

Dieses Tag ermöglicht das Abspielen von Hintergrundmusik.

balance

Mit diesem Attribut kann man die Stereo-Ausrichtung der Musikwiedergabe beeinflussen. Werte zwischen -10000 (links) und 10000 (rechts) sind erlaubt. Mittige Stereoausgabe wird durch den Wert 0 erreicht.

delay

Gibt die Verzögerung vor dem Abspielen und zwischen den Wiederholungen in Millisekunden an.

loop

Gibt die Anzahl der Wiederholungen an. Gültige Werte sind positive ganze Zahlen oder `infinite` für eine endlose Wiederholung.

src

Erwartet die URL einer Audiodatei (`.au`, `.mid` oder `.wav`).

volume

Gibt die Lautstärke der Musikwiedergabe an. Mögliche Werte sind: -10000 (leise bzw. aus) bis 0 (volle Lautstärke).

Beispiel:

`<bgsound src="ein_song.mid" loop=infinite>`

Siehe auch:

`<area>`, `<img>`, `<map>`, `<object>`

3.6 <big>

Tag / Attribut	2.0	3.0	3.2	4.0	Internet Explorer	Netscape
`<big>`		X	X	X	3.0A1	1.1

Der durch `<big>` ... `</big>` umschlossene Text wird in einer größeren Schriftgröße angezeigt.

Beispiel:

`<big>Dieser Text wird groß gedruckt,</big> aber dieser nicht mehr.`

Siehe auch:

`<abbr>`, `<b>`, `<blink>`, `<em>`, `<font>`, `<i>`, `<kbd>`, `<q>`, `<s>`, `<samp>`, `<small>`, `<strike>`, `<strong>`, `<sub>`, `<sup>`, `<tt>`, `<u>`, `<var>`

3.7 <blink>

Tag / Attribut	2.0	3.0	3.2	4.0	Internet Explorer	Netscape
`<blink>`					4.0B1	1.0

Dieses Tag lässt den eingerahmten Textblock blinken.

Beispiel:

<blink>ALARM!</blink>

Siehe auch:

<abbr>, <b>, <big>, <em>, <font>, <i>, <kbd>, <q>, <s>, <samp>, <small>, <strike>, <strong>, <sub>, <sup>, <tt>, <u>, <var>

3.8 <blockquote>

Tag / Attribut	2.0	3.0	3.2	4.0	Internet Explorer	Net-scape
<blockquote>	X	X	X	X	1.0	1.0
cite				X		

Markiert Zitate. Diese werden üblicherweise mit einem linken und rechten Einzug versehen.

cite

Gibt die Originaladresse des Zitats als URL an.

Beispiel:

<blockquote cite="http://www.spectrosoftware.de">...und das Leben wird bunt</blockquote>.

Siehe auch:

<address>, <center>, <cite>, <code>, <dfn>, <h1>, <h2>, <h3>, <h4>, <h5>, <h6>, <marquee>, <multicol>, <p>, <pre>.

3.9 <body>

Tag / Attribut	2.0	3.0	3.2	4.0	Internet Explorer	Net-scape
<body>	X	X	X	X	1.0	1.0
alink			X	X	4.0B1	1.1
background		X	X	X	1.0	1.1
bgcolor			X	X	1.0	1.1

Tag / Attribut	2.0	3.0	3.2	4.0	Internet Explorer	Netscape
bgproperties					2.0	
bottommargin					4.0B1	
leftmargin					2.0	
link			X	X	1.0	1.1
marginheight						4.0
marginwidth						4.0
nowrap					4.0	
rightmargin					4.0B1	
scroll					4.0B1	
text			X	X	1.0	1.1
topmargin					2.0	
vlink			X	X	1.0	1.1

Dieses Tag ist für die Strukturierung der HTML-Seite auf höchster Ebene zuständig. Alle Text- und Bildelemente sollten von <body> ... </body> umschlossen sein, da darin globale Attribute definiert werden, die Auswirkungen auf den gesamten HTML-Körper haben.

alink

Hier wird die Farbe eines aktuellen Links (Link auf die Seite selbst) festgelegt. Gültig sind RGB-Werte und bei vielen Browsern vordefinierte Farbwerte (siehe Anhang B).

background

Gibt die Adresse eines Bildes an, das in den Hintergrund der HTML-Seite geladen werden soll.

bgcolor

Hier wird die Hintergrundfarbe des Dokuments festgelegt. Gültig sind RGB-Werte und bei vielen Browsern vordefinierte Farbwerte (siehe Anhang B).

bgproperties

Gibt Hintergrundeigenschaften an. Der einzig gültige Wert ist momentan `fixed`, der den Hintergrund auch beim Scrollen unverändert lässt. Der Inhalt der Seite bewegt sich dann wie auf einer Transparentfolie über den Hintergrund.

bottommargin

Gibt den unteren freien Rand des Dokuments in Bildpunkten an.

leftmargin

Gibt den linken freien Rand des Dokuments in Bildpunkten an.

link

Hier wird die Farbe eines Links festgelegt. Gültig sind RGB-Werte und bei vielen Browsern vordefinierte Farbwerte (siehe Anhang B).

marginheight

Gibt den oberen und unteren freien Rand des Dokuments in Bildpunkten an.

marginwidth

Gibt den linken und rechten freien Rand des Dokuments in Bildpunkten an.

nowrap

Gibt an, ob die normalen HTML-Zeilenumbruchskonventionen gelten oder ob diese ignoriert werden.

Wert	Bedeutung
false	Die normalen Konventionen gelten: Text, der das Ende der Zeile erreicht, wird automatisch umgebrochen.
true	Text, der das Ende der Zeile erreicht, wird nicht umgebrochen. Nur explizit angegebene Formatierungen (` `, `<p>`, ...) werden berücksichtigt.

Tabelle 2.4: Die Werte von nowrap in <body>.

Kurzreferenz **127**

rightmargin

Gibt den rechten freien Rand des Dokuments in Bildpunkten an.

scroll

Gibt an, ob Scrollbalken angezeigt werden sollen.

Wert	Bedeutung
auto	Scrollbalken bei Bedarf einblenden.
no	Nie Scrollbalken einblenden.
yes	Immer Scrollbalken einblenden.

Tabelle 2.5: Die Werte von scroll in <body>.

text

Hier wird die Farbe des Textes festgelegt. Gültig sind RGB-Werte und bei vielen Browsern vordefinierte Farbwerte (siehe Anhang B).

topmargin

Gibt den oberen freien Rand des Dokuments in Bildpunkten an.

vlink

Hier wird die Farbe eines bereits besuchten Links festgelegt. Gültig sind RGB-Werte und bei vielen Browsern vordefinierte Farbwerte (siehe Anhang B).

Beispiel:

```
<html>
  <head>
    <!-- Hier stehen Informationen über die Inhalte.-->
  </head>
  <body>
    Hier stehen die Inhalte.
  </body>
</html>
```

Siehe auch:

<head>, <html>, <frameset>

3.10

Tag / Attribut	2.0	3.0	3.2	4.0	Internet Explorer	Netscape
 		X	X	X	1.0	1.0
clear			X	X	1.0	1.0

Mit diesem Tag kann man einen Zeilenumbruch erzwingen.

clear

Dieses Attribut wurde ergänzt, um mit Bildern umzugehen, die durch das Attribut align in <img> nach links oder rechts bewegt werden. Man kann es nun verwenden, um mit allen Objekten umzugehen, die durch align verschoben werden.

Wert	Bedeutung
none	Es wird ein ganz normaler Zeilenumbruch erzeugt.
left	Es wird die Zeile umgebrochen und die nächste Zeile so weit unten eingefügt, dass der linke Rand frei von Bildern (oder sonstigen Objekten) ist.
right	Es wird die Zeile umgebrochen und die nächste Zeile so weit unten eingefügt, dass der rechte Rand frei von Bildern (oder sonstigen Objekten) ist.
all	Es wird die Zeile umgebrochen und die nächste Zeile so weit unten eingefügt, dass beide Ränder frei von Bildern (oder sonstigen Objekten) sind.

Tabelle 2.6: Die Werte von clear *in*
.

Beispiel:

```
Dieses ist die erste Zeile<br>
und das hier die zweite.
```

Siehe auch:

<nobr>, <wbr>

3.11 <button>

Tag / Attribut	2.0	3.0	3.2	4.0	Internet Explorer	Netscape
<button>					X	4.0B1
accesskey					X	4.0B1
disabled					X	4.0B1
name					X	4.0B1
tabindex					X	4.0B1
type					X	4.0B1
value					X	4.0B1

Dieses Tag kann Buttons in Formularen erzeugen.

accesskey

Mit accesskey können Sie einen so genannten Tasten-Shortcut definieren, mit dem der Knopf erreichbar ist. Ordnen Sie dem Attribut einen einzigen Buchstaben zu und er wird ausgeführt, wenn Sie diese Taste mit der zugehörigen Shortcut-Taste drücken, die von Browser und Betriebssystem abhängt.

disabled

Dieses allein stehende Attribut bewirkt, dass der Knopf als inaktiv gekennzeichnet wird, und unterbindet die Funktionalität des Buttons.

name

Gibt die Bezeichnung des Knopfes an, um ihn bei der Übergabe an Skripte identifizieren zu können.

tabindex

Gibt den Tab-Index des Buttons an. Positive Werte stehen für die Position des Knopfes in der Liste der mit ⇥ aktivierbaren Objekte. Negative Werte bedeuten, dass der Button nicht im Tab-Index auftaucht.

type

Gibt an, welche Funktion der Knopf im Formular haben soll.

Wert	Bedeutung
button	Definiert den Knopf als multifunktional. (Es wird ein eigenes Skript für den Button bereitgestellt.)
reset	Der Button löscht das Formular.
submit	Der Knopf sendet die Formulardaten ab.

Tabelle 2.7: Die Werte von type in <button>.

value

Gibt den Wert des Knopfes an, der an das Skript übergeben werden soll, wenn er aktiviert wurde.

Beispiel:

```
<button type="submit" name="abschicken" tabindex=1>
  <img SRC="ein_bild.gif">
</button>
```

Siehe auch:

<fieldset>, <form>, <input>, <keygen>, <label>, <legend>, <optgroup>, <option>, <select>, <textarea>

4 C

4.1 <caption>

Tag / Attribut	2.0	3.0	3.2	4.0	Internet Explorer	Netscape
<caption>		X	X	X	2.0	1.1
align		X	X	X	2.0	1.1
valign					2.0	

Dieses Tag kann nur innerhalb von <table> ... </table> verwendet werden und ist auf der gleichen Ebene wie <tr> angesiedelt. Es erzeugt eine Tabellenüber- oder Unterschrift über die gesamte Tabellenbreite.

align

Gibt die Ausrichtung innerhalb der Tabellenzelle an.

Wert	Bedeutung
bottom	Der Inhalt wird nach unten ausgerichtet. (Im Internet Explorer bitte über valign lösen!)
top	Der Inhalt wird nach oben ausgerichtet. (Im Internet Explorer bitte über valign lösen!)
center	Der Inhalt wird zentriert ausgerichtet. (Nur im Internet Explorer!)
left	Der Inhalt wird nach links ausgerichtet. (Nur im Internet Explorer!)
right	Der Inhalt wird nach rechts ausgerichtet. (Nur im Internet Explorer!)

Tabelle 2.8: Die Werte von align in <caption>.

valign

Gibt die vertikale Ausrichtung innerhalb der Tabellenzelle an.

Wert	Bedeutung
bottom	Der Inhalt wird nach unten ausgerichtet.
top	Der Inhalt wird nach oben ausgerichtet.

Tabelle 2.9: Die Werte von valign in <caption>.

Beispiel:

```
<table border=1>
  <caption>Browserstatistik</caption>
  <tr><th>Browser</th><th>Marktanteil</th></tr>
  <tr><td>Microsoft Internet Explorer</td><td>60,4 %</td>
  </tr>
  <tr><td>Netscape Communicator</td><td>38,5 %</td></tr>
  <tr><td>Sonstige</td><td>1,1 %</td></tr>
</table>
```

Siehe auch:

<col>, <colgroup>, <thead>, <tbody>, <tfoot>, <table>, <th>, <td>, <tr>

4.2 <center>

Tag / Attribut	2.0	3.0	3.2	4.0	Internet Explorer	Netscape
<center>			X	X	1.0	1.0

Zentriert einen Textblock mitsamt aller anderen HTML-Elemente.

Beispiel:

Dieser Text ist links ausgerichtet
<center>und dieser ist zentriert.</center>

Siehe auch:

<address>, <blockquote>, <cite>, <code>, <dfn>, <h1>, <h2>, <h3>, <h4>, <h5>, <h6>, <marquee>, <multicol>, <p>, <pre>

4.3 <cite>

Tag / Attribut	2.0	3.0	3.2	4.0	Internet Explorer	Netscape
<cite>	X	X	X	X	1.0	1.0

Markiert Zitate. Diese werden üblicherweise kursiv gedruckt.

Beispiel:

<cite>...und das Leben wird bunt</cite>

Siehe auch:

<address>, <blockquote>, <center>, <code>, <dfn>, <h1>, <h2>, <h3>, <h4>, <h5>, <h6>, <marquee>, <multicol>, <p>, <pre>

4.4 <code>

Tag / Attribut	2.0	3.0	3.2	4.0	Internet Explorer	Netscape
<code>		X	X	X	X	1.0	1.0

Mit diesem Tag kann man Quellcode formatieren. Dieser wird üblicherweise in einer Schriftart angezeigt, die jeden Buchstaben in gleicher Breite anzeigt.

Beispiel:

<code>if(x==y) return;</code>

Siehe auch:

<address>, <blockquote>, <center>, <cite>, <dfn>, <h1>, <h2>, <h3>, <h4>, <h5>, <h6>, <marquee>, <multicol>, <p>, <pre>

4.5 <col>

Tag / Attribut	2.0	3.0	3.2	4.0	Internet Explorer	Netscape
<col>				X	3.0A1	
align				X	4.0B1	
bgcolor					4.0	
char				X		
charoff				X		
span				X	3.0A1	
valign				X	4.0B1	
width				X	3.0A1	

Dieses Tag stellt eine Ergänzung zu herkömmlichen Tabellen dar. Hier werden Voreinstellungen für die Spalten der Tabelle getroffen. Dieses Tag steht immer innerhalb eines <colgroup> ... </colgroup>-Gebildes. Hier werden keinerlei Daten eingefügt, lediglich Formatierungen werden getätigt.

align

Gibt die horizontale Ausrichtung innerhalb der Spalte an.

Wert	Bedeutung
center	Der Inhalt wird zentriert ausgerichtet
left	Der Inhalt wird nach links ausgerichtet.
right	Der Inhalt wird nach rechts ausgerichtet.

Tabelle 2.10: Die Werte von align in <col>.

bgcolor

Hier wird die Hintergrundfarbe der Spalte festgelegt. Gültig sind RGB-Werte und bei vielen Browsern vordefinierte Farbwerte (siehe Anhang B).

char

Hier kann man das Zeichen angeben, auf das der Zelleninhalt ausgerichtet wird. (Zum Beispiel das Komma für Dezimalzahlen.) Das erste Vorkommen dieses Zeichens wird als relevant gewertet.

charoff

Gibt den Abstand zum ersten auftretenden, in char definierten Ausrichtungszeichen in Bildpunkten an.

span

Gibt an, wie viele Spalten in der normalen Tabellenstruktur von der aktuellen Spalte überspannt werden.

valign

Gibt die vertikale Ausrichtung innerhalb der Spalte an.

Wert	Bedeutung
bottom	Der Inhalt wird nach unten ausgerichtet.
top	Der Inhalt wird nach oben ausgerichtet.

Tabelle 2.11: Die Werte von valign in <col>.

width

Gibt die Gesamtbreite der Spalte in Bildpunkten oder als Prozentualwert der Browserfensterbreite an.

Beispiel:

```
<table border=1 cols=2>
  <colgroup>
    <col ALIGN="right">
  </colgroup>
  <colgroup>
    <col ALIGN="center">
    <col ALIGN="center">
  </colgroup>
  <caption>Browserstatistik</caption>
  <tr><th>Browser</th><th>Marktanteil</th></tr>
  <tr><td>Microsoft Internet Explorer</td><td>60,4 %</td>
  </tr>
  <tr><td>Netscape Communicator</td><td>38,5 %</td></tr>
  <tr><td>Sonstige</td><td>1,1 %</td></tr>
</table>
```

Siehe auch:

<caption>, <colgroup>, <thead>, <tbody>, <tfoot>, <table>, <th>, <td>, <tr>

4.6 <colgroup>

Tag / Attribut	2.0	3.0	3.2	4.0	Internet Explorer	Netscape
<colgroup>				X	3.0A1	
align				X	4.0B1	
bgcolor					4.0	
char				X		
charoff				X		
span				X	3.0A1	
valign				X	4.0B1	

Tag / Attribut	2.0	3.0	3.2	4.0	Internet Explorer	Netscape
width				X	4.0B1	

Dieses Tag wird in <table> ... </table> verwendet und enthält nur <col>-Tags. Es wird verwendet, um die Formatierung der Spalten noch vor der Datenerfassung der Tabelle zu ermöglichen.

align

Gibt die horizontale Ausrichtung innerhalb der Spaltengruppe an.

Wert	Bedeutung
center	Der Inhalt wird zentriert ausgerichtet.
left	Der Inhalt wird nach links ausgerichtet.
right	Der Inhalt wird nach rechts ausgerichtet.

Tabelle 2.12: Die Werte von align in <colgroup>.

bgcolor

Hier wird die Hintergrundfarbe der Spaltengruppe festgelegt. Gültig sind RGB-Werte und bei vielen Browsern vordefinierte Farbwerte (siehe Anhang B).

char

Hier kann man das Zeichen angeben auf das der Zelleninhalt ausgerichtet wird. (Zum Beispiel das Komma für Dezimalzahlen.) Das erste Vorkommen dieses Zeichens wird als relevant gewertet.

charoff

Gibt den Abstand zum ersten auftretenden, in char definierten Ausrichtungszeichen in Bildpunkten an.

span

Gibt an, wie viele Spalten in der Gruppe sind, ohne diese alle mit <col> aufzählen zu müssen.

valign

Gibt die vertikale Ausrichtung innerhalb der Zeilengruppe an.

Wert	Bedeutung
bottom	Der Inhalt wird nach unten ausgerichtet.
top	Der Inhalt wird nach oben ausgerichtet.

Tabelle 2.13: Die Werte von valign in <colgroup>.

width

Gibt die Gesamtbreite der Spalte in Bildpunkten oder als Prozentualwert der Browserfensterbreite an.

Beispiel:

```
<table border=1 cols=2>
  <colgroup>
    <col ALIGN="right">
  </colgroup>
  <colgroup>
    <col ALIGN="center">
    <col ALIGN="center">
  </colgroup>
  <caption>Browserstatistik</caption>
  <tr><th>Browser</th><th>Marktanteil</th></tr>
  <tr><td>Microsoft Internet Explorer</td><td>60,4 %</td>
  </tr>
  <tr><td>Netscape Communicator</td><td>38,5 %</td></tr>
  <tr><td>Sonstige</td><td>1,1 %</td></tr>
</table>
```

Siehe auch:

<caption>, <col>, <thead>, <tbody>, <tfoot>, <table>, <th>, <td>, <tr>

4.7 <comment>

Tag / Attribut	2.0	3.0	3.2	4.0	Internet Explorer	Netscape
<comment>					1.0	

Passagen, die von `<comment>` ... `</comment>` eingerahmt sind, werden vom Browser auskommentiert und ignoriert.

Beispiel:

`Dieser Text erscheint <comment>nicht </comment>auf dem Bildschirm.`

Siehe auch:

`<!-- ... -->`

5 D

5.1 <dd>

Tag / Attribut	2.0	3.0	3.2	4.0	Internet Explorer	Netscape
`<dd>`	X	X	X	X	1.0	1.0
clear		X				
nowrap				4.0		

Dieses Tag wird innerhalb von Definitionslisten `<dl>` ... `</dl>` verwendet und umfasst selbst eine Definitionsbeschreibung. Der Text wird üblicherweise von links eingerückt.

clear

Dieses Attribut wurde ergänzt, um mit Bildern umzugehen, die durch das Attribut `align` in `<img>` nach links oder rechts bewegt werden. Man kann es nun verwenden, um mit allen Objekten umzugehen, die durch `align` verschoben werden.

Wert	Bedeutung
none	Es wird ein ganz normaler Zeilenumbruch erzeugt.
left	Es wird die Zeile umgebrochen und die nächste Zeile so weit unten eingefügt, dass der linke Rand frei von Bildern (oder sonstigen Objekten) ist.
right	Es wird die Zeile umgebrochen und die nächste Zeile so weit unten eingefügt, dass der rechte Rand frei von Bildern (oder sonstigen Objekten) ist.

Wert	Bedeutung
all	Es wird die Zeile umgebrochen und die nächste Zeile so weit unten eingefügt, dass beide Ränder frei von Bildern (oder sonstigen Objekten) sind.

Tabelle 2.14: Die Werte von clear in <dd>.

nowrap

Gibt an, ob die normalen HTML-Zeilenumbruchskonventionen gelten oder ob diese ignoriert werden.

Wert	Bedeutung
false	Die normalen Konventionen gelten: Text, der das Ende der Zeile erreicht, wird automatisch umgebrochen.
true	Text, der das Ende der Zeile erreicht, wird nicht umgebrochen. Nur explizit angegebene Formatierungen (, <p>, ...) werden berücksichtigt.

Tabelle 2.15: Die Werte von nowrap in <dd>.

Beispiel:

```
<dl>
  <dt>Definition A</dt>
  <dd>Die Definition B ist falsch.</dd>
  <dt>Definition B</dt>
  <dd>Die Definition A ist richtig.</dd>
</dl>
```

Siehe auch:

<dir>, <dl>, <dt>, <li>, <menu>, <ol>, <ul>

5.2 <del>

Tag / Attribut	2.0	3.0	3.2	4.0	Internet Explorer	Netscape
<del>			X		X	4.0
cite					X	
datetime					X	

Hier handelt es sich um die Möglichkeit, Textpassagen und sonstigen Quellcode zu löschen, ohne dass er im Quelltext verloren geht. Da eine Zeitangabe gemacht wird, wann die Löschung erfolgte, können einige Browser die Seite so anzeigen, wie sie zu einem von Ihnen gewählten Zeitpunkt ausgesehen hat. Andere Browser zeigen gelöschte Passagen andersfarbig an als die aktuellen Passagen und die restlichen Browser nur den aktuellen Stand.

cite

Gibt eine URL an, deren Ziel die Gründe erläutert, warum die Löschung nötig war.

datetime

Gibt das Datum und die Zeit der Löschung an. Der Wert wird im Format `yyyy-mm-ddThh:mm:ssCET` angegeben.

Wert	Beschreibung
yyyy	Das Jahr in vier Ziffern.
mm	Der Monat in zwei Ziffern. (01-12)
dd	Der Tag in zwei Ziffern. (01-31)
hh	Die Stunde in zwei Ziffern. (00-23)
mm	Die Minute in zwei Ziffern. (00-59)
ss	Die Sekunde in zwei Ziffern. (00-59)

Tabelle 2.16: Die Werte von datetime in <del>.

Beispiel:

```
<del cite="http://www.berlin.de">Berliner Mauer</del>
```

Siehe auch:

`<ins>`

5.3 `<dfn>`

Tag / Attribut	2.0	3.0	3.2	4.0	Internet Explorer	Netscape
`<dfn>`		X	X	X	X	1.0

Markiert Definitionen und stellt diese üblicherweise kursiv dar.

Beispiel:

```
<dfn>
  Wenn der Hahn kräht auf dem Mist, ändert sich das
  Wetter, oder es bleibt, wie es ist.
</dfn>
```

Siehe auch:

`<address>`, `<blockquote>`, `<center>`, `<cite>`, `<code>`, `<h1>`, `<h2>`, `<h3>`, `<h4>`, `<h5>`, `<h6>`, `<marquee>`, `<multicol>`, `<p>`, `<pre>`

5.4 `<dir>`

Tag / Attribut	2.0	3.0	3.2	4.0	Internet Explorer	Netscape
`<dir>`	X	X	X	X	1.0	1.0
compact	X	X	X	X		
type						4.0

Dieses Tag erzeugt eine Liste von (üblicherweise) kurzen Einträgen. Diese werden durch `<li>` voneinander getrennt.

compact

Dieses allein stehende Attribut gibt an, dass möglichst eine Platz sparende Darstellung gewählt werden soll.

type

Gibt an, welche Listenpunkte verwendet werden sollen.

Wert	Bedeutung
A	A, B, C, D, ...
a	a, b, c, d, ...
I	I, II, III, IV, ...
i	i, ii, iii, iv, ...
1	1, 2, 3, 4, ...
disc	Gefüllte Kreise
square	Gefüllte Quadrate
circle	Unausgefüllte Kreise

Tabelle 2.17: Die Werte von type in <dir>.

Beispiel:

```
<dir>
  <li type="disc">Kreis (gefüllt)
  <li type="circle">Kreis
  <li type="square">Quadrat
</dir>
```

Siehe auch:

<dd>, <dl>, <dt>, <li>, <menu>, <ol>, <ul>

5.5 <div>

Tag / Attribut	2.0	3.0	3.2	4.0	Internet Explorer	Netscape
<div>		X	X	X	3.0A1	2.0
align		X	X	X	3.0A1	2.0
clear		X				
nowrap				4.0		

Dieses Tag markiert einen Textabschnitt, der mit einem Zeilenumbruch begonnen werden soll und ebenfalls mit einem Zeilenumbruch endet.

align

Gibt die horizontale Ausrichtung des Abschnitts an.

Wert	Bedeutung
center	Der Inhalt wird zentriert ausgerichtet.
justify	Der Inhalt wird im Blocksatz geschrieben.
left	Der Inhalt wird nach links ausgerichtet.
right	Der Inhalt wird nach rechts ausgerichtet.

Tabelle 2.18: Die Werte von align in <div>.

clear

Dieses Attribut wurde ergänzt, um mit Bildern umzugehen, die durch das Attribut align in <img> nach links oder rechts bewegt werden. Man kann es nun verwenden, um mit allen Objekten umzugehen, die durch align verschoben werden.

Wert	Bedeutung
none	Es wird ein ganz normaler Zeilenumbruch erzeugt.
left	Es wird die Zeile umgebrochen und die nächste Zeile so weit unten eingefügt, dass der linke Rand frei von Bildern (oder sonstigen Objekten) ist.
right	Es wird die Zeile umgebrochen und die nächste Zeile so weit unten eingefügt, dass der rechte Rand frei von Bildern (oder sonstigen Objekten) ist.
all	Es wird die Zeile umgebrochen und die nächste Zeile so weit unten eingefügt, dass beide Ränder frei von Bildern (oder sonstigen Objekten) sind.

Tabelle 2.19: Die Werte von clear in <div>.

nowrap

Gibt an, ob die normalen HTML-Zeilenumbruchskonventionen gelten oder ob diese ignoriert werden.

Wert	Bedeutung
false	Die normalen Konventionen gelten: Text, der das Ende der Zeile erreicht, wird automatisch umgebrochen.
true	Text, der das Ende der Zeile erreicht, wird nicht umgebrochen. Nur explizit angegebene Formatierungen (, <p>, ...) werden berücksichtigt.

Tabelle 2.20: Die Werte von nowrap in <div>.

Beispiel:

```
<div>Dies ist ein eigener Absatz.</div>
```

5.6 <dl>

Tag / Attribut	2.0	3.0	3.2	4.0	Internet Explorer	Netscape
<dl>	X	X	X	X	1.0	1.0
clear			X			
compact	X	X	X	X	4.0B1	1.0

Hier wird eine Definitionsliste erzeugt, die Einträge der Sorte <dd> und <dt> beinhalten kann.

clear

Dieses Attribut wurde ergänzt, um mit Bildern umzugehen, die durch das Attribut align in <img> nach links oder rechts bewegt werden. Man kann es nun verwenden, um mit allen Objekten umzugehen, die durch align verschoben werden.

Wert	Bedeutung
none	Es wird ein ganz normaler Zeilenumbruch erzeugt.
left	Es wird die Zeile umgebrochen und die nächste Zeile so weit unten eingefügt, dass der linke Rand frei von Bildern (oder sonstigen Objekten) ist.

Wert	Bedeutung
right	Es wird die Zeile umgebrochen und die nächste Zeile so weit unten eingefügt, dass der rechte Rand frei von Bildern (oder sonstigen Objekten) ist.
all	Es wird die Zeile umgebrochen und die nächste Zeile so weit unten eingefügt, dass beide Ränder frei von Bildern (oder sonstigen Objekten) sind.

Tabelle 2.21: Die Werte von clear in <dl>.

compact

Dieses allein stehende Attribut gibt an, dass möglichst eine Platz sparende Darstellung gewählt werden soll.

Beispiel:

```
<dl>
  <dt>Definition A</dt>
  <dd>Die Definition B ist falsch.</dd>
  <dt>Definition B</dt>
  <dd>Die Definition A ist richtig.</dd>
</dl>
```

Siehe auch:

<dd>, <dir>, <dt>, <li>, <menu>, <ol>, <ul>

5.7 <dt>

Tag / Attribut	2.0	3.0	3.2	4.0	Internet Explorer	Netscape
<dt>	X	X	X	X	1.0	1.0
clear		X				
nowrap					4.0	

Dieses Tag steht für »Definition Term« und wird in Definitionslisten <dl> verwendet.

clear

Dieses Attribut wurde ergänzt, um mit Bildern umzugehen, die durch das Attribut `align` in `<img>` nach links oder rechts bewegt werden. Man kann es nun verwenden, um mit allen Objekten umzugehen, die durch `align` verschoben werden.

Wert	Bedeutung
none	Es wird ein ganz normaler Zeilenumbruch erzeugt.
left	Es wird die Zeile umgebrochen und die nächste Zeile so weit unten eingefügt, dass der linke Rand frei von Bildern (oder sonstigen Objekten) ist.
right	Es wird die Zeile umgebrochen und die nächste Zeile so weit unten eingefügt, dass der rechte Rand frei von Bildern (oder sonstigen Objekten) ist.
all	Es wird die Zeile umgebrochen und die nächste Zeile so weit unten eingefügt, dass beide Ränder frei von Bildern (oder sonstigen Objekten) sind.

Tabelle 2.22: Die Werte von clear in <dt>.

nowrap

Gibt an, ob die normalen HTML-Zeilenumbruchskonventionen gelten oder ob diese ignoriert werden.

Wert	Bedeutung
false	Die normalen Konventionen gelten: Text, der das Ende der Zeile erreicht, wird automatisch umgebrochen.
true	Text, der das Ende der Zeile erreicht, wird nicht umgebrochen. Nur explizit angegebene Formatierungen (` `, `<p>`, ...) werden berücksichtigt.

Tabelle 2.23: Die Werte von nowrap in <dt>.

Beispiel:

```
<dl>
  <dt>Definition A</dt>
  <dd>Die Definition B ist falsch.</dd>
  <dt>Definition B</dt>
  <dd>Die Definition A ist richtig.</dd>
</dl>
```

Siehe auch:

<dd>, <dir>, <dl>, <li>, <menu>, <ol>, <ul>

6 E

6.1 <em>

Tag / Attribut	2.0	3.0	3.2	4.0	Internet Explorer	Net-scape
<em>	X	X	X	X	1.0	1.0

Dieses Tag markiert hervorzuhebenden Text. Dieser wird üblicherweise kursiv dargestellt.

Beispiel:

<em>Dieser Text wird hervorgehoben,</em> aber dieser nicht mehr.

Siehe auch:

<abbr>, <b>, <big>, <blink>, <font>, <i>, <kbd>, <q>, <s>, <samp>, <small>, <strike>, <strong>, <sub>, <sup>, <tt>, <u>, <var>

6.2 <embed>

Tag / Attribut	2.0	3.0	3.2	4.0	Internet Explorer	Net-scape
<embed>					3.0B2	1.1
height					3.0B2	1.1
src					3.0B2	1.1
width					3.0B2	1.1

Dieses Tag dient zur Einbindung von Plug-In-Daten in den Browser. Dabei werden die oben genannten Attribute direkt vom Browser abgefragt und alle weiteren unbehandelt an das Plug-In übergeben.

height

Gibt die Höhe des Plug-Ins in Bildpunkten oder als prozentualen Wert der Höhe des Browserfensters an.

src

Gibt die URL der anzuzeigenden Plug-In-Daten an.

width

Gibt die Breite des Plug-Ins in Bildpunkten oder als prozentualen Wert der Breite des Browserfensters an.

Beispiel:

```
<embed src="ein_song.mid" controls>
  <noembed>
    Ihr Browser unterstützt die Einbindung des
    <a HREF="ein_song.mid">Liedes</a> nicht.
  </noembed>
</embed>
```

Siehe auch:

<applet>, <iframe>, <noembed>, <noscript>, <param>, <script>

7 F

7.1 <fieldset>

Tag / Attribut	2.0	3.0	3.2	4.0	Internet Explorer	Netscape
<fieldset>				X	4.0B2	
align					4.0	

Fasst Eingabeelemente von Formularen zu Gruppen zusammen.

align

Gibt die horizontale Ausrichtung innerhalb der Gruppe an.

Wert	Bedeutung
center	Der Inhalt wird zentriert ausgerichtet.
left	Der Inhalt wird nach links ausgerichtet.
right	Der Inhalt wird nach rechts ausgerichtet.

Tabelle 2.24: Die Werte von align in <fieldset>.

Beispiel:

```
<form>
  <fieldset>
    <legend accesskey="b" tabindex=1>
      Newsletter bestellen
    </legend>
    <label accesskey="j">
      <input type="radio" name=news value="ja">ja
    </label><br>
    <label accesskey="n">
      <input type="radio" name=news value="nein">nein
    </label><br>
  </fieldset>
</form>
```

Ergebnis:

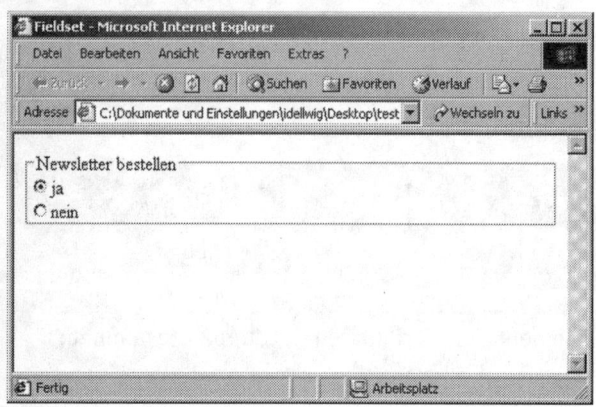

Bild 2.1: Ein Formularbereich

Siehe auch:

<button>, <form>, <input>, <keygen>, <label>, <legend>, <optgroup>, <option>, <select>, <textarea>

7.2 <font>

Tag / Attribut	2.0	3.0	3.2	4.0	Internet Explorer	Netscape
<font>			X	X	1.0	1.0
color			X	X	1.0	2.0
face				X	1.0	3.0B5
point-size						4.0B5
size			X	X	1.0	1.0

Dieses Tag ist das wohl mächtigste Schrift gestaltende Mittel in HTML 4. Die Attribute wirken sich auf die Schriftart und -größe aus.

color

Hier wird die Farbe des Textes festgelegt. Gültig sind RGB-Werte und bei vielen Browsern vordefinierte Farbwerte (siehe Anhang B).

face

Erwartet eine durch Kommata getrennte Liste von Schriftart-Namen. Die zuerst gefundene (und auf dem System des Betrachters installierte) Schriftart wird für den von diesem Tag umschlossenen Text als Ausgabeschriftart verwendet.

point-size

Gibt die Punktgröße der Schriftart an und ist eine Alternative zu size.

size

Repräsentiert die Schriftgröße. Gültige Werte sind 1 bis 7. Wenn man dem Wert ein + oder ein - voranstellt, wird die Größe relativ zur aktuellen Schriftgröße berechnet.

Beispiel:

```
<font face="arial" size=+2>
```

Siehe auch:

<abbr>, <b>, <big>, <blink>, <em>, <i>, <kbd>, <q>, <s>, <samp>, <small>, <strike>, <strong>, <sub>, <sup>, <tt>, <u>, <var>

7.3 <form>

Tag / Attribut	2.0	3.0	3.2	4.0	Internet Explorer	Netscape
<form>	X	X	X	X	1.0	1.0
accept				X		
accept-charset				X		
action	X	X	X	X	1.0	1.0
autocomplete					5.0	
enctype	X	X	X	X	1.0	1.0
method	X	X	X	X	1.0	1.0
name				X	3.0B1	2.0
target				X	3.0A1	2.0

Hier wird ein Formular angelegt. Alle Formularelemente (zum Beispiel <input>) werden von <form> ... </form> umschlossen.

accept

Gibt an, welche MIME-Formate das Formular verschicken darf, damit das Skript oder der Server richtig darauf reagieren können. Diese Formate werden mit Kommata voneinander getrennt.

accept-charset

Gibt die Zeichensätze an, die das Formular verschicken darf. Diese werden durch Kommata getrennt.

action

Gibt die Adresse des Scripts oder Servers an, das/der die Formulardaten auswerten soll.

autocomplete

Schaltet die Auto-Vervollständigungsfunktion ein (on) oder aus (off).

enctype

Gibt den MIME-Medientyp an, in den die Daten beim Sendevorgang codiert werden sollen.

method

Gibt an, wie das Formular die Daten versenden soll:

Wert	Bedeutung
post	Hier werden die Daten als separater Datenstrom direkt an das Skript gesandt.
get	Hier werden die Daten an die URL angehängt und dann zusammen mit ihr dem Zielskript übergeben.

Tabelle 2.25: Die Werte von method in <form>.

name

Gibt den Namen des Formulars an, um es durch Skripte anzusprechen und ggf. zu verändern.

target

Gibt den Zielframe an, in dem die Ergebnisdaten nach Versenden der Formulardaten angezeigt werden sollen.

Beispiel:

```
<form method="post" action="mailto:meine@adresse.de">
  <fieldset>
    <legend accesskey="b" tabindex=1>
    Newsletter bestellen</legend>
    <label accesskey="j" name="ja">
      <input type="radio" name=news value="ja">ja
    </label><br>
    <label accesskey="n" name="nein">
      <input type="radio" name=news value="nein">nein
    </label><br>
```

Kurzreferenz

```
</fieldset>
<input type="submit" value="Formular absenden">
<input type="reset" value="Formular löschen">
</form>
```

Siehe auch:

<button>, <fieldset>, <input>, <keygen>, <label>, <legend>, <optgroup>, <option>, <select>, <textarea>

7.4 <frame>

Tag / Attribut	2.0	3.0	3.2	4.0	Internet Explorer	Netscape
<frame>				X	3.0A1	2.0
application					5.0	
bordercolor					4.0B2	3.0B5
frameborder				X	3.0A1	3.0B5
longdesc				X		
marginheight				X	3.0A1	2.0
marginwidth				X	3.0A1	2.0
name				X	3.0A1	2.0
noresize				X	3.0A1	2.0
scrolling				X	3.0A1	2.0
src				X	3.0A1	2.0

Mit diesem Tag erzeugt man einen Rahmen innerhalb von <frameset> ... </frameset>. Die Attribute dieses Tags wirken sich auf den einzelnen Rahmen aus.

application

Gibt an, ob der Inhalt des Frames eine HTA (HTML-Application) ist und somit von den Internet-Explorer-Sicherheitsbestimmungen befreit ist.

Wert	Bedeutung
no	Die Sicherheitsbestimmungen bleiben unverändert.
yes	Der Inhalt dieses Rahmens ist vertrauenswürdig.

Tabelle 2.26: Die Werte von application in <frame>.

bordercolor

Hier wird die Farbe des Frame-Rahmens festgelegt. Gültig sind RGB-Werte und bei vielen Browsern vordefinierte Farbwerte (siehe Anhang B). Eventuell zuvor durch <frameset> festgelegte Werte werden überschrieben.

frameborder

Gibt an, ob ein Rahmen um den Frame gezogen werden soll. (Dieser wird aber nur ausgeschaltet, wenn alle Frames, die an dem Rahmen liegen, diesen ausgeschaltet haben.)

Wert	Bedeutung
0	Der Rahmen wird ausgeschaltet. (Netscape)
1	Der Rahmen wird eingeschaltet. (Netscape)
no	Der Rahmen wird ausgeschaltet. (Microsoft)
yes	Der Rahmen wird eingeschaltet. (Microsoft)

Tabelle 2.27: Die Werte des Attributs frameborder in <frame>.

longdesc

Gibt eine Adresse an, die eine längere Beschreibung zum Inhalt des Rahmens liefert.

marginheight

Gibt den oberen und unteren Abstand vom Rahmen des Frames zum Text an. Der Wert muss größer als 0 sein und wird in Bildpunkten angegeben.

marginwidth

Gibt den linken und rechten Abstand vom Rahmen des Frames zum Text an. Der Wert muss größer als 0 sein und wird in Bildpunkten angegeben.

name

Gibt dem Frame einen Namen, mit dem andere Tags ihn mit ihrem `target`-Attribut ansprechen können.

noresize

Dieses allein stehende Attribut verbietet die Größenänderung des Frames.

scrolling

Gibt an, ob Scrollbalken angezeigt werden sollen.

Wert	Bedeutung
auto	Scrollbalken bei Bedarf einblenden.
no	Nie Scrollbalken einblenden.
yes	Immer Scrollbalken einblenden.

Tabelle 2.28: Die Werte von scrolling in <frame>.

src

Gibt die URL der Seite an, die im Frame dargestellt werden soll.

Beispiel:

```
<html>
  <head>
    <title>Ein Rahmenbeispiel</title>
  </head>
  <frameset rows=20%,60%,20%>
    <frame src="a.htm" name="oben">
    <frameset cols=50%,50%>
      <frame src="b.htm" name="mitte links">
      <frame src="c.htm" name="mitte rechts">
    </frameset>
```

```
    <frame src="d.htm" name="unten">
  </frameset>
  <noframes>
    <head>
      <title>Ein Rahmenbeispiel (leider ist Ihr Browser zu
      alt)</title>
    </head>
    <body>
      <center>
        ACHTUNG!<P>
        SIE BENUTZEN EINEN BROWSER, DER KEINE RAHMEN
        UNTERSTÜTZT. BITTE KLICKEN SIE
        <a href="a.htm">HIER</a>, UM ZU EINER VERSION OHNE
        RAHMEN ZU GELANGEN!<p>
      </center>
    </body>
  </noframes>
</html>
```

Siehe auch:

`<frameset>`, `<noframes>`

7.5 `<frameset>`

Tag / Attribut	2.0	3.0	3.2	4.0	Internet Explorer	Netscape
`<frameset>`				X	3.0A1	2.0
border					4.0B1	3.0B5
bordercolor					4.0B2	3.0B5
cols				X	3.0A1	2.0
frameborder					3.0A1	3.0B5
framespacing					3.0A1	
rows				X	3.0A1	2.0

Dieses Tag gibt an, dass diese Seite Rahmen erzeugen soll. Es ersetzt das `<body>`-Tag und enthält `<frame>`-Tags sowie evtl. weitere `<frameset>`-Anweisungen.

border

Dieses Attribut wird im äußersten `<frameset>`-Tag definiert und gibt die Rahmenstärke für alle Frames in Pixels an. Ist der Wert 0, so wird in allen Frames ein `frameborder=no` erzwungen.

bordercolor

Hier wird die Farbe des Frame-Rahmens festgelegt. Gültig sind RGB-Werte und bei vielen Browsern vordefinierte Farbwerte (siehe Anhang B).

cols

Gibt die Breiten der einzelnen Spalten durch Kommata getrennt an.

Werte	Bedeutung
positive, ganze Zahlen	Breite in Bildpunkten
Prozentualwert	Prozentuale Breite der aktuellen Frames
, 2, ...	Anteile der zur Verfügung stehenden Restbreite

Tabelle 2.29: Die Werte von cols in `<frameset>`.

frameborder

Gibt an, ob ein Rahmen um den Frame gezogen werden soll. (Dieser wird aber nur ausgeschaltet, wenn alle Frames, die an dem Rahmen liegen, diesen ausgeschaltet haben.)

Wert	Bedeutung
0	Der Rahmen wird ausgeschaltet. (Netscape)
1	Der Rahmen wird eingeschaltet. (Netscape)
no	Der Rahmen wird ausgeschaltet. (Microsoft)
yes	Der Rahmen wird eingeschaltet. (Microsoft)

Tabelle 2.30: Die Werte des Attributs frameborder in `<frame>`.

framespacing

Gibt die Breite der Lücke zwischen einzelnen Frames in Bildpunkten an.

rows

Gibt die Höhen der einzelnen Zeilen durch Kommata getrennt an.

Werte	Bedeutung
positive, ganze Zahlen	Breite in Bildpunkten.
Prozentualwert	Prozentuale Breite der aktuellen Frames.
, 2, ...	Anteile der zur Verfügung stehenden Restbreite.

Tabelle 2.31: Die Werte von rows in <frameset>.

Beispiel:

```
<html>
  <head>
    <title>Ein Rahmenbeispiel</title>
  </head>
  <frameset rows=20%,60%,20%>
    <frame src="a.htm" name="oben">
    <frameset cols=50%,50%>
      <frame src="b.htm" name="mitte links">
      <frame src="c.htm" name="mitte rechts">
    </frameset>
    <frame src="d.htm" name="unten">
  </frameset>
  <noframes>
    <head>
      <title>Ein Rahmenbeispiel (leider ist Ihr Browser zu
      alt)</title>
    </head>
    <body>
      <center>
        ACHTUNG!<P>
        SIE BENUTZEN EINEN BROWSER, DER KEINE RAHMEN
```

```
        UNTERSTÜTZT. BITTE KLICKEN SIE
        <a href="a.htm">HIER</a>, UM ZU EINER VERSION OHNE
        RAHMEN ZU GELANGEN!<p>
      </center>
    </body>
  </noframes>
</html>
```

Siehe auch:

`<body>`, `<head>`, `<html>`, `<frame>`, `<noframes>`

8 H

8.1 <h1> ... <h6>

Tag / Attribut	2.0	3.0	3.2	4.0	Internet Explorer	Netscape
`<h1> ... <h6>`	X	X	X	X	1.0	1.0
align		X	X	X	1.0	1.0
clear		X				

Hier wird eine Überschrift erzeugt. `<h1>` bringt die Überschrift ersten Grades und `<h6>` eine Überschrift 6. Grades.

align

Gibt die horizontale Ausrichtung der Überschrift an.

Wert	Bedeutung
center	Die Überschrift wird zentriert ausgerichtet.
left	Die Überschrift wird nach links ausgerichtet.
right	Die Überschrift wird nach rechts ausgerichtet.

Tabelle 2.32: Die Werte von align in <h1> ... <h6>.

clear

Dieses Attribut wurde ergänzt, um mit Bildern umzugehen, die durch das Attribut `align` in `<img>` nach links oder rechts bewegt werden. Man kann es nun verwenden, um mit allen Objekten umzugehen, die durch `align` verschoben werden.

Wert	Bedeutung
none	Es wird ein ganz normaler Zeilenumbruch erzeugt.
left	Es wird die Zeile umgebrochen und die nächste Zeile so weit unten eingefügt, dass der linke Rand frei von Bildern (oder sonstigen Objekten) ist.
right	Es wird die Zeile umgebrochen und die nächste Zeile so weit unten eingefügt, dass der rechte Rand frei von Bildern (oder sonstigen Objekten) ist.
all	Es wird die Zeile umgebrochen und die nächste Zeile so weit unten eingefügt, dass beide Ränder frei von Bildern (oder sonstigen Objekten) sind.

Tabelle 2.33: Die Werte von `clear` *in* `<h1>` *bis* `<h6>`.

Beispiel:

```
<h1>1 Einführung</h1>
<h2>1.1 Was ist HTML?</h2>
<h2>1.2 Voraussetzungen</h2>
<h3>1.2.1 Texteditor</h3>
<h3>1.2.2 Browser</h3>
<h2>1.3 HTML-Grundlagen</h2>
<h3>1.3.1 Hello World! </h3>
<h3>1.3.2 Tags</h3>
<h3>1.3.3 Kopf und Körper</h3>
<h3>1.3.4 Attribute</h3>
```

Ergebnis:

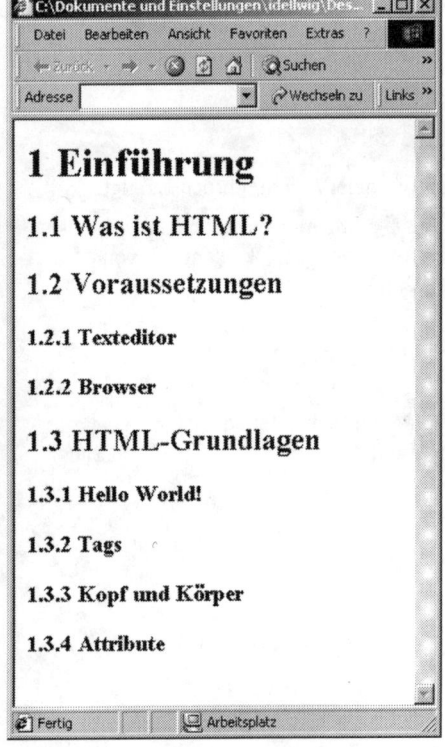

Bild 2.2: Kommt Ihnen das bekannt vor?

Siehe auch:

`<address>`, `<blockquote>`, `<center>`, `<cite>`, `<code>`, `<dfn>`, `<marquee>`, `<multicol>`, `<p>`, `<pre>`

8.2 <head>

Tag / Attribut	2.0	3.0	3.2	4.0	Internet Explorer	Netscape
<head>	X	X	X	X	1.0	1.0
profile				X		

Dieses Tag markiert den Kopf einer HTML-Zeile. Der Bereich zwischen <head> … </head> beinhaltet keine eigentlichen Dokumentinformationen, sondern nur Informationen über den Inhalt des Dokuments.

profile

Gibt eine Liste von URLs zu META-Datenprofilen an, die durch Leerzeichen voneinander getrennt sind.

Beispiel:

```
<html>
  <head>
    <!-- Hier stehen Informationen über die Inhalte.-->
  </head>
  <body>
    Hier stehen die Inhalte.
  </body>
</html>
```

Siehe auch:

<body>, <html>, <frameset>

8.3 <hr>

Tag / Attribut	2.0	3.0	3.2	4.0	Internet Explorer	Netscape
<hr>	X	X	X	X	1.0	1.0
align			X	X	1.0	1.0
color					3.0A1	
noshade			X	X	1.0	1.0
size			X	X	1.0	1.0
width			X	X	1.0	1.0

Stellt eine horizontale Trennlinie auf dem Bildschirm dar.

align

Gibt die horizontale Ausrichtung der Linie an.

Wert	Bedeutung
center	Die Linie wird zentriert ausgerichtet
left	Die Linie wird nach links ausgerichtet.
right	Die Linie wird nach rechts ausgerichtet.

Tabelle 2.34: Die Werte von align in <hr>.

color

Hier wird die Farbe der Linie festgelegt. Gültig sind RGB-Werte und bei vielen Browsern vordefinierte Farbwerte (siehe Anhang B).

noshade

Dieses allein stehende Attribut gibt an, dass die Linie in einer einzelnen Farbe und nicht in 3D-Optik dargestellt werden soll.

size

Gibt die Breite der Linie in Pixels an.

width

Gibt die Breite der Linie in Pixels oder relativ zur Browserbreite an.

Beispiel:

```
<hr width=50%>
```

8.4 <html>

Tag / Attribut	2.0	3.0	3.2	4.0	Internet Explorer	Net-scape
<html>	X	X	X	X	1.0	1.0

Dieses Tag hat in der Hirarchie den höchsten Level. Alle anderen Tags befinden sich in <html> ... </html>. Dieses Tag dient also dazu, den kompletten HTML-Code als solchen zu markieren.

Beispiel:

```
<html>
  <head>
    <!-- Hier stehen Informationen über die Inhalte.-->
  </head>
  <body>
    Hier stehen die Inhalte.
  </body>
</html>
```

Siehe auch:

`<body>`, `<head>`, `<frameset>`

9 I

9.1 <i>

Tag / Attribut	2.0	3.0	3.2	4.0	Internet Explorer	Netscape
`<i>`	X	X	X	X	1.0	1.0

Mit diesem Tag kann man Text markieren, der kursiv dargestellt werden soll.

Beispiel:

`<i>Dieser Text wird kursiv gedruckt,</i> aber dieser nicht mehr.`

Siehe auch:

`<abbr>`, `<b>`, `<big>`, `<blink>`, `<em>`, `<font>`, `<kbd>`, `<q>`, `<s>`, `<samp>`, `<small>`, `<strike>`, `<strong>`, `<sub>`, `<sup>`, `<tt>`, `<u>`, `<var>`

9.2 <iframe>

Tag / Attribut	2.0	3.0	3.2	4.0	Internet Explorer	Netscape
<iframe>				X	3.0B2	
align				X	3.0B2	
application					5.0	
frameborder				X	3.0B2	
height				X	3.0B2	
hspace					3.0B2	
longdesc				X		
marginheight				X	3.0B2	
marginwidth				X	3.0B2	
name				X	3.0B2	
scrolling				X	3.0B2	
src				X	3.0B2	
vspace					3.0B2	
width				X	3.0B2	

Dieser Rahmen wird Inline-Frame genannt und unterscheidet sich von <frame> dadurch, dass er nicht in eine <frameset>-Struktur eingebunden werden muss. Eine Internetseite wird in einen vorgegebenen Bereich der Seite eingefügt und wird von den Abmessungen wie ein durch <img> eingefügtes Bild behandelt.

align

Gibt die Ausrichtung des Textes an, der dem Rahmen folgt.

Wert	Bedeutung
middle	Der Text wird vertikal mittig ausgerichtet.
left	Der Text wird nach links ausgerichtet.
right	Der Text wird nach rechts ausgerichtet.
top	Der Text wird nach oben ausgerichtet.
bottom	Der Text wird nach unten ausgerichtet.

Tabelle 2.35: Die Werte von align in <iframe>.

application

Gibt an, ob der Inhalt des Frames eine HTA (HTML-Application) ist, und somit von den Internet-Explorer-Sicherheitsbestimmungen befreit ist.

Wert	Bedeutung
no	Die Sicherheitsbestimmungen bleiben unverändert.
yes	Der Inhalt dieses Rahmens ist vertrauenswürdig.

Tabelle 2.36: Die Werte von application in <iframe>.

frameborder

Gibt an, ob ein Rahmen um den Frame gezogen werden soll.

Wert	Bedeutung
0	Der Rahmen wird ausgeschaltet.
1	Der Rahmen wird eingeschaltet.

Tabelle 2.37: Die Werte des Attributs frameborder in <iframe>.

height

Gibt die Höhe des Rahmens in Pixels an.

hspace

Gibt den linken und rechten Abstand des Rahmens zu allen anderen HTML-Komponenten in Bildpunkten an.

longdesc

Gibt eine Adresse an, die eine längere Beschreibung zum Inhalt des Rahmens liefert.

marginheight

Gibt den oberen und unteren Abstand vom Rahmen des Frames zum Text an. Der Wert muss größer als 0 sein und wird in Bildpunkten angegeben.

`marginwidth`

Gibt den linken und rechten Abstand vom Rahmen des Frames zum Text an. Der Wert muss größer als 0 sein und wird in Bildpunkten angegeben.

`name`

Gibt dem Frame einen Namen, mit dem andere Tags ihn mit ihrem `target`-Attribut ansprechen können.

`scrolling`

Gibt an, ob Scrollbalken angezeigt werden sollen.

Wert	Bedeutung
auto	Scrollbalken bei Bedarf einblenden.
no	Nie Scrollbalken einblenden.
yes	Immer Scrollbalken einblenden.

Tabelle 2.38: Die Werte von scrolling in <iframe>.

`src`

Gibt die URL der Seite an, die im Frame dargestellt werden soll.

`vspace`

Gibt den oberen und unteren Abstand des Rahmens zu allen anderen HTML-Komponenten in Bildpunkten an.

`width`

Gibt die Breite des Rahmens in Pixels an.

Beispiel:

```
<iframe src="eine_seite.htm" width="400" height="300">
  Ihr Browser unterstützt keine Inline-Frames.
  Bitte klicken Sie <a href="eine_seite.htm">hier</a>.<br>
</iframe>
```

Siehe auch:

<applet>, <embed>, <noembed>, <noscript>, <param>, <script>.

9.3 <img>

Tag / Attribut	2.0	3.0	3.2	4.0	Internet Explorer	Netscape
<img>	X	X	X	X	1.0	1.0
align	X	X	X	X	1.0	1.0
alt	X	X	X	X	1.0	1.0
border			X	X	1.0	1.0
controls					2.0	
dynsrc					2.0	
height		X	X	X	1.0	1.0
hspace			X	X	1.0	1.0
ismap	X	X	X	X	1.0	1.0
longdesc				X		
loop					2.0	
lowsrc					4.0B1	1.0
name				X	4.0	3.0
src	X	X	X	X	1.0	1.0
start					2.0	
suppress						4.0
usemap			X	X	1.0	2.0
vrml					2.0	
vspace			X	X	1.0	1.0
width		X	X	X	1.0	1.0

Dieses Tag ist die Standardvariante, Bilder, Grafiken und Videos in eine HTML-Seite einzufügen.

align

Gibt die Ausrichtung des Textes an, der dem Bild folgt.

Wert	Bedeutung
middle	Der Text wird vertikal mittig ausgerichtet.

Kurzreferenz **169**

Wert	Bedeutung
left	Der Text wird nach links ausgerichtet.
right	Der Text wird nach rechts ausgerichtet.
top	Der Text wird nach oben ausgerichtet.
bottom	Der Text wird nach unten ausgerichtet.

Tabelle 2.39: Die Werte von align in <img>.

alt

Der Wert dieses Attributs wird ausgegeben, wenn der Browser <img> nicht kennt. Das ist zum Beispiel bei alten Textbrowsern der Fall.

border

Gibt die Breite des Rahmens an, der um ein Bild herum angezeigt wird, wenn es als Anker für einen Link dient. Er erhält die Farbe, die ein normaler Textlink haben würde.

controls

Dieses allein stehende Attribut gibt an, ob der Betrachter der Seite die Kontrolle über den Ablauf eines Videos oder einer sonstigen Datenquelle, die über dynsrc definiert wurde, erhalten soll.

dynsrc

Dieses Attribut gibt die Adresse eines Videos an, das durch dieses Tag abgespielt werden soll.

height

Gibt die Höhe des Bildes in Pixels oder als prozentualen Wert der Höhe des Browserfensters an.

hspace

Gibt den linken und rechten Abstand des Bildes zu allen anderen HTML-Komponenten in Bildpunkten an.

ismap

Dieses allein stehende Attribut gibt an, dass für dieses Bild Hot-Areas definiert wurden, die per Klick aktiviert werden können.

longdesc

Gibt eine Adresse an, die eine längere Beschreibung zum Inhalt des Bildes liefert.

loop

Gibt an, wie oft ein Video wiederholt werden soll.

lowsrc

Gibt die URL eines Bildes mit niedriger Qualität an, das geladen wird, bevor das Bild aus src mit hoher Auflösung nachgeladen wird.

name

Gibt eine Bezeichnung für das Bild an, um es später über Skriptsprachen ansprechen zu können.

src

Gibt die URL eines Bildes an, das hier angezeigt werden soll.

start

Dieses Attribut wird in Zusammenhang mit dynsrc verwendet und gibt an, wann das Video gestartet werden soll.

Wert	Bedeutung
fileopen	Das Video wird abgespielt, sobald es komplett heruntergeladen wurde.
mouseover	Das Video wird erst abgespielt, wenn es sowohl komplett heruntergeladen als auch die Maus darüber bewegt wurde.

Tabelle 2.40: Die Werte von start in <img>.

suppress

Dieses Attribut gibt an, ob die Einblendung eines Icons unterdrückt werden soll, das angezeigt wird, wenn das Bild noch nicht komplett heruntergeladen wurde.

Wert	Bedeutung
false	Das normale Icon bleibt bestehen.
true	Unterdrückt das Icon.

Tabelle 2.41: Die Werte von auppress in <img>.

usemap

Gibt die Adresse zu den clientseitigen Image-Map-Spezifikationen an.

vrml

Gibt eine URL zu einer VRML-Welt an und startet ein VRML-Plugin, falls es installiert ist.

vspace

Gibt den oberen und unteren Abstand des Bildes zu allen anderen HTML-Komponenten in Bildpunkten an.

width

Gibt die Breite des Bildes in Pixels oder als prozentualen Wert der Breite des Browserfensters an.

Beispiel:

```
<img src="ein_bild.jpg" alt="Mein Portrait">
<img src="ein_film.jpg" alt="Hier sollte ein Film spielen."
dynsrc="ein_film.avi">
```

Siehe auch:

<area>, <bgsound>, <map>, <object>

9.4 <ins>

Tag / Attribut	2.0	3.0	3.2	4.0	Internet Explorer	Netscape
<ins>		X		X	4.0	
cite				X		
datetime						

Hier handelt es sich um die Möglichkeit, Textpassagen und sonstigen Quellcode einzufügen, ohne dass die alte Quelltextversion verloren geht. Da eine Zeitangabe gemacht wird, wann die Einfügung erfolgte, können einige Browser die Seite so anzeigen, wie sie zu einem von Ihnen gewählten Zeitpunkt ausgesehen hat. Andere Browser zeigen eingefügte Passagen andersfarbig an als die alten Passagen und die restlichen Browser zeigen nur den aktuellen Stand.

cite

Gibt eine URL an, deren Ziel die Gründe erläutert, warum die Einfügung nötig war.

datetime

Gibt das Datum und die Zeit der Einfügung an. Der Wert wird im Format yyyy-mm-ddThh:mm:ssCET angegeben.

Wert	Beschreibung
yyyy	Das Jahr in vier Ziffern
mm	Der Monat in zwei Ziffern (01-12)
dd	Der Tag in zwei Ziffern (01-31)
hh	Die Stunde in zwei Ziffern (00-23)
mm	Die Minute in zwei Ziffern (00-59)
ss	Die Sekunde in zwei Ziffern (00-59)

Tabelle 2.42: Die Werte von datetime in <ins>.

Beispiel:

Berlin <ins cite="http://www.berlin.de">(Bundeshauptstadt)</ins>

Siehe auch:

<del>

9.5 <input>

Tag / Attribut	2.0	3.0	3.2	4.0	Internet Explorer	Net-scape
<input type="button">				X	3.0B1	1.0
accesskey				X	4.0B1	
disabled				X	4.0B1	
height						4.0B2
name				X	3.0B1	1.0
tabindex				X	4.0B1	
value				X	3.0B1	1.0
width						4.0B2

Dieses Tag wird in Formularen verwendet, die mit <form> ... </form> erzeugt wurden. Es erstellt mit dem Wert button für das Attribut type einen Knopf.

accesskey

Mit accesskey können Sie einen so genannten Tasten-Shortcut definieren, mit dem das Formularelement erreichbar ist. Ordnen Sie dem Attribut einen einzigen Buchstaben zu und er wird ausgeführt, wenn Sie diese Taste mit der zugehörigen Shortcut-Taste drücken, die von Browser und Betriebssystem abhängt.

disabled

Dieses allein stehende Attribut bewirkt, dass das Formularelement als inaktiv gekennzeichnet wird, und unterbindet die Funktionalität des Elements.

height

Gibt die Höhe des Knopfes in Pixels an.

name

Gibt die Bezeichnung des Formularelements an, um es durch Skripte identifizieren zu können. Der Wert des Attributs wird außerdem bei der Auswertung des Formulars angegeben.

tabindex

Gibt den Tab-Index des Formularelements an. Positive Werte stehen für die Position des Elements in der Liste der mit ⇥ aktivierbaren Objekte. Negative Werte bedeuten, dass das Element nicht im Tab-Index auftaucht.

value

Gibt den Rückgabewert an das Skript für den Fall an, dass dieses Formularelement aktiviert wurde.

width

Gibt die Breite des Knopfes in Pixels an.

Siehe auch:

`<button>`, `<fieldset>`, `<form>`, `<keygen>`, `<label>`, `<legend>`, `<optgroup>`, `<option>`, `<select>`, `<textarea>`

Tag / Attribut	2.0	3.0	3.2	4.0	Internet Explorer	Netscape
`<input type="checkbox">`	X	X	X	X	1.0	1.0
accesskey				X	4.0B1	
checked	X	X	X	X	1.0	1.0
disabled			X	X	4.0B1	
name	X	X	X	X	1.0	1.0
tabindex				X	4.0B1	
value		X	X	X	X	1.0	1.0

Dieses Tag wird in Formularen verwendet, die mit `<form>` ... `</form>` erzeugt wurden. Es erstellt mit dem Wert `checkbox` für das Attribut `type` eine so genannte Checkbox.

accesskey

Mit `accesskey` können Sie einen so genannten Tasten-Shortcut definieren, mit dem das Formularelement erreichbar ist. Ordnen Sie dem Attribut einen einzigen Buchstaben zu und er wird ausgeführt, wenn Sie diese Taste mit der zugehörigen Shortcut-Taste drücken, die von Browser und Betriebssystem abhängt.

checked

Dieses allein stehende Attribut gibt an, dass das Formularelement in der Standardeinstellung des Formulars aktiviert sein soll.

disabled

Dieses allein stehende Attribut bewirkt, dass das Formularelement als inaktiv gekennzeichnet wird, und unterbindet die Funktionalität des Elements.

name

Gibt die Bezeichnung des Formularelements an, um es durch Skripte identifizieren zu können. Der Wert des Attributs wird außerdem bei der Auswertung des Formulars angegeben.

tabindex

Gibt den Tab-Index des Formularelements an. Positive Werte stehen für die Position des Elements in der Liste der mit ⇥ aktivierbaren Objekte. Negative Werte bedeuten, dass das Element nicht im Tab-Index auftaucht.

value

Gibt den Rückgabewert an das Skript für den Fall an, dass dieses Formularelement aktiviert wurde.

Siehe auch:

<button>, <fieldset>, <form>, <keygen>, <label>, <legend>, <optgroup>, <option>, <select>, <textarea>

Tag / Attribut	2.0	3.0	3.2	4.0	Internet Explorer	Net-scape
<input type="file">		X	X	X	4.0B2	2.0
accept				X		
accesskey				X	4.0B2	
disabled		X		X	4.0B2	
name		X	X	X	4.0B2	2.0
readonly					4.0B2	
tabindex				X		
value		X	X	X		

Dieses Tag wird in Formularen verwendet, die mit <form> ... </form> erzeugt wurden. Es erstellt mit dem Wert file für das Attribut type ein Dateiauswahlfeld.

accept

Gibt an, welche MIME-Formate das Formular verschicken darf, damit das Skript oder der Server richtig darauf reagieren können. Diese Formate werden mit Kommata voneinander getrennt.

accesskey

Mit accesskey können Sie einen so genannten Tasten-Shortcut definieren, mit dem das Formularelement erreichbar ist. Ordnen Sie dem Attribut einen einzigen Buchstaben zu und er wird ausgeführt, wenn Sie diese Taste mit der zugehörigen Shortcut-Taste drücken, die von Browser und Betriebssystem abhängt.

disabled

Dieses allein stehende Attribut bewirkt, dass das Formularelement als inaktiv gekennzeichnet wird, und unterbindet die Funktionalität des Elements.

name

Gibt die Bezeichnung des Formularelements an, um es durch Skripte identifizieren zu können. Der Wert des Attributs wird außerdem bei der Auswertung des Formulars angegeben.

readonly

Dieses allein stehende Attribut gibt an, dass der Inhalt dieses Formularelements nicht duch den Leser der Seite verändert werden darf.

tabindex

Gibt den Tab-Index des Formularelements an. Positive Werte stehen für die Position des Elements in der Liste der mit ⇥ aktivierbaren Objekte. Negative Werte bedeuten, dass das Element nicht im Tab-Index auftaucht.

value

Gibt den Rückgabewert an das Skript (also den Dateinamen) an.

Siehe auch:

<button>, <fieldset>, <form>, <keygen>, <label>, <legend>, <optgroup>, <option>, <select>, <textarea>

Tag / Attribut	2.0	3.0	3.2	4.0	Internet Explorer	Netscape
<input type="hidden">	X	X	X	X	1.0	1.0
name	X	X	X	X	1.0	1.0
value	X	X	X	X	1.0	1.0

Dieses Tag wird in Formularen verwendet, die mit <form> ... </form> erzeugt wurden. Es erstellt mit dem Wert hidden für das Attribut type ein verstecktes Feld, auf das der Betrachter der Seite keinen Einfluss hat, das aber mit dem Skript interagieren kann.

name

Gibt die Bezeichnung des Formularelements an, um es durch Skripte identifizieren zu können. Der Wert des Attributs wird außerdem bei der Auswertung des Formulars angegeben.

value

Gibt den Rückgabewert an das Skript an.

Siehe auch:

<button>, <fieldset>, <form>, <keygen>, <label>, <legend>, <optgroup>, <option>, <select>, <textarea>

Tag / Attribut	2.0	3.0	3.2	4.0	Internet Explorer	Netscape
<input type="image">	X	X	X	X	1.0	1.0
accesskey				X	4.0B1	
align	X	X	X	X	1.0	1.0
alt				X	4.0B2	4.0
border						1.0
disabled		X		X	4.0B2	
height					4.0B1	1.1
ismap				X		
name	X	X	X	X	1.0	1.0
src	X	X	X	X	1.0	1.0
tabindex				X	4.0B1	
usemap				X		2.0
value	X	X	X	X		
width					4.0B1	1.1

Dieses Tag wird in Formularen verwendet, die mit <form> ... </form> erzeugt wurden. Es erstellt mit dem Wert image für das Attribut type ein Bild, auf das man klicken kann, um die Formulardaten abzusenden. Es funktioniert wie type=submit, sendet aber zusätzlich noch die Koordinaten an das Skript, auf die im Bild geklickt wurde.

accesskey

Mit accesskey können Sie einen so genannten Tasten-Shortcut definieren, mit dem das Formularelement erreichbar ist. Ordnen Sie dem Attribut einen einzigen Buchstaben zu und er wird ausgeführt, wenn Sie diese Taste mit der zugehörigen Shortcut-Taste drücken, die von Browser und Betriebssystem abhängt.

align

Gibt die Ausrichtung des Textes an, der dem Bild folgt.

Wert	Bedeutung
middle	Der Text wird vertikal mittig ausgerichtet.
left	Der Text wird nach links ausgerichtet.
right	Der Text wird nach rechts ausgerichtet.
top	Der Text wird nach oben ausgerichtet.
bottom	Der Text wird nach unten ausgerichtet.

Tabelle 2.43: Die Werte von align in <input type="image">.

alt

Der Wert dieses Attributs wird ausgegeben, wenn der Browser keine Bilder anzeigen kann. Das ist zum Beispiel bei alten Textbrowsern der Fall.

border

Gibt die Breite des Rahmens an, der um ein Bild herum angezeigt wird. Er erhält die Farbe, die ein normaler Textlink haben würde.

disabled

Dieses allein stehende Attribut bewirkt, dass das Formularelement als inaktiv gekennzeichnet wird, und unterbindet die Funktionalität des Elements.

height

Gibt die Höhe des Bildes in Pixels an.

ismap

Dieses allein stehende Attribut gibt an, dass für dieses Bild Hot-Areas definiert wurden, die per Klick aktiviert werden können.

name

Gibt die Bezeichnung des Formularelements an, um es durch Skripte identifizieren zu können. Der Wert des Attributs wird außerdem bei der Auswertung des Formulars angegeben.

src

Gibt die URL eines Bildes an, das hier angezeigt werden soll.

tabindex

Gibt den Tab-Index des Formularelements an. Positive Werte stehen für die Position des Elements in der Liste der mit ⇆ aktivierbaren Objekte. Negative Werte bedeuten, dass das Element nicht im Tab-Index auftaucht.

usemap

Gibt die Adresse zu den clientseitigen Image-Map-Spezifikationen an.

value

Gibt den Rückgabewert an das Skript für den Fall an, dass dieses Formularelement aktiviert wurde.

width

Gibt die Breite des Bildes in Pixels an.

Siehe auch:

<button>, <fieldset>, <form>, <keygen>, <label>, <legend>, <optgroup>, <option>, <select>, <textarea>

Tag / Attribut	2.0	3.0	3.2	4.0	Internet Explorer	Netscape
<input type="password">	X	X	X	X	1.0	1.0
accesskey				X	4.0B1	
autocomplete					5.0	
disabled		X		X	4.0B1	
name	X	X	X	X	1.0	1.0
readonly				X	4.0B1	
tabindex				X	4.0B1	
value	X	X	X	X	1.0	1.0
vcard_name					5.0	

Dieses Tag wird in Formularen verwendet, die mit <form> ... </form> erzeugt wurden. Es erstellt mit dem Wert password für das Attribut type eine Passworteingabezeile.

accesskey

Mit accesskey können Sie einen so genannten Tasten-Shortcut definieren, mit dem das Formularelement erreichbar ist. Ordnen Sie dem Attribut einen einzigen Buchstaben zu und er wird ausgeführt, wenn Sie diese Taste mit der zugehörigen Shortcut-Taste drücken, die von Browser und Betriebssystem abhängt.

autocomplete

Schaltet die Auto-Vervollständigungsfunktion ein (on) oder aus (off).

disabled

Dieses allein stehende Attribut bewirkt, dass das Formularelement als inaktiv gekennzeichnet wird, und unterbindet die Funktionalität des Elements.

name

Gibt die Bezeichnung des Formularelements an, um es durch Skripte identifizieren zu können. Der Wert des Attributs wird außerdem bei der Auswertung des Formulars angegeben.

readonly

Dieses allein stehende Attribut gibt an, dass der Inhalt dieses Formularelements nicht duch den Leser der Seite verändert werden darf.

tabindex

Gibt den Tab-Index des Formularelements an. Positive Werte stehen für die Position des Elements in der Liste der mit ⇆ aktivierbaren Objekte. Negative Werte bedeuten, dass das Element nicht im Tab-Index auftaucht.

value

Gibt den Rückgabewert an das Skript an.

vcard_name

Gibt einen Feldnamen der persönlichen Microsoft-Visitenkarte (vcard) an, dessen Wert hier voreingestellt werden soll. Der Inhalt dieses Feldes wird erst an den Empfänger der Formulardaten weitergegeben, wenn das Formular abgesandt wurde.

Wert	Bedeutung
vCard.Business.City	Firmenadresse: Stadt
vCard.Business.Country	Firmenadresse: Land
vCard.Business.Fax	Firmenadresse: Telefaxnummer
vCard.Business.Phone	Firmenadresse: Telefonnummer
vCard.Business.State	Firmenadresse: Staat
vCard.Business.StreetAddress	Firmenadresse: Straße und Hausnummer
vCard.Business.URL	Firmenadresse: Homepageadresse
vCard.Business.Zipcode	Firmenadresse: Postleitzahl
vCard.Cellular	Mobilfunk-Telefonnummer
vCard.Company	Firmenname
vCard.Department	Abteilung
vCard.DisplayName	Angezeigter Name
vCard.Email	E-Mail-Adresse
vCard.FirstName	Vorname
vCard.Gender	Geschlecht
vCard.Home.City	Privatadresse: Stadt
vCard.Home.Country	Privatadresse: Land
vCard.Home.Fax	Privatadresse: Telefaxnummer
vCard.Home.Phone	Privatadresse: Telefonnummer
vCard.Home.State	Privatadresse: Staat
vCard.Home.StreetAddress	Privatadresse: Straße und Hausnummer
vCard.Home.Zipcode	Privatadresse: Postleitzahl

Wert	Bedeutung
vCard.Homepage	Homepage-Adresse
vCard.JobTitle	Berufsbezeichnung
vCard.LastName	Nachname
vCard.MiddleName	2. Vorname
vCard.Notes	Bemerkungen
vCard.Office	Büro
vCard.Pager	Pagernummer

Tabelle 2.44: Werte für vcard_name in <input type="password">.

Siehe auch:

<button>, <fieldset>, <form>, <keygen>, <label>, <legend>, <optgroup>, <option>, <select>, <textarea>

Tag / Attribut	2.0	3.0	3.2	4.0	Internet Explorer	Netscape
<input type="radio">	X	X	X	X	1.0	1.0
accesskey				X	4.0B1	
checked	X	X	X	X	1.0	1.0
disabled		X		X	4.0B1	
name	X	X	X	X	1.0	1.0
tabindex				X	4.0B1	
value	X	X	X	X	1.0	1.0

Dieses Tag wird in Formularen verwendet, die mit <form> ... </form> erzeugt wurden. Es erstellt mit dem Wert radio für das Attribut type einen so genannten Radiobutton.

accesskey

Mit accesskey können Sie einen so genannten Tasten-Shortcut definieren, mit dem das Formularelement erreichbar ist. Ordnen Sie dem Attribut einen einzigen Buchstaben zu und er wird ausgeführt, wenn Sie diese Taste mit der zugehörigen Shortcut-Taste drücken, die von Browser und Betriebssystem abhängt.

checked

Dieses allein stehende Attribut gibt an, dass das Formularelement in der Standardeinstellung des Formulars aktiviert sein soll.

disabled

Dieses allein stehende Attribut bewirkt, dass das Formularelement als inaktiv gekennzeichnet wird, und unterbindet die Funktionalität des Elements.

name

Gibt die Bezeichnung des Formularelements an, um es durch Skripte identifizieren zu können. Der Wert des Attributs wird außerdem bei der Auswertung des Formulars angegeben.

tabindex

Gibt den Tab-Index des Formularelements an. Positive Werte stehen für die Position des Elements in der Liste der mit [↹] aktivierbaren Objekte. Negative Werte bedeuten, dass das Element nicht im Tab-Index auftaucht.

value

Gibt den Rückgabewert an das Skript für den Fall an, dass dieses Formularelement aktiviert wurde.

Siehe auch:

<button>, <fieldset>, <form>, <keygen>, <label>, <legend>, <optgroup>, <option>, <select>, <textarea>

Tag / Attribut	2.0	3.0	3.2	4.0	Internet Explorer	Netscape
<input type="reset">	X	X	X	X	1.0	1.0
accesskey				X	4.0B1	
disabled		X		X	4.0B1	
height						4.0B2
tabindex				X	4.0B1	
value	X	X	X	X	1.0	1.0
width						4.0B2

Dieses Tag wird in Formularen verwendet, die mit `<form>` ... `</form>` erzeugt wurden. Es erstellt mit dem Wert `reset` für das Attribut `type` einen Knopf, der das Formular löschen kann.

accesskey

Mit `accesskey` können Sie einen so genannten Tasten-Shortcut definieren, mit dem das Formularelement erreichbar ist. Ordnen Sie dem Attribut einen einzigen Buchstaben zu und er wird ausgeführt, wenn Sie diese Taste mit der zugehörigen Shortcut-Taste drücken, die von Browser und Betriebssystem abhängt.

disabled

Dieses allein stehende Attribut bewirkt, dass das Formularelement als inaktiv gekennzeichnet wird, und unterbindet die Funktionalität des Elements.

height

Gibt die Höhe des Knopfes in Pixels an.

tabindex

Gibt den Tab-Index des Formularelements an. Positive Werte stehen für die Position des Elements in der Liste der mit [⇆] aktivierbaren Objekte. Negative Werte bedeuten, dass das Element nicht im Tab-Index auftaucht.

value

Gibt den Rückgabewert an das Skript für den Fall an, dass dieses Formularelement aktiviert wurde.

width

Gibt die Breite des Knopfes in Pixels an.

Siehe auch:

`<button>`, `<fieldset>`, `<form>`, `<keygen>`, `<label>`, `<legend>`, `<optgroup>`, `<option>`, `<select>`, `<textarea>`

Tag / Attribut	2.0	3.0	3.2	4.0	Internet Explorer	Netscape
<input type="submit">	X	X	X	X	1.0	1.0
accesskey				X	4.0B1	
disabled		X		X	4.0B1	
height						4.0B2
name	X	X	X	X	1.0	1.0
tabindex				X	4.0B1	
value	X	X	X	X	1.0	1.0
width						4.0B2

Dieses Tag wird in Formularen verwendet, die mit <form> ... </form> erzeugt wurden. Es erstellt mit dem Wert submit für das Attribut type einen Knopf, der die Formularinhalte absendet.

accesskey

Mit accesskey können Sie einen so genannten Tasten-Shortcut definieren, mit dem das Formularelement erreichbar ist. Ordnen Sie dem Attribut einen einzigen Buchstaben zu und er wird ausgeführt, wenn Sie diese Taste mit der zugehörigen Shortcut-Taste drücken, die von Browser und Betriebssystem abhängt.

disabled

Dieses allein stehende Attribut bewirkt, dass das Formularelement als inaktiv gekennzeichnet wird, und unterbindet die Funktionalität des Elements.

height

Gibt die Höhe des Knopfes in Pixels an.

name

Gibt die Bezeichnung des Formularelements an, um es durch Skripte identifizieren zu können. Der Wert des Attributs wird außerdem bei der Auswertung des Formulars angegeben.

tabindex

Gibt den Tab-Index des Formularelements an. Positive Werte stehen für die Position des Elements in der Liste der mit ⇥ aktivierbaren Objekte. Negative Werte bedeuten, dass das Element nicht im Tab-Index auftaucht.

value

Gibt den Rückgabewert an das Skript für den Fall an, dass dieses Formularelement aktiviert wurde.

width

Gibt die Breite des Knopfes in Pixels an.

Siehe auch:

<button>, <fieldset>, <form>, <keygen>, <label>, <legend>, <optgroup>, <option>, <select>, <textarea>

Tag / Attribut	2.0	3.0	3.2	4.0	Internet Explorer	Netscape
<input type="text">	X	X	X	X	1.0	1.0
accesskey				X	4.0B1	
autocomplete					5.0	
disabled		X		X	4.0B1	
maxlength	X	X	X	X	1.0	1.0
name	X	X	X	X	1.0	1.0
readonly				X	4.0B1	
size	X	X	X	X	1.0	1.0
tabindex				X	4.0B1	
value	X	X	X	X	1.0	1.0
vcard_name					5.0	

Dieses Tag wird in Formularen verwendet, die mit <form> ... </form> erzeugt wurden. Es erstellt mit dem Wert text für das Attribut type ein Texteingabefeld.

accesskey

Mit `accesskey` können Sie einen so genannten Tasten-Shortcut definieren, mit dem das Formularelement erreichbar ist. Ordnen Sie dem Attribut einen einzigen Buchstaben zu und er wird ausgeführt, wenn Sie diese Taste mit der zugehörigen Shortcut-Taste drücken, die von Browser und Betriebssystem abhängt.

autocomplete

Schaltet die Auto-Vervollständigungsfunktion ein (`on`) oder aus (`off`).

disabled

Dieses allein stehende Attribut bewirkt, dass das Formularelement als inaktiv gekennzeichnet wird, und unterbindet die Funktionalität des Elements.

maxlength

Gibt die maximale Zeichenlänge für den Eingabetext an.

name

Gibt die Bezeichnung des Formularelements an, um es durch Skripte identifizieren zu können. Der Wert des Attributs wird außerdem bei der Auswertung des Formulars angegeben.

readonly

Dieses allein stehende Attribut gibt an, dass der Inhalt dieses Formularelements nicht duch den Leser der Seite verändert werden darf.

size

Gibt die angezeigte Zeichenlänge für den Eingabetext an.

tabindex

Gibt den Tab-Index des Formularelements an. Positive Werte stehen für die Position des Elements in der Liste der mit ⇆ aktivierbaren Objekte. Negative Werte bedeuten, dass das Element nicht im Tab-Index auftaucht.

value

Gibt den Rückgabewert an das Skript an.

vcard_name

Gibt einen Feldnamen der persönlichen Microsoft-Visitenkarte (vcard) an, dessen Wert hier voreingestellt werden soll. Der Inhalt dieses Feldes wird erst an den Empfänger der Formulardaten weitergegeben, wenn das Formular abgesandt wurde.

Wert	Bedeutung
vCard.Business.City	Firmenadresse: Stadt
vCard.Business.Country	Firmenadresse: Land
vCard.Business.Fax	Firmenadresse: Telefaxnummer
vCard.Business.Phone	Firmenadresse: Telefonnummer
vCard.Business.State	Firmenadresse: Staat
vCard.Business.StreetAddress	Firmenadresse: Straße und Hausnummer
vCard.Business.URL	Firmenadresse: Homepageadresse
vCard.Business.Zipcode	Firmenadresse: Postleitzahl
vCard.Cellular	Mobilfunk-Telefonnummer
vCard.Company	Firmenname
vCard.Department	Abteilung
vCard.DisplayName	Angezeigter Name
vCard.Email	E-Mail-Adresse
vCard.FirstName	Vorname
vCard.Gender	Geschlecht
vCard.Home.City	Privatadresse: Stadt
vCard.Home.Country	Privatadresse: Land
vCard.Home.Fax	Privatadresse: Telefaxnummer
vCard.Home.Phone	Privatadresse: Telefonnummer
vCard.Home.State	Privatadresse: Staat
vCard.Home.StreetAddress	Privatadresse: Straße und Hausnummer
vCard.Home.Zipcode	Privatadresse: Postleitzahl

Wert	Bedeutung
vCard.Homepage	Homepage-Adresse
vCard.JobTitle	Berufsbezeichnung
vCard.LastName	Nachname
vCard.MiddleName	2. Vorname
vCard.Notes	Bemerkungen
vCard.Office	Büro
vCard.Pager	Pagernummer

Tabelle 2.45: Werte für vcard_name in <input type="text">.

Siehe auch:

<button>, <fieldset>, <form>, <keygen>, <label>, <legend>, <optgroup>, <option>, <select>, <textarea>

9.6 <isindex>

Tag / Attribut	2.0	3.0	3.2	4.0	Internet Explorer	Netscape
<isindex>	X	X	X	X	1.0	1.0
action					1.0	1.0
prompt		X	X	X	1.0	1.0

Dieses Tag wird benötigt, um eine spezielle interaktive Suche in Ihrem HTML-Dokument zu ermöglichen.

action

Gibt die Adresse eines Scripts an, das die <isindex>-Daten verarbeitet.

prompt

Gibt eine alternative Benutzerabfrage an, die man erhält, wenn man suchen möchte.

Beispiel:

```
<isindex prompt="Ihre Suchanfrage:">
```

Siehe auch:

`<base>`, `<link>`, `<meta>`, `<nextid>`, `<scripts>`, `<style>`, `<title>`

10 K

10.1 `<kbd>`

Tag / Attribut	2.0	3.0	3.2	4.0	Internet Explorer	Netscape
`<kbd>`		X	X	X	X	1.0	1.0

Dieses Tag formatiert den eingeschlossenen Text so, dass er als Tastatureingabe zu erkennen ist. Üblicherweise wird er in einer Schriftart angezeigt, die alle Buchstaben in gleicher Breite ausgibt.

Beispiel:

`Geben Sie dann <kbd>anonymous</kbd> ein.`

Siehe auch:

`<abbr>`, `<b>`, `<big>`, `<blink>`, `<em>`, `<font>`, `<i>`, `<q>`, `<s>`, `<samp>`, `<small>`, `<strike>`, `<strong>`, `<sub>`, `<sup>`, `<tt>`, `<u>`, `<var>`

10.2 `<keygen>`

Tag / Attribut	2.0	3.0	3.2	4.0	Internet Explorer	Netscape
`<keygen>`						3.0
challenge						3.0
name						3.0

Dieses Tag errechnet einen Verschlüsselungscode, der im Netscaspe in Formularen angewandt werden kann, um die Datenübertragung sicherer zu machen.

`challenge`

Wird als Grundlage für den zufällig erzeugten Schlüssel genommen.

name

Gibt eine Bezeichnung für dieses Formularelement an, um es durch Skripte ansprechbar zu machen.

Beispiel:

```
<form method="post" action="http://www.adresse.de/geheim/ein_script.cgi">
   <keygen name="Schlüssel" challenge="0815">
   <input type="text" name="Eingabe">
</form>
```

Siehe auch:

<button>, <fieldset>, <form>, <input>, <label>, <legend>, <optgroup>, <option>, <select>, <textarea>

11 L

11.1 <label>

Tag / Attribut	2.0	3.0	3.2	4.0	Internet Explorer	Netscape
<label>				X	4.0B2	
accesskey				X	4.0B2	
for				X	4.0B2	

Dieses Tag wird verwendet, um eine Beschreibung zu Formularfeldern hinzuzufügen und somit auch die Navigation innerhalb von Formularen zu vereinfachen.

accesskey

Mit accesskey können Sie einen so genannten Tasten-Shortcut definieren, mit dem die Markierung erreichbar ist. Ordnen Sie dem Attribut einen einzigen Buchstaben zu und er wird ausgeführt, wenn Sie diese Taste mit der zugehörigen Shortcut-Taste drücken, die von Browser und Betriebssystem abhängt.

for

Gibt an, welchem Formularfeld diese Markierung zugeordnet ist.

Beispiel:

```
<form>
  <fieldset>
    <legend accesskey="b" tabindex=1>
      Newsletter bestellen
    </legend>
    <label accesskey="j">
      <input type="radio" name=news value="ja">ja
    </label><br>
    <label accesskey="n">
      <input type="radio" name=news value="nein">nein
    </label><br>
  </fieldset>
</form>
```

Siehe auch:

<button>, <fieldset>, <form>, <input>, <keygen>, <legend>, <optgroup>, <option>, <select>, <textarea>

11.2 <legend>

Tag / Attribut	2.0	3.0	3.2	4.0	Internet Explorer	Netscape
<legend>				X	4.0B2	
accesskey				X	4.0	
align				X	4.0B2	

Dieses Tag gibt die Bezeichnung für ein <fieldset> an.

accesskey

Mit accesskey können Sie einen so genannten Tasten-Shortcut definieren, mit dem die Legende erreichbar ist. Ordnen Sie dem Attribut einen einzigen Buchstaben zu und er wird ausgeführt, wenn Sie diese Taste mit der zugehörigen Shortcut-Taste drücken, die von Browser und Betriebssystem abhängt.

align

Gibt die horizontale Ausrichtung innerhalb der Legende an.

Wert	Bedeutung
center	Der Inhalt wird zentriert ausgerichtet.
left	Der Inhalt wird nach links ausgerichtet.
right	Der Inhalt wird nach rechts ausgerichtet.

Tabelle 2.46: Die Werte von align in <legend>.

Beispiel:

```
<form>
  <fieldset>
    <legend accesskey="b" tabindex=1>
      Newsletter bestellen
    </legend>
    <label accesskey="j">
      <input type="radio" name=news value="ja">ja
    </label><br>
    <label accesskey="n">
      <input type="radio" name=news value="nein">nein
    </label><br>
  </fieldset>
</form>
```

Siehe auch:

<button>, <fieldset>, <form>, <input>, <keygen>, <label>, <optgroup>, <option>, <select>, <textarea>

11.3 <li>

Tag / Attribut	2.0	3.0	3.2	4.0	Internet Explorer	Netscape
<li>	X	X	X	X	1.0	1.0
clear		X				
type			X	X	1.0	1.0
value			X	X	1.0	1.0

Dieses Tag definiert ein Listenelement. Es wird in allen gängigen Listentypen eingesetzt.

clear

Dieses Attribut wurde ergänzt, um mit Bildern umzugehen, die durch das Attribut `align` in `<img>` nach links oder rechts bewegt werden. Man kann es nun verwenden, um mit allen Objekten umzugehen, die durch `align` verschoben werden.

Wert	Bedeutung
none	Es wird ein ganz normaler Zeilenumbruch erzeugt.
left	Es wird die Zeile umgebrochen und die nächste Zeile so weit unten eingefügt, dass der linke Rand frei von Bildern (oder sonstigen Objekten) ist.
right	Es wird die Zeile umgebrochen und die nächste Zeile so weit unten eingefügt, dass der rechte Rand frei von Bildern (oder sonstigen Objekten) ist.
all	Es wird die Zeile umgebrochen und die nächste Zeile so weit unten eingefügt, dass beide Ränder frei von Bildern (oder sonstigen Objekten) sind.

Tabelle 2.47: Die Werte von clear in <li>.

type

Gibt an, welche Listenpunkte verwendet werden sollen.

Wert	Bedeutung
A	A, B, C, D, ...
a	a, b, c, d, ...
I	I, II, III, IV, ...
i	i, ii, iii, iv, ...
1	1, 2, 3, 4, ...
disc	Gefüllte Kreise
square	Gefüllte Quadrate
circle	Unausgefüllte Kreise

Tabelle 2.48: Die Werte von type in <li>.

value

Gibt einen anderen Wert für die Aufzählung an als der aktuelle Folgewert nach dem letzten Listenelement.

Beispiel:

```
<dir>
  <li type="disc">Kreis (gefüllt)
  <li type="circle">Kreis
  <li type="square">Quadrat
</dir>
```

Siehe auch:

`<dd>`, `<dir>`, `<dl>`, `<dt>`, `<menu>`, `<ol>`, `<ul>`

11.4 <link>

Tag / Attribut	2.0	3.0	3.2	4.0	Internet Explorer	Netscape
`<link>`	X	X	X	X	3.0B1	4.0B2
charset				X		
disabled					4.0	
href	X	X	X	X	3.0B1	4.0B2
hreflang				X		
rel	X	X	X	X	3.0B1	4.0B2
rev	X	X	X	X	4.0	
src						4.0
target				X		
type				X	3.0B1	4.0B2

Dieses Tag wird im HTML-Kopf verwendet und gibt einen Link auf ein Dokument an, das mit dem aktuellen Dokument in Zusammenhang steht. Was das für ein Zusammenhang ist, wird in `rel` festgelegt.

charset

Dieses Attribut beinhaltet die Zeichencodierung des Ziels. Der Standardwert ist `ISO-8859-1`.

disabled

Dieses allein stehende Attribut gibt an, dass der Link momentan nicht zur Verfügung steht.

href

Die Zieladresse des Links

hreflang

Dieses Attribut gibt die hauptsächliche Sprache des Ziels an.

rel

Gibt an, in welchem Zusammenhang der Link mit dem Dokument steht.

rev

Dieses Attribut entspricht der Umkehrung von rel. Es wird die Verbindung zwischen dem Ziel und der Seite angegeben.

src

Gibt die Adresse einer herunterladbaren Schriftart an.

target

Hier wird der Name des Zielframes eingetragen, in dem das Ziel des Links angezeigt werden soll.

type

Gibt den MIME-Typ des Ziels an.

Beispiel:

```
<link rel="home" href="http://www.meine-homepage.de">
```

Siehe auch:

`<base>`, `<isindex>`, `<meta>`, `<nextid>`, `<scripts>`, `<style>`, `<title>`

11.5 <listing>

Tag / Attribut	2.0	3.0	3.2	4.0	Internet Explorer	Netscape
<listing>	X	X	X	X	1.0	1.0

Gibt den Quelltext bis zum schließenden Tag </listing> eins zu eins wieder.

Beispiel:

```
<listing>
Hier kann man sogar Tags (zum Beispiel <br>) ausschreiben, und sie wer-
den so auf dem Bildschirm ausgegeben, wie man sie schreibt, ohne eine
Wirkung zu haben.
</listing>
```

12 M

12.1 <map>

Tag / Attribut	2.0	3.0	3.2	4.0	Internet Explorer	Netscape
<map>			X	X	1.0	2.0
name			X	X	1.0	2.0

Dieses Tag wird benötigt, um Image-Maps zu erstellen. Es enthält die Hot-Areas als <area> und das Bild in <img> mit gesetztem ismap-Attribut.

name

Hier wird eine Bezeichnung für die Image-Map (der dann auch als Lesezeichen funktioniert) eingetragen, die es ermöglicht, direkt zu dieser Stelle im Dokument zu springen.

Beispiel:

```
<map name="Eine Image-Map">
  <area shape="rectangle" coords="10,20,30,40"
  href="http://www.adresse.de/a.htm">
```

```
<area shape="circle" COORDS="60,50,20" href="
http://www.adresse.de/b.htm ">
<area shape="polygon" coords="5,100,10,110,0,110" href="
http://www.adresse.de/c.htm ">
</map>
```

Siehe auch:

`<area>`, `<bgsound>`, `<img>`, `<object>`

12.2 <marquee>

Tag / Attribut	2.0	3.0	3.2	4.0	Internet Explorer	Netscape
`<marquee>`					2.0	
behavior					2.0	
bgcolor					2.0	
direction					2.0	
height					2.0	
hspace					2.0	
loop					2.0	
scrollamount					2.0	
scrolldelay					2.0	
truespeed					4.0B1	
vspace					2.0	
width					2.0	

Dieses Tag erzeugt eine Laufschrift, deren Verhalten man steuern kann.

behavior

Definiert das Verhalten der Laufschrift.

Wert	Bedeutung
scroll	Der Text kommt auf der einen Seite ins Sichtfeld und läuft zur gegenüberliegenden Seite, wo er wieder verschwindet, um diesen Vorgang zu wiederholen.

Wert	Bedeutung
slide	Der Text kommt auf der einen Seite ins Sichtfeld und läuft zur gegenüberliegenden Seite, wo er zum Stillstand kommt.
alternate	Der Text schwingt von einer Seite zur gegenüberliegenden und wieder zurück.

Tabelle 2.49: *Die Werte von behavior in <marquee>.*

bgcolor

Hier wird die Hintergrundfarbe der Laufschrift festgelegt. Gültig sind RGB-Werte und bei vielen Browsern vordefinierte Farbwerte (siehe Anhang B).

direction

Gibt die Richtung an, in die sich die Laufschrift bewegen soll.

Wert	Bedeutung
left	Der Text bewegt sich nach links.
right	Der Text bewegt sich nach rechts.
up	Der Text bewegt sich nach oben.
down	Der Text bewegt sich nach unten.

Tabelle 2.50: *Die Werte von direction in <marquee>.*

height

Gibt die Höhe des Laufschriftfeldes in Pixeln oder prozentual zur Browserfensterhöhe an.

hspace

Gibt den linken und rechten Abstand der Laufschrift zu allen anderen HTML-Komponenten in Bildpunkten an.

loop

Gibt an, wie oft die Laufschrift den Animationsprozess wiederholen soll. Für eine Endlosschleife ist der Wert -1 vorgesehen.

scrollamount

Gibt den horizontalen Abstand zwischen zwei Phasen der Laufschrift in Pixels an.

scrolldelay

Gibt die Verzögerung zwischen den einzelnen Phasen der Laufschrift in Millisekunden an.

truespeed

Dieses allein stehende Attribut gibt an, dass die srolldelay-Werte exakt einzuhalten sind. Fehlt dieses Attribut, werden Werte kleiner als 60 auf 60 gerundet.

vspace

Gibt den oberen und unteren Abstand der Laufschrift zu allen anderen HTML-Komponenten in Bildpunkten an.

width

Gibt die Breite des Laufschriftfeldes in Pixeln oder prozentual zur Browserfensterbreite an.

Beispiel:

```
<marquee loop="infinite" behavior="alternate"
WIDTH=600 HEIGHT=50>
  Ich bin eine Laufschrift.
</marquee>
```

Siehe auch:

<address>, <blockquote>, <center>, <cite>, <code>, <dfn>, <h1>, <h2>, <h3>, <h4>, <h5>, <h6>, <multicol>, <p>, <pre>

12.3 <menu>

Tag / Attribut	2.0	3.0	3.2	4.0	Internet Explorer	Net-scape
<menu>	X	X	X	X	1.0	1.0
compact	X	X	X	X		
type						4.0

Dieses Tag funktioniert genau wie `<ul>`, ist aber speziell für einzeilige Listenelemente gedacht.

compact

Dieses allein stehende Attribut gibt an, dass möglichst eine Platz sparende Darstellung gewählt werden soll.

type

Gibt an, welche Listenpunkte verwendet werden sollen.

Wert	Bedeutung
A	A, B, C, D, ...
a	a, b, c, d, ...
I	I, II, III, IV, ...
i	i, ii, iii, iv, ...
1	1, 2, 3, 4, ...
disc	Gefüllte Kreise
square	Gefüllte Quadrate
circle	Unausgefüllte Kreise

Tabelle 2.51: Die Werte von type in <menu>.

Beispiel:

```
<menu>
  <li type="disc">Kreis (gefüllt)
  <li type="circle">Kreis
  <li type="square">Quadrat
</menu>
```

Siehe auch:

`<dd>`, `<dir>`, `<dl>`, `<dt>`, `<li>`, `<ol>`, `<ul>`

12.4 <meta>

Tag / Attribut	2.0	3.0	3.2	4.0	Internet Explorer	Netscape
<meta>	X	X	X	X	2.0	1.1
content	X	X	X	X	2.0	1.1
http-equiv	X	X	X	X	2.0	1.1
name	X	X	X	X	2.0	1.1
scheme				X		

Dieses Tag stellt einen universellen Informationsmechanismus dar, der Aufschluss über die Inhalte der HTML-Seite gibt. Viele Suchmaschinen realisieren zum Beispiel Stichwortlisten über das Tag <meta>.

content

Gibt den Wert an, der sich auf name bezieht.

http-equiv

Gibt einen Text an, der zusammen mit dem http-Kopf noch vor dem eigentlichen HTML-Text an den Server gesandt wird.

name

Gibt eine Bezeichnung für die Information an.

> Sollte dieses Attribut nicht gesetzt werden, ist http-equiv notwendig.

scheme

Gibt zusätzliche Informationen über das Format von content an, wenn mehrere Formate unterstützt werden sollten.

Beispiel:

```
<meta http-equiv="refresh" content="10; url=http://www.adresse.de/naechste.htm">
```

Siehe auch:

`<base>`, `<isindex>`, `<link>`, `<nextid>`, `<scripts>`, `<style>`, `<title>`

12.5 `<multicol>`

Tag / Attribut	2.0	3.0	3.2	4.0	Internet Explorer	Netscape
`<multicol>`						3.0B5
cols						3.0B5
gutter						3.0B5
width						3.0B5

Dieses Tag definiert mehrere gleichbreite Spalten, in denen der Text fließend eingebunden wird.

cols

Gibt die Anzahl der zu verwendenden Spalten an.

gutter

Gibt den Abstand zwischen den einzelnen Spalten in Pixels an.

width

Gibt die Breite der Spalten in Pixels an.

Beispiel:

```
<multicol cols=2 gutter=20>
  Dieser Text verteilt sich gleichmäßig auf zwei Spalten.
  Auch Bilder und sonstige HTML-Elemente werden
  aufgeteilt.
</multicol>
```

Siehe auch:

`<address>`, `<blockquote>`, `<center>`, `<cite>`, `<code>`, `<dfn>`, `<h1>`, `<h2>`, `<h3>`, `<h4>`, `<h5>`, `<h6>`, `<marquee>`, `<p>`, `<pre>`

13 N

13.1 <nextid>

Tag / Attribut	2.0	3.0	3.2	4.0	Internet Explorer	Netscape
<nextid>	X	X				
n	X	X				

Dieses Tag wurde früher für die Benennung von <a> Tags benötigt.

 Bitte verwenden Sie dieses Tag nicht mehr!

Warnung

Siehe auch:

<base>, <isindex>, <link>, <meta>, <scripts>, <style>, <title>

13.2 <nobr>

Tag / Attribut	2.0	3.0	3.2	4.0	Internet Explorer	Netscape
<nobr>					1.0	1.0

Markiert eine Textpassage, die keine automatisch generierten Zeilenumbrüche erhalten soll.

Beispiel:

```
<nobr>
  Dieser komplette Text soll in einer Zeile stehen. Auch
  dieser Satz gehört noch in die erste Zeile. Erst
  hier<br>wird manuell umgebrochen.
</nobr>
```

Siehe auch:

, <wbr>

13.3 <noembed>

Tag / Attribut	2.0	3.0	3.2	4.0	Internet Explorer	Netscape
<noembed>					3.0B2	2.0

Dieses Tag wird innerhalb von <embed> ... </embed> verwendet. Es markiert Quellcode, der nur ausgeführt werden soll, falls der Browser das Tag <embed> nicht verarbeiten kann.

Beispiel:

```
<embed src="ein_song.mid" controls>
  <noembed>
    Ihr Browser unterstützt die Einbindung des
    <a HREF="ein_song.mid">Liedes</a> nicht.
  </noembed>
</embed>
```

Siehe auch:

<applet>, <embed>, <iframe>, <noscript>, <param>, <script>

13.4 <noframes>

Tag / Attribut	2.0	3.0	3.2	4.0	Internet Explorer	Netscape
<noframes>				X	3.0A1	2.0

Dieses Tag markiert Quellcode, der nur ausgeführt werden soll, falls der Browser das Tag <frameset> nicht verarbeiten kann.

Beispiel:

```
<html>
  <head>
    <title>Ein Rahmenbeispiel</title>
  </head>
  <frameset rows=20%,60%,20%>
    <frame src="a.htm" name="oben">
    <frameset cols=50%,50%>
      <frame src="b.htm" name="mitte links">
      <frame src="c.htm" name="mitte rechts">
```

```
      </frameset>
      <frame src="d.htm" name="unten">
    </frameset>
    <noframes>
      <head>
        <title>Ein Rahmenbeispiel (leider ist Ihr Browser zu
        alt)</title>
      </head>
      <body>
        <center>
          ACHTUNG!<P>
          SIE BENUTZEN EINEN BROWSER, DER KEINE RAHMEN
          UNTERSTÜTZT. BITTE KLICKEN SIE
          <a href="a.htm">HIER</a>, UM ZU EINER VERSION OHNE
          RAHMEN ZU GELANGEN!<p>
        </center>
      </body>
    </noframes>
</html>
```

Siehe auch:

`<frame>`, `<frameset>`

13.5 <noscript>

Tag / Attribut	2.0	3.0	3.2	4.0	Internet Explorer	Netscape
`<noscript>`				X	3.0	3.0B5

Dieses Tag markiert Quellcode, der nur ausgeführt werden soll, falls der Browser das Tag `<noscript>` nicht verarbeiten kann.

Beispiel:

```
<script language="JavaScript">
  <!-- document.write("Dies ist ein JavaScript.") -->
</script>
<noscript>
  Dies ist leider kein JavaScript.
</noscript>
```

Siehe auch:

`<applet>`, `<embed>`, `<iframe>`, `<noembed>`, `<param>`, `<script>`

14 O

14.1 <object>

Tag / Attribut	2.0	3.0	3.2	4.0	Internet Explorer	Net-scape
`<object>`				X	3.0A1	
accesskey					4.0	
align				X	3.0A1	
border				X		
classid				X	3.0A1	
code					4.0	
codebase				X	3.0A1	
codetype				X	3.0A1	
data				X	3.0A1	
declare				X		
height				X	3.0A1	
hspace				X		
name				X	3.0A1	
standby				X		
tabindex				X		
type				X	3.0A1	
usemap				X		
vspace				X		
width				X	3.0A1	

Dieses Tag ist ein universelles Multimedia-Einbindungs-Tag.

accesskey

Mit `accesskey` können Sie einen so genannten Tasten-Shortcut definieren, mit dem das Objekt erreichbar ist. Ordnen Sie dem Attribut einen einzigen Buchstaben zu und er wird ausgeführt, wenn Sie diese Taste mit der zugehörigen Shortcut-Taste drücken, die von Browser und Betriebssystem abhängt.

align

Gibt die horizontale Ausrichtung des Objekts an.

Wert	Bedeutung
center	Das Objekt wird zentriert ausgerichtet.
left	Das Objekt wird nach links ausgerichtet.
right	Das Objekt wird nach rechts ausgerichtet.

Tabelle 2.52: Die Werte von align in <object>.

border

Gibt die Breite des Rahmens an, der um ein Bild herum angezeigt wird, wenn es als Anker für einen Link dient. Er erhält die Farbe, die ein normaler Textlink haben würde.

classid

Gibt die Adresse zum Quellcode des Objekts an.

code

Verweist auf die Klasse des Objekts. Die URL wird relativ zu `codebase` oder absolut angegeben.

codebase

Gibt das Verzeichnis an, in dem der Code zu finden ist und auf das sich `code` beziehen soll.

codetype

Gibt das MIME-Format des Codes an.

data

Gibt eine Adresse zu den Objektdaten an (zum Beispiel die eines Bildes).

declare

Dieses allein stehende Attribut gibt an, dass das Objekt erst geladen werden muss, wenn es von einem HTML-Element oder von einem Skript aufgerufen wurde.

height

Gibt die Höhe des Objekts in Pixels an.

hspace

Gibt den linken und rechten Abstand des Objekts zu allen anderen HTML-Komponenten in Bildpunkten an.

name

Gibt die Bezeichnung des Objekts an, wenn es als Formularelement agiert, um es durch Skripte identifizieren zu können. Der Wert des Attributs wird außerdem bei der Auswertung des Formulars angegeben.

standby

Gibt einen Text an, der angezeigt wird, solange dieses Objekt vom Browser nachgeladen wird.

tabindex

Gibt den Tab-Index des Objektes an. Positive Werte stehen für die Position des Objektes in der Liste der mit ⇥ aktivierbaren Objekte. Negative Werte bedeuten, dass das Objekt nicht im Tab-Index auftaucht.

type

Gibt den MIME-Typ des Objekts an.

usemap

Gibt die Adresse zu den clientseitigen Image-Map-Spezifikationen an.

vspace

Gibt den oberen und unteren Abstand des Objekts zu allen anderen HTML-Komponenten in Bildpunkten an.

width

Gibt die Breite des Objekts in Pixels an.

Siehe auch:

`<area>`, `<bgsound>`, `<img>`, `<map>`

14.2 <ol>

Tag / Attribut	2.0	3.0	3.2	4.0	Internet Explorer	Net-scape
`<ol>`	X	X	X	X	1.0	1.0
clear		X				
compact	X	X	X	X		
start			X	X	1.0	1.0
type			X	X	1.0	1.0

Dieses Tag erzeugt eine geordnete (durchnummerierte) Liste.

clear

Dieses Attribut wurde ergänzt, um mit Bildern umzugehen, die durch das Attribut `align` in `<img>` nach links oder rechts bewegt werden. Man kann es nun verwenden, um mit allen Objekten umzugehen, die durch `align` verschoben werden.

Wert	Bedeutung
none	Es wird ein ganz normaler Zeilenumbruch erzeugt.
left	Es wird die Zeile umgebrochen und die nächste Zeile wird so weit unten eingefügt, dass der linke Rand frei von Bildern (oder sonstigen Objekten) ist.
right	Es wird die Zeile umgebrochen und die nächste Zeile wird so weit unten eingefügt, dass der rechte Rand frei von Bildern (oder sonstigen Objekten) ist.

Wert	Bedeutung
all	Es wird die Zeile umgebrochen und die nächste Zeile wird so weit unten eingefügt, dass beide Ränder frei von Bildern (oder sonstigen Objekten) sind.

Tabelle 2.53: Die Werte von clear in <ol>.

compact

Dieses allein stehende Attribut gibt an, dass möglichst eine Platz sparende Darstellung gewählt werden soll.

start

Gibt den Startwert der Nummerierung an.

type

Gibt an, welche Listenpunkte verwendet werden sollen.

Wert	Bedeutung
A	A, B, C, D, ...
a	a, b, c, d, ...
I	I, II, III, IV, ...
i	i, ii, iii, iv, ...
1	1, 2, 3, 4, ...
disc	Gefüllte Kreise
square	Gefüllte Quadrate
circle	Unausgefüllte Kreise

Tabelle 2.54: Die Werte von type in <ol>.

Beispiel:

```
<ol>
  <li type="disc">Kreis (gefüllt)
  <li type="circle">Kreis
  <li type="square">Quadrat
</ol>
```

Siehe auch:

<dd>, <dir>, <dl>, <dt>, <li>, <menu>, <ul>

14.3 <optgroup>

Tag / Attribut	2.0	3.0	3.2	4.0	Internet Explorer	Netscape
<optgroup>					X	
disable					X	
label					X	

Mit diesem Tag kann man mehrere <option>-Tags eines Auswahlfeldes zusammenfassen und in eine Hierarchie bringen.

disable

Dieses allein stehende Attribut gibt an, dass dieses Element vorübergehend deaktiviert wurde.

label

Gibt einen Kurznamen für die Optionsgruppe an.

Beispiel:

```
<form>
  <select name="Produkte">
    <option value="Mon">Monitor
    <option value="Dru">Drucker
    <optgroup label="Computer">
      <option value="HDD">Festplatte
      <option value="Geh">Gehäuse
      <option value="CPU">Prozessor
    </optgroup>
  </select>
</form>
```

Siehe auch:

<button>, <fieldset>, <form>, <input>, <keygen>, <label>, <legend>, <option>, <select>, <textarea>

14.4 <option>

Tag / Attribut	2.0	3.0	3.2	4.0	Internet Explorer	Net-scape
<option>	X	X	X	X	1.0	1.0
disable		X		X		
label				X		
selected	X	X	X	X	1.0	1.0
value	X	X	X	X	1.0	1.0

Gibt die einzelnen Optionen für ein Auswahlfeld an.

disable

Dieses allein stehende Attribut gibt an, dass dieses Element vorübergehend deaktiviert wurde.

label

Gibt einen Kurznamen für die Option an

selected

Dieses allein stehende Attribut gibt an, dass diese Option in der Voreinstellung ausgewählt sein soll.

value

Gibt den Wert für dieses Element an, der im Formular verschickt werden soll, wenn dieses Element ausgewählt ist.

Beispiel:

```
<form>
  <select name="Produkte">
    <option value="Mon">Monitor
    <option value="Dru">Drucker
    <optgroup label="Computer">
      <option value="HDD">Festplatte
      <option value="Geh">Gehäuse
      <option value="CPU">Prozessor
    </optgroup>
  </select>
</form>
```

Siehe auch:

<button>, <fieldset>, <form>, <input>, <keygen>, <label>, <legend>, <optgroup>, <select>, <textarea>

15 P

15.1 <p>

Tag / Attribut	2.0	3.0	3.2	4.0	Internet Explorer	Netscape
<p>		X	X	X	1.0	1.0
align			X	X	1.0	1.0
clear			X			

Erzeugt einen Paragraphen.

align

Gibt die horizontale Ausrichtung innerhalb der Paragraphen an.

Wert	Bedeutung
center	Der Inhalt wird zentriert ausgerichtet.
left	Der Inhalt wird nach links ausgerichtet.
right	Der Inhalt wird nach rechts ausgerichtet.

Tabelle 2.55: Die Werte von align in <p>.

clear

Dieses Attribut wurde ergänzt, um mit Bildern umzugehen, die durch das Attribut align in <img> nach links oder rechts bewegt werden. Man kann es nun verwenden, um mit allen Objekten umzugehen, die durch align verschoben werden.

Wert	Bedeutung
none	Es wird ein ganz normaler Zeilenumbruch erzeugt.

Wert	Bedeutung
left	Es wird die Zeile umgebrochen und die nächste Zeile wird so weit unten eingefügt, dass der linke Rand frei von Bildern (oder sonstigen Objekten) ist.
right	Es wird die Zeile umgebrochen und die nächste Zeile wird so weit unten eingefügt, dass der rechte Rand frei von Bildern (oder sonstigen Objekten) ist.
all	Es wird die Zeile umgebrochen und die nächste Zeile wird so weit unten eingefügt, dass beide Ränder frei von Bildern (oder sonstigen Objekten) sind.

Tabelle 2.56: Die Werte von clear in <p>.

Beispiel:

Dieser Text dient zu Demonstration.
<p>Dies ist ein eigener Absatz.</p>
Und hier geht der Text dann weiter.

Siehe auch:

<address>, <blockquote>, <center>, <cite>, <code>, <dfn>, <h1>, <h2>, <h3>, <h4>, <h5>, <h6>, <marquee>, <multicol>, <pre>

15.2 <param>

Tag / Attribut	2.0	3.0	3.2	4.0	Internet Explorer	Netscape
<param>			X	X	3.0A1	2.0
name			X	X	3.0A1	2.0
type				X		
value			X	X	3.0A1	2.0
valuetype				X		

Dieses Tag ist für die Parameterübergabe an eingebettete Objekte (<object>, <applet>, ...) zuständig.

name

Dieses Attribut gibt den Namen des Parameters an.

type

Gibt den MIME-Typen der in `value` definierten Datenquelle an, wenn `valuetype` den Wert `"ref"` hat.

value

Gibt den Wert des Parameters `name` an.

valuetype

Gibt die Art des Wertes `value` an.

Wert	Bedeutung
data	Der Wert wird direkt an das Objekt weitergegeben.
ref	Hier wird `value` als URL ausgewiesen.
object	Weist `value` als objektinterne Referenz aus.

Tabelle 2.57: Die Werte von valuetype in <param>.

Beispiel:

```
<applet codebase="http://www.adresse.de/java/" code="ein_applet.class" >
  <param name="Zeile1" value="Textzeile 1">
  <param name="Zeile2" value="Textzeile 2">
  <param name="Zeile2" value="Textzeile 2">
  Sie haben keinen Java-fähigen Browser!<br>
</applet>
```

Siehe auch:

<applet>, <embed>, <iframe>, <noembed>, <noscript>, <script>

15.3 <plaintext>

Tag / Attribut	2.0	3.0	3.2	4.0	Internet Explorer	Net-scape
<plaintext>	X	X	X	X	1.0	1.0

Hier wird der nachfolgende Text eins zu eins auf den Bildschirm gegeben. Selbst ein schließendes </plaintext>-Tag wird ignoriert.

Beispiel:

Hier steht normaler HTML-Text.
<plaintext>
Und ab hier wird alles 1:1 auf den Bildschirm gegeben.

15.4 <pre>

Tag / Attribut	2.0	3.0	3.2	4.0	Internet Explorer	Netscape
<pre>	X	X	X	X	1.0	1.0
width	X	X	X	X		

Dieses Tag markiert vorformatierten Text. Es werden alle Leerzeichen, Tabs und Zeilenumbrüche mit auf den Bildschirm geschrieben.

width

Gibt die Textbreite in Zeichen an.

Beispiel:

<pre width=40>
    Dieser Text ist speziell für die
Ausgabe auf 40 Zeichen ausgerichtet. Die
Ausgabe zeigt, dass es damit keinerlei
Probleme gibt.
</pre>

Ergebnis:

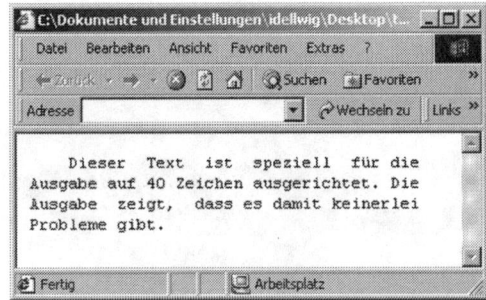

Bild 2.3: Vorformatierter Text auf 40 Zeichen Breite.

Siehe auch:

<address>, <blockquote>, <center>, <cite>, <code>, <dfn>, <h1>, <h2>, <h3>, <h4>, <h5>, <h6>, <marquee>, <multicol>, <p>

16 Q

16.1 <q>

Tag / Attribut	2.0	3.0	3.2	4.0	Internet Explorer	Netscape
<q>				X	4.0	
cite				X		

Dieses Tag weist kurze Zitate aus. Dabei werden die Anführungsstriche vom Browser gesetzt.

cite

Gibt eine URL an, deren Ziel die Quelle des Zitats ausweist.

Beispiel:

```
<q cite="http://www.spectrosoftware.de">...und das Leben wird bunt</q>.
```

Siehe auch:

<abbr>, <b>, <big>, <blink>, <em>, <font>, <i>, <kbd>, <s>, <samp>, <small>, <strike>, <strong>, <sub>, <sup>, <tt>, <u>, <var>

17 R

17.1 <rt>

Tag / Attribut	2.0	3.0	3.2	4.0	Internet Explorer	Netscape
<rt>					5.0B2	
name					5.0B2	

Dieses Tag wird innerhalb von <ruby> ... </ruby> verwendet. Es erzeugt den Hilfetext für dessen Inhalt.

name

Gibt eine Bezeichnung des Hilfetextes an, um ihn als Zielpunkt für Hyperlinks zu definieren.

Beispiel:

```
Virtuelle Welten werden in
<ruby>VRML<rt>Sprich: Wörmel</rt></ruby>
definiert.
```

Ergebnis:

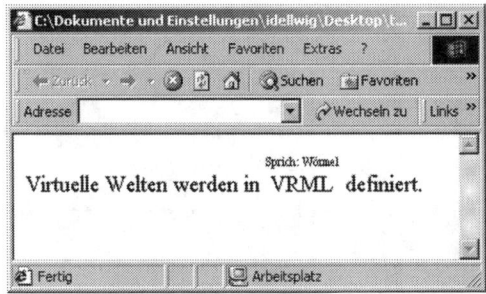

Bild 2.4: Hier sieht man eine Erklärung zum Wort »VRML«.

Siehe auch:

<ruby>

17.2 <ruby>

Tag / Attribut	2.0	3.0	3.2	4.0	Internet Explorer	Netscape
<ruby>					5.0B2	
name					5.0B2	

Markiert eine kurze Textpassage, um sie mit einer kurzen Erläuterung durch <rt> zu versehen. Diese wird in kleiner Schrift über den Inhalt von <ruby> ... </ruby> eingeblendet. Dieser Mechanismus wurde speziell für fernöstliche Sprachen eingeführt, um Aussprachehilfen zu geben. Er kann aber auch zu anderen Zwecken verwendet werden, die Sie für sinnvoll halten.

name

Gibt eine Bezeichnung des Hilfetextes an, um ihn als Zielpunkt für Hyperlinks zu definieren.

Beispiel:

```
Virtuelle Welten werden in
<ruby>VRML<rt>Sprich: Wörmel</rt></ruby>
definiert.
```

Siehe auch:

<rt>

18 S

18.1 <s>

Tag / Attribut	2.0	3.0	3.2	4.0	Internet Explorer	Netscape
<s>			X		X	1.0	3.0B5

Zeigt den umschlossenen Text durchgestrichen an.

Beispiel:

```
<s>Dieser Text wird durchgestrichen,</s> aber dieser nicht mehr.
```

Siehe auch:

<abbr>, <b>, <big>, <blink>, <em>, <font>, <i>, <kbd>, <q>, <samp>, <small>, <strike>, <strong>, <sub>, <sup>, <tt>, <u>, <var>

18.2 <samp>

Tag / Attribut	2.0	3.0	3.2	4.0	Internet Explorer	Netscape
<samp>	X	X	X	X	1.0	1.0

Formatiert einen Text als Beispiel. Er wird üblicherweise in der Schriftart Courier ausgegeben.

Beispiel:

Dann geben Sie folgenden Text ein:
<samp>Dies ist ein Test.</samp>

Siehe auch:

<abbr>, <b>, <big>, <blink>, <em>, <font>, <i>, <kbd>, <q>, <s>, <small>, <strike>, <strong>, <sub>, <sup>, <tt>, <u>, <var>

18.3 <script>

Tag / Attribut	2.0	3.0	3.2	4.0	Internet Explorer	Netscape
<script>				X	3.0B1	2.0B3
charset				X		
defer				X	4.0	
event				X	4.0	
for				X	4.0	
language				X	3.0B1	2.0B3
src				X	3.02	3.0B5
type				X	4.0	

Mit dem Tag <script> werden Skriptsprachen gekennzeichnet. JavaScript ist zum Beispiel so eine Scriptsprache. Deshalb verwendet man <script>, um JavaScript-Text von HTML-Quellcode zu unterscheiden.

charset

Dieses Attribut gibt an, welcher Zeichensatz für das Skript verwendet werden soll. Die Standardeinstellung ist ISO-8859-1.

defer

Dieses Attribut steht allein und benötigt somit keine Wertzuweisung. Ist es gesetzt, wird dem Browser mitgeteilt, dass das Skript keinerlei Bildschirmausgabe erzeugt.

event

Gibt das Ereignis an, für welches das Skript geschrieben wurde. Zu diesem Thema erfahren Sie später mehr.

for

Gibt an, welches Element an dieses Ereignisskript gebunden ist. Auch hierzu erhalten Sie später weitere Informationen.

language

Dieses Attribut gibt an, welche Sprache für das Skript verwendet wurde.

src

Hier kann eine externe Datenquelle angesprochen werden. Das macht beispielsweise Sinn, wenn viele HTML-Dateien ein und dasselbe Skript verwenden.

type

Dieses Attribut gibt den MIME-Typ des Skript-Quellcodes an.

Beispiel:

```
<script language="JavaScript">
  <!-- document.write("Dies ist ein JavaScript.") -->
</script>
<noscript>
  Dies ist leider kein JavaScript.
</noscript>
```

Siehe auch:

<base>, <isindex>, <link>, <meta>, <nextid>, <style>, <title>, <applet>, <embed>, <iframe>, <noembed>, <noscript>, <param>

18.4 <select>

Tag / Attribut	2.0	3.0	3.2	4.0	Internet Explorer	Netscape
<select>	X	X	X	X	1.0	1.0
accesskey					4.0B1	

Tag / Attribut	2.0	3.0	3.2	4.0	Internet Explorer	Netscape
align					4.0	
disabled		X		X	4.0B1	
multiple	X	X	X	X	1.0	1.0
name	X	X	X	X	1.0	1.0
size	X		X	X	1.0	1.0
tabindex				X	4.0B1	

Gibt eine Auswahlliste an, deren Elemente mit `<option>` festgelegt werden.

accesskey

Mit `accesskey` können Sie einen so genannten Tasten-Shortcut definieren, mit dem das Auswahlfeld erreichbar ist. Ordnen Sie dem Attribut einen einzigen Buchstaben zu und er wird ausgeführt, wenn Sie diese Taste mit der zugehörigen Shortcut-Taste drücken, die von Browser und Betriebssystem abhängt.

align

Gibt die horizontale Ausrichtung des Auswählfeldes an.

Wert	Bedeutung
center	Das Feld wird zentriert ausgerichtet.
left	Das Feld wird nach links ausgerichtet.
right	Das Feld wird nach rechts ausgerichtet.

Tabelle 2.58: Die Werte von align in <select>.

disabled

Gibt an, dass die Auswahlliste vorübergehend deaktiviert ist.

multiple

Gibt an, dass man mehrere Optionen auswählen kann.

name

Gibt die Bezeichnung des Formularelements an, um es durch Skripte identifizieren zu können. Der Wert des Attributs wird außerdem bei der Auswertung des Formulars angegeben.

size

Gibt die angezeigte Zeichenlänge der Optionen an.

tabindex

Gibt den Tab-Index des Auswahlfeldes an. Positive Werte stehen für die Position des Feldes in der Liste der mit ⇆ aktivierbaren Objekte. Negative Werte bedeuten, dass das Auswahlfeld nicht im Tab-Index auftaucht.

Beispiel:

```
<form>
  <select name="Produkte">
    <option value="Mon">Monitor
    <option value="Dru">Drucker
    <optgroup label="Computer">
      <option value="HDD">Festplatte
      <option value="Geh">Gehäuse
      <option value="CPU">Prozessor
    </optgroup>
  </select>
</form>
```

Siehe auch:

<button>, <fieldset>, <form>, <input>, <keygen>, <label>, <legend>, <optgroup>, <option>, <textarea>

18.5 <small>

Tag / Attribut	2.0	3.0	3.2	4.0	Internet Explorer	Netscape
<small>		X	X	X	3.0A1	1.1

Besagt, dass der umschlossene Text in einer kleineren Schriftart angezeigt werden soll.

Beispiel:

<small>Dieser Text wird klein gedruckt,</small> aber dieser nicht mehr.

Siehe auch:

<abbr>, <b>, <big>, <blink>, <em>, <font>, <i>, <kbd>, <q>, <s>, <samp>, <strike>, <strong>, <sub>, <sup>, <tt>, <u>, <var>

18.6 <spacer>

Tag / Attribut	2.0	3.0	3.2	4.0	Internet Explorer	Netscape
<spacer>						3.0B5
align						3.0B5
height						3.0B5
size						3.0B5
type						3.0B5
width						3.0B5

Dieses Tag erzeugt einen leeren Platzhalter, um komfortablere Zwischenräume in HTML-Dokumenten platzieren zu können.

align

Gibt die Ausrichtung des Textes an, der dem Platzhalter folgt.

Wert	Bedeutung
middle	Der Text wird vertikal mittig ausgerichtet.
left	Der Text wird nach links ausgerichtet.
right	Der Text wird nach rechts ausgerichtet.
top	Der Text wird nach oben ausgerichtet.
bottom	Der Text wird nach unten ausgerichtet.

Tabelle 2.59: Die Werte von align in <spacer>.

height

Gibt die Höhe des Platzhalters in Pixels an.

size

Dieses Attribut gibt je nach Wert von `type` die Höhe oder die Breite in Pixels an.

type

Gibt die Art des Platzhalters an.

Wert	Bedeutung
horizontal	Besagt, dass es sich um einen Abstand in der Höhe handelt.
vertical	Besagt, dass es sich um einen Abstand in der Breite handelt.
block	Besagt, dass es sich um einen Abstand in der Höhe und in der Breite handelt.

Tabelle 2.60: Die Werte von type in <spacer>.

width

Gibt die Breite des Platzhalters in Pixels an.

18.7 <span>

Tag / Attribut	2.0	3.0	3.2	4.0	Internet Explorer	Net-scape
<span>				X	3.0B1	4.0B2

Dieses Tag wird verwendet, um Style-Sheet-Formatierungen direkt im HTML-Quelltext vorzunehmen. Das macht dann Sinn, wenn man über CSS ein Format zuweisen kann, das über HTML nicht lösbar wäre.

18.8 <strike>

Tag / Attribut	2.0	3.0	3.2	4.0	Internet Explorer	Net-scape
<strike>			X	X	1.0	1.1

Zeigt den umschlossenen Text durchgestrichen an.

Beispiel:

```
<strike>Dieser Text wird durchgestrichen,</strike> aber dieser nicht
mehr.
```

Siehe auch:

`<abbr>`, `<b>`, `<big>`, `<blink>`, `<em>`, `<font>`, `<i>`, `<kbd>`, `<q>`, `<s>`, `<samp>`, `<small>`, `<strong>`, `<sub>`, `<sup>`, `<tt>`, `<u>`, `<var>`

18.9 <strong>

Tag / Attribut	2.0	3.0	3.2	4.0	Internet Explorer	Netscape
`<strong>`	X	X	X	X	1.0	1.0

Hebt den umschlossenen Text hervor (üblicherweise durch Fettdruck).

Beispiel:

```
<strong>Dieser Text wird hervorgehoben,</strong> aber dieser nicht
mehr.
```

Siehe auch:

`<abbr>`, `<b>`, `<big>`, `<blink>`, `<em>`, `<font>`, `<i>`, `<kbd>`, `<q>`, `<s>`, `<samp>`, `<small>`, `<strike>`, `<sub>`, `<sup>`, `<tt>`, `<u>`, `<var>`

18.10 <style>

Tag / Attribut	2.0	3.0	3.2	4.0	Internet Explorer	Netscape
`<style>`		X	X	X	3.0B1	4.0B2
disabled					4.0	
media				X	4.0	
title				X		
type				X	3.0B1	4.0B2

Dieses Tag wird im Kopf einer HTML-Seite aufgerufen und bietet eine von mehreren Varianten, Style-Sheets in die HTML-Seite einzufügen.

disabled

Dieses allein stehende Attribut gibt an, dass die Einbindung des Style-Sheets momentan ignoriert werden soll.

media

Gibt an, für welche Ausgabeart die Zuweisung des Style-Sheets verwendet werden soll. Mehrere Nennungen sind möglich, indem man sie durch Kommata trennt.

Wert	Bedeutung
screen	Das Style-Sheet wird bei der Ausgabe der HTML-Seite auf einen Computerbildschirm verwendet.
print	Das Style-Sheet wird bei der Ausgabe der HTML-Seite auf einen Drucker verwendet.
projection	Das Style-Sheet wird bei der Ausgabe der HTML-Seite auf ein projizierendes Ausgabegerät verwendet.
braille	Das Style-Sheet wird bei der Ausgabe der HTML-Seite auf ein Gerät zur Darstellung von Blindenschrift verwendet.
speech	Das Style-Sheet wird bei der Ausgabe der HTML-Seite über Sprachausgabe verwendet.
all	Das Style-Sheet wird bei der Ausgabe der HTML-Seite auf allen oben genannten Ausgabemedien verwendet.

Tabelle 2.61: Die Werte von media in <style>.

title

Dieses Attribut weist dem Style-Sheet eine Bezeichnung zu, die es erlaubt, das CSS gezielt anzusprechen, um es ein-, aus- oder umzuschalten.

type

Gibt den MIME-Typ des Style-Sheets an.

Siehe auch:

<base>, <isindex>, <link>, <meta>, <nextid>, <scripts>, <title>

18.11 <sub>

Tag / Attribut	2.0	3.0	3.2	4.0	Internet Explorer	Netscape
<sub>		X	X	X	3.0B1	1.1

Gibt den umschlossenen Text tiefer gestellt wieder.

Beispiel:

_{Dieser Text wird tiefer gedruckt,} aber dieser nicht mehr.

Siehe auch:

<abbr>, <b>, <big>, <blink>, <em>, <font>, <i>, <kbd>, <q>, <s>, <samp>, <small>, <strike>, <strong>, <sup>, <tt>, <u>, <var>

18.12 <sup>

Tag / Attribut	2.0	3.0	3.2	4.0	Internet Explorer	Netscape
<sup>		X	X	X	3.0B1	1.1

Gibt den umschlossenen Text hochgestellt wieder.

Beispiel:

^{Dieser Text wird höher gedruckt,} aber dieser nicht mehr.

Siehe auch:

<abbr>, <b>, <big>, <blink>, <em>, <font>, <i>, <kbd>, <q>, <s>, <samp>, <small>, <strike>, <strong>, <sub>, <tt>, <u>, <var>

19 T

19.1 <table>

Tag / Attribut	2.0	3.0	3.2	4.0	Internet Explorer	Netscape
<table>		X	X	X	2.0	1.1
align		X	X	X	2.0	2.0
background					2.0	4.0B3

Tag / Attribut	2.0	3.0	3.2	4.0	Internet Explorer	Net-scape
bgcolor				X	2.0	3.0B1
border		X	X	X	2.0	1.1
bordercolor					2.0	4.0
borderdark					2.0	
borderlight					2.0	
cellpadding			X	X	2.0	1.1
cellspacing			X	X	2.0	1.1
cols					3.0A1	4.0B2
datapagesize				X	4.0	
frame				X	3.0A1	
height					2.0	1.1
rules				X	3.0A1	
summary				X		
width		X	X	X	2.0	1.1

Dieses Tag definiert eine Tabelle.

align

Gibt die horizontale Ausrichtung der Tabelle innerhalb des Browserfensters an.

Wert	Bedeutung
center	Die Tabelle wird zentriert ausgerichtet.
left	Die Tabelle wird nach links ausgerichtet.
right	Die Tabelle wird nach rechts ausgerichtet.

Tabelle 2.62: Die Werte von align in <table>.

background

Gibt die Adresse eines Hintergrundbildes für die Tabelle an.

bgcolor

Hier wird die Hintergrundfarbe der Tabelle festgelegt. Gültig sind RGB-Werte und bei vielen Browsern vordefinierte Farbwerte (siehe Anhang B).

border

Gibt die Breite des Tabellenrahmens an.

bordercolor

Hier wird die Hauptfarbe des Tabellenrahmens festgelegt. Gültig sind RGB-Werte und bei vielen Browsern vordefinierte Farbwerte (siehe Anhang B).

bordercolordark

Hier wird die dunkle Farbe des Tabellenrahmens in der 3D-Optik festgelegt. Gültig sind RGB-Werte und bei vielen Browsern vordefinierte Farbwerte (siehe Anhang B).

bordercolorlight

Hier wird die helle Farbe des Tabellenrahmens in der 3D-Optik festgelegt. Gültig sind RGB-Werte und bei vielen Browsern vordefinierte Farbwerte (siehe Anhang B).

cellpadding

Gibt den Abstand des Zelleninhaltes zum Zellenrahmen an.

cellspacing

Gibt den Abstand der Zellen voneinander an.

cols

Gibt die Anzahl der Spalten der Tabelle an.

datapagesize

Gibt die Größe einer Datenseite bei Endlostabellen an.

frame

Gibt an, wo äußere Rahmen der Tabelle gezeichnet werden sollen.

Wert	Bedeutung
void	Es werden keine Rahmen angezeigt.
above	Es wird nur am oberen Rand ein Rahmen eingeblendet.
below	Es wird nur am unteren Rand ein Rahmen eingeblendet.
hsides	Es wird am oberen und am unteren Rand ein Rahmen eingeblendet.
vsides	Es wird am linken und am rechten Rand ein Rahmen eingeblendet.
lhs	Es wird nur am linken Rand ein Rahmen eingeblendet.
rhs	Es wird nur am rechten Rand ein Rahmen eingeblendet.
box	Es wird an allen vier Seiten ein Rahmen angezeigt.
border	Es wird an allen vier Seiten ein Rahmen angezeigt.

Tabelle 2.63: Die Werte von frame in <table>.

height

Gibt die Höhe der Tabelle in Pixels oder in Prozent der Höhe des Browserfensters an.

rules

Definiert die inneren Trennlinien der Tabelle.

Wert	Bedeutung
none	Es werden keine Trennlinien angezeigt.
groups	Es werden Trennlinien angezeigt, welche die Gruppen trennen, die durch <thead>, <tbody>, <tfoot> und <colgroup> angelegt wurden.
rows	Es werden horizontale Trennlinien angezeigt.
cols	Es werden vertikale Trennlinien angezeigt.
all	Es werden alle Trennlinien zwischen den Zellen angezeigt.

Tabelle 2.64: Die Werte von rules in <table>.

summary

Gibt eine Zusammenfassung des Tabelleninhalts wieder. (Wichtig für Browser mit Sprachausgabe).

width

Gibt die Breite der Tabelle in Pixels oder in Prozent der Breite des Browserfensters an.

Beispiel:

```
<table border=1>
  <caption>Browserstatistik</caption>
  <tr><th>Browser</th><th>Marktanteil</th></tr>
  <tr><td>Microsoft Internet Explorer</td><td>60,4 %</td>
  </tr>
  <tr><td>Netscape Communicator</td><td>38,5 %</td></tr>
  <tr><td>Sonstige</td><td>1,1 %</td></tr>
</table>
```

Siehe auch:

`<caption>`, `<col>`, `<colgroup>`, `<thead>`, `<tbody>`, `<tfoot>`, `<th>`, `<td>`, `<tr>`

19.2 <tbody>

Tag / Attribut	2.0	3.0	3.2	4.0	Internet Explorer	Netscape
`<tbody>`				X	3.0A1	
align				X	4.0B1	
bgcolor					4.0B1	
char				X		
charoff				X		
valign				X	4.0B1	

Definiert den Tabellenkörper einer Tabelle.

align

Gibt die horizontale Ausrichtung innerhalb der Zelle an.

Wert	Bedeutung
center	Der Inhalt wird zentriert ausgerichtet
left	Der Inhalt wird nach links ausgerichtet.
right	Der Inhalt wird nach rechts ausgerichtet.

Tabelle 2.65: Die Werte von align in <tbody>.

bgcolor

Hier wird die Hintergrundfarbe der Zelle festgelegt. Gültig sind RGB-Werte und bei vielen Browsern vordefinierte Farbwerte (siehe Anhang B).

char

Hier kann man das Zeichen angeben auf das der Zelleninhalt ausgerichtet wird (zum Beispiel das Komma für Dezimalzahlen). Das erste Vorkommen dieses Zeichens wird als relevant gewertet.

charoff

Gibt den Abstand zum ersten auftretenden, in char definierten Ausrichtungszeichen in Bildpunkten an.

valign

Gibt die vertikale Ausrichtung innerhalb der Zelle an.

Wert	Bedeutung
bottom	Der Inhalt wird nach unten ausgerichtet.
top	Der Inhalt wird nach oben ausgerichtet.

Tabelle 2.66: Die Werte von valign in <tbody>.

Beispiel:

```
<table border=1>
  <thead>
    <tr><th colspan=2>Browserstatistik</th></td>
  </thead>
  <tbody>
    <tr><th>Browser</th><th>Marktanteil</th></tr>
```

```
   <tr><td>Microsoft Internet Explorer</td>
       <td>60,4 %</td>
   </tr>
   <tr><td>Netscape Communicator</td><td>38,5 %</td></tr>
   <tr><td>Sonstige</td><td>1,1 %</td></tr>
 </tbody>
 <tfoot>
   <tr><td colspan=2>Stand: Mitte 2000</td></td>
 </tfoot>
</table>
```

Siehe auch:

<caption>, <col>, <colgroup>, <table>, <tfoot>, <th>, <thead>, <td>, <tr>

19.3 <td>

Tag / Attribut	2.0	3.0	3.2	4.0	Internet Explorer	Netscape
<td>		X	X	X	2.0	1.1
align		X	X	X	2.0	1.1
background					3.0A1	4.0B3
bgcolor				X	2.0	3.0B1
bordercolor					2.0	
bordercolordark					2.0	
bordercolorlight					2.0	
char				X		
charoff				X		
colspan		X	X	X	2.0	1.1
headers				X		
height			X	X	2.0	1.1
nowrap		X	X	X	2.0	1.1
rowspan		X	X	X	2.0	1.1
scope				X		

Tag / Attribut	2.0	3.0	3.2	4.0	Internet Explorer	Net-scape
valign		X	X	X	2.0	1.1
width			X	X	2.0	1.1

Definiert eine Datenzelle einer Tabelle.

align

Gibt die horizontale Ausrichtung innerhalb der Zelle an.

Wert	Bedeutung
center	Der Inhalt wird zentriert ausgerichtet.
left	Der Inhalt wird nach links ausgerichtet.
right	Der Inhalt wird nach rechts ausgerichtet.

Tabelle 2.67: Die Werte von align in <td>.

background

Gibt die Adresse eines Hintergrundbildes für die Zelle an.

bgcolor

Hier wird die Hintergrundfarbe der Zelle festgelegt. Gültig sind RGB-Werte und bei vielen Browsern vordefinierte Farbwerte (siehe Anhang B).

bordercolor

Hier wird die Hauptfarbe des Zellenrahmens festgelegt. Gültig sind RGB-Werte und bei vielen Browsern vordefinierte Farbwerte (siehe Anhang B).

bordercolordark

Hier wird die dunkle Farbe des Zellenrahmens in der 3D-Optik festgelegt. Gültig sind RGB-Werte und bei vielen Browsern vordefinierte Farbwerte (siehe Anhang B).

bordercolorlight

Hier wird die helle Farbe des Zellenrahmens in der 3D-Optik festgelegt. Gültig sind RGB-Werte und bei vielen Browsern vordefinierte Farbwerte (siehe Anhang B).

char

Hier kann man das Zeichen angeben auf das der Zelleninhalt ausgerichtet wird (zum Beispiel das Komma für Dezimalzahlen). Das erste Vorkommen dieses Zeichens wird als relevant gewertet.

charoff

Gibt den Abstand zum ersten auftretenden, in `char` definierten Ausrichtungszeichen in Bildpunkten an.

colspan

Gibt an, über wie viele Spalten sich die Zelle erstreckt.

headers

Gibt noch einmal an, zu welchen Zellenüberschriften die Zelle gehört. Das kann bei der Sprachausgabe von Vorteil sein. Die Listenelemente werden durch Leerzeichen getrennt.

height

Gibt die Höhe der Zelle in Pixels oder in Prozent der Höhe des Browserfensters an.

nowrap

Gibt an, ob die normalen HTML-Zeilenumbruchskonventionen gelten oder ob diese ignoriert werden.

Wert	Bedeutung
false	Die normalen Konventionen gelten: Text, der das Ende der Zeile erreicht, wird automatisch umgebrochen.
true	Text, der das Ende der Zeile erreicht, wird nicht umgebrochen. Nur explizit angegebene Formatierungen (` `, `<p>`, ...) werden berücksichtigt.

Tabelle 2.68: Die Werte von nowrap in <td>.

rowspan

Gibt an, über wie viele Zeilen sich die Zelle erstreckt.

valign

Gibt die vertikale Ausrichtung innerhalb der Zelle an.

Wert	Bedeutung
bottom	Der Inhalt wird nach unten ausgerichtet.
top	Der Inhalt wird nach oben ausgerichtet.

Tabelle 2.69: Die Werte von valign in <td> und <th>.

width

Gibt die Breite der Zelle in Pixels oder in Prozent der Breite des Browserfensters an.

Beispiel:

```
<table border=1>
  <caption>Browserstatistik</caption>
  <tr><th>Browser</th><th>Marktanteil</th></tr>
  <tr><td>Microsoft Internet Explorer</td><td>60,4 %</td>
  </tr>
  <tr><td>Netscape Communicator</td><td>38,5 %</td></tr>
  <tr><td>Sonstige</td><td>1,1 %</td></tr>
</table>
```

Siehe auch:

<caption>, <col>, <colgroup>, <thead>, <tbody>, <tfoot>, <table>, <th>, <tr>

19.4 <textarea>

Tag / Attribut	2.0	3.0	3.2	4.0	Internet Explorer	Netscape
<textarea>	X	X	X	X	1.0	1.0
accesskey				X	4.0B1	
cols	X	X	X	X	1.0	1.0

Tag / Attribut	2.0	3.0	3.2	4.0	Internet Explorer	Netscape
disabled			X	X	4.0B1	
name	X	X	X	X	1.0	1.0
readonly				X	4.0B1	
rows	X	X	X	X	1.0	1.0
tabindex				X	4.0B1	
wrap				X	4.0	2.0

Definiert ein Textfeld in einem Formular.

accesskey

Mit accesskey können Sie einen so genannten Tasten-Shortcut definieren, mit dem das Textfeld erreichbar ist. Ordnen Sie dem Attribut einen einzigen Buchstaben zu und er wird ausgeführt, wenn Sie diese Taste mit der zugehörigen Shortcut-Taste drücken, die von Browser und Betriebssystem abhängt.

cols

Gibt die Textspalten des Textfeldes an.

disabled

Dieses allein stehende Attribut gibt an, dass dieses Formularelement vorübergehend deaktiviert wurde.

name

Gibt die Bezeichnung des Formularelements an, um es durch Skripte identifizieren zu können. Der Wert des Attributs wird außerdem bei der Auswertung des Formulars angegeben.

readonly

Dieses allein stehende Attribut gibt an, dass der Inhalt dieses Formularelements nicht duch den Leser der Seite verändert werden darf.

rows

Gibt die Textzeilen des Textfeldes an.

tabindex

Gibt den Tab-Index des Textfeldes an. Positive Werte stehen für die Position des Feldes in der Liste der mit ⇥ aktivierbaren Objekte. Negative Werte bedeuten, dass das Textfeld nicht im Tab-Index auftaucht.

wrap

Gibt an, wie die Zeilen umgebrochen werden sollen.

Wert	Bedeutung
off	Die Zeilen werden genauso umgebrochen, wie sie eingetippt wurden. Wenn kein ↵ gedrückt wurde, wird auch nicht umgebrochen.
soft	Die Zeilen werden in der Anzeige umgebrochen, aber so abgesendet, wie sie eingegeben wurden.
hard	Die Zeilen werden in der Anzeige umgebrochen und auch so an das Skript abgeschickt.

Tabelle 2.70: Die Werte von wrap in <textarea>.

Siehe auch:

<button>, <fieldset>, <form>, <input>, <keygen>, <label>, <legend>, <optgroup>, <option>, <select>

19.5 <tfoot>

Tag / Attribut	2.0	3.0	3.2	4.0	Internet Explorer	Netscape
<tfoot>				X	3.0A1	
align				X	4.0B1	
bgcolor					4.0B1	
char				X		
charoff				X		
valign				X	4.0B1	

Tabelle 2.71: Definiert den Tabellenfuß einer Tabelle.

align

Gibt die horizontale Ausrichtung innerhalb der Zelle an.

Wert	Bedeutung
center	Der Inhalt wird zentriert ausgerichtet.
left	Der Inhalt wird nach links ausgerichtet.
right	Der Inhalt wird nach rechts ausgerichtet.

Tabelle 2.72: Die Werte von align in <tfoot>.

bgcolor

Hier wird die Hintergrundfarbe der Zelle festgelegt. Gültig sind RGB-Werte und bei vielen Browsern vordefinierte Farbwerte (siehe Anhang B).

char

Hier kann man das Zeichen angeben auf das der Zelleninhalt ausgerichtet wird (zum Beispiel das Komma für Dezimalzahlen). Das erste Vorkommen dieses Zeichens wird als relevant gewertet.

charoff

Gibt den Abstand zum ersten auftretenden, in char definierten Ausrichtungszeichen in Bildpunkten an.

valign

Gibt die vertikale Ausrichtung innerhalb der Zelle an.

Wert	Bedeutung
bottom	Der Inhalt wird nach unten ausgerichtet.
top	Der Inhalt wird nach oben ausgerichtet.

Tabelle 2.73: Die Werte von valign in <tfoot>.

Beispiel:

```
<table border=1>
  <thead>
    <tr><th colspan=2>Browserstatistik</th></td>
```

Kurzreferenz

```
  </thead>
  <tbody>
    <tr><th>Browser</th><th>Marktanteil</th></tr>
    <tr><td>Microsoft Internet Explorer</td>
        <td>60,4 %</td>
    </tr>
    <tr><td>Netscape Communicator</td><td>38,5 %</td></tr>
    <tr><td>Sonstige</td><td>1,1 %</td></tr>
  </tbody>
  <tfoot>
    <tr><td colspan=2>Stand: Mitte 2000</td></td>
  </tfoot>
</table>
```

Siehe auch:

`<caption>`, `<col>`, `<colgroup>`, `<table>`, `<tbody>`, `<th>`, `<thead>`, `<td>`, `<tr>`

19.6 `<th>`

Tag / Attribut	2.0	3.0	3.2	4.0	Internet Explorer	Netscape
`<th>`		X	X	X	2.0	1.1
abbr				X		
align		X	X	X	2.0	1.1
axis		X		X		
background					3.0A1	4.0B3
bgcolor				X	2.0	3.0B1
bordercolor					2.0	
bordercolordark					2.0	
bordercolorlight					2.0	
char				X		
charoff				X		
colspan		X	X	X	2.0	1.1
height			X	X	2.0	1.1

Tag / Attribut	2.0	3.0	3.2	4.0	Internet Explorer	Netscape
nowrap		X	X	X	2.0	1.1
rowspan		X	X	X	2.0	1.1
scope				X		
valign		X	X	X	2.0	1.1
width			X	X	2.0	1.1

Definiert eine Überschriftenzelle einer Tabelle.

abbr

Definiert eine Abkürzung für eine <th>-Zelle.

align

Gibt die horizontale Ausrichtung innerhalb der Zelle an.

Wert	Bedeutung
center	Der Inhalt wird zentriert ausgerichtet.
left	Der Inhalt wird nach links ausgerichtet.
right	Der Inhalt wird nach rechts ausgerichtet.

Tabelle 2.74: Die Werte von align in <th>.

axis

Definiert eine Abkürzung für eine <th>-Zelle.

background

Gibt die Adresse eines Hintergrundbildes für die Zelle an.

bgcolor

Hier wird die Hintergrundfarbe der Zelle festgelegt. Gültig sind RGB-Werte und bei vielen Browsern vordefinierte Farbwerte (siehe Anhang B).

bordercolor

Hier wird die Hauptfarbe des Zellenrahmens festgelegt. Gültig sind RGB-Werte und bei vielen Browsern vordefinierte Farbwerte (siehe Anhang B).

bordercolordark

Hier wird die dunkle Farbe des Zellenrahmens in der 3D-Optik festgelegt. Gültig sind RGB-Werte und bei vielen Browsern vordefinierte Farbwerte (siehe Anhang B).

bordercolorlight

Hier wird die helle Farbe des Zellenrahmens in der 3D-Optik festgelegt. Gültig sind RGB-Werte und bei vielen Browsern vordefinierte Farbwerte (siehe Anhang B).

char

Hier kann man das Zeichen angeben auf das der Zelleninhalt ausgerichtet wird (zum Beispiel das Komma für Dezimalzahlen). Das erste Vorkommen dieses Zeichens wird als relevant gewertet.

charoff

Gibt den Abstand zum ersten auftretenden, in char definierten Ausrichtungszeichen in Bildpunkten an.

colspan

Gibt an, über wie viele Spalten sich die Zelle erstreckt.

height

Gibt die Höhe der Zelle in Pixels oder in Prozent der Höhe des Browserfensters an.

nowrap

Gibt an, ob die normalen HTML-Zeilenumbruchskonventionen gelten oder ob diese ignoriert werden.

Wert	Bedeutung
false	Die normalen Konventionen gelten: Text, der das Ende der Zeile erreicht, wird automatisch umgebrochen.
true	Text, der das Ende der Zeile erreicht, wird nicht umgebrochen. Nur explizit angegebene Formatierungen (, <p>, ...) werden berücksichtigt.

Tabelle 2.75: Die Werte von nowrap in <th>.

rowspan

Gibt an, über wie viele Zeilen sich die Zelle erstreckt.

scope

Gibt an, für welche Datenzellen diese Überschriftenzelle die Überschrift liefert.

Wert	Bedeutung
col	Diese Zelle ist Überschrift für alle anderen Zellen dieser Spalte.
colgroup	Diese Zelle ist Überschrift für alle anderen Zellen dieser Spaltengruppe.
row	Diese Zelle ist Überschrift für alle anderen Zellen dieser Zeile.
rowgroup	Diese Zelle ist Überschrift für alle anderen Zellen dieser Zeilengruppe.

Tabelle 2.76: Die Werte von scope in <th>.

valign

Gibt die vertikale Ausrichtung innerhalb der Zelle an.

Wert	Bedeutung
bottom	Der Inhalt wird nach unten ausgerichtet.
top	Der Inhalt wird nach oben ausgerichtet.

Tabelle 2.77: Die Werte von valign in <th>.

Kurzreferenz

width

Gibt die Breite der Zelle in Pixels oder in Prozent der Breite des Browserfensters an.

Beispiel:

```
<table border=1>
  <caption>Browserstatistik</caption>
  <tr><th>Browser</th><th>Marktanteil</th></tr>
  <tr><td>Microsoft Internet Explorer</td><td>60,4 %</td>
  </tr>
  <tr><td>Netscape Communicator</td><td>38,5 %</td></tr>
  <tr><td>Sonstige</td><td>1,1 %</td></tr>
</table>
```

Siehe auch:

<caption>, <col>, <colgroup>, <thead>, <tbody>, <tfoot>, <table>, <tr>

19.7 <thead>

Tag / Attribut	2.0	3.0	3.2	4.0	Internet Explorer	Netscape
<thead>				X	3.0A1	
align				X	4.0B1	
bgcolor					4.0B1	
char				X		
charoff				X		
valign				X	4.0B1	

Definiert den Tabellenkopf einer Tabelle.

align

Gibt die horizontale Ausrichtung innerhalb der Zelle an.

Wert	Bedeutung
center	Der Inhalt wird zentriert ausgerichtet.
left	Der Inhalt wird nach links ausgerichtet.
right	Der Inhalt wird nach rechts ausgerichtet.

Tabelle 2.78: Die Werte von align in <thead>.

bgcolor

Hier wird die Hintergrundfarbe der Zelle festgelegt. Gültig sind RGB-Werte und bei vielen Browsern vordefinierte Farbwerte (siehe Anhang B).

char

Hier kann man das Zeichen angeben auf das der Zelleninhalt ausgerichtet wird (zum Beispiel das Komma für Dezimalzahlen). Das erste Vorkommen dieses Zeichens wird als relevant gewertet.

charoff

Gibt den Abstand zum ersten auftretenden, in char definierten Ausrichtungszeichen in Bildpunkten an.

valign

Gibt die vertikale Ausrichtung innerhalb der Zelle an.

Wert	Bedeutung
bottom	Der Inhalt wird nach unten ausgerichtet.
top	Der Inhalt wird nach oben ausgerichtet.

Tabelle 2.79: Die Werte von valign in <thead>.

Beispiel:

```
<table border=1>
  <thead>
    <tr><th colspan=2>Browserstatistik</th></td>
```

Kurzreferenz

```
    </thead>
    <tbody>
      <tr><th>Browser</th><th>Marktanteil</th></tr>
      <tr><td>Microsoft Internet Explorer</td>
          <td>60,4 %</td>
      </tr>
      <tr><td>Netscape Communicator</td><td>38,5 %</td></tr>
      <tr><td>Sonstige</td><td>1,1 %</td></tr>
    </tbody>
    <tfoot>
      <tr><td colspan=2>Stand: Mitte 2000</td></tr>
    </tfoot>
</table>
```

Siehe auch:

`<caption>`, `<col>`, `<colgroup>`, `<table>`, `<tbody>`, `<tfoot>`, `<th>`, `<td>`, `<tr>`

19.8 `<title>`

Tag / Attribut	2.0	3.0	3.2	4.0	Internet Explorer	Net-scape
`<title>`	X	X	X	X	1.0	1.0

Gibt im HTML-Kopf den Titel der HTML-Seite an.

Siehe auch:

`<base>`, `<isindex>`, `<link>`, `<meta>`, `<nextid>`, `<scripts>`, `<style>`

19.9 `<tr>`

Tag / Attribut	2.0	3.0	3.2	4.0	Internet Explorer	Net-scape
`<tr>`		X	X	X	2.0	1.1
align		X	X	X	2.0	1.1
bgcolor				X	2.0	3.0B1
bordercolor					2.0	

Tag / Attribut	2.0	3.0	3.2	4.0	Internet Explorer	Netscape
bordercolordark					2.0	
bordercolorlight					2.0	
char				X		
charoff				X		
valign		X	X	X	2.0	1.1

Definiert eine Tabellenzeile.

align

Gibt die horizontale Ausrichtung innerhalb der Zeile an.

Wert	Bedeutung
center	Der Inhalt wird zentriert ausgerichtet
left	Der Inhalt wird nach links ausgerichtet.
right	Der Inhalt wird nach rechts ausgerichtet.

Tabelle 2.80: Die Werte von align in <tr>.

bgcolor

Hier wird die Hintergrundfarbe der Zeile festgelegt. Gültig sind RGB-Werte und bei vielen Browsern vordefinierte Farbwerte (siehe Anhang B).

bordercolor

Hier wird die Hauptfarbe des Zeilenrahmens festgelegt. Gültig sind RGB-Werte und bei vielen Browsern vordefinierte Farbwerte (siehe Anhang B).

bordercolordark

Hier wird die dunkle Farbe des Zeilenrahmens in der 3D-Optik festgelegt. Gültig sind RGB-Werte und bei vielen Browsern vordefinierte Farbwerte (siehe Anhang B).

bordercolorlight

Hier wird die helle Farbe des Zeilenrahmens in der 3D-Optik festgelegt. Gültig sind RGB-Werte und bei vielen Browsern vordefinierte Farbwerte (siehe Anhang B).

char

Hier kann man das Zeichen angeben auf das der Zelleninhalt ausgerichtet wird (zum Beispiel das Komma für Dezimalzahlen). Das erste Vorkommen dieses Zeichens wird als relevant gewertet.

charoff

Gibt den Abstand zum ersten auftretenden, in char definierten Ausrichtungszeichen in Bildpunkten an.

valign

Gibt die vertikale Ausrichtung innerhalb der Zeile an.

Wert	Bedeutung
bottom	Der Inhalt wird nach unten ausgerichtet.
top	Der Inhalt wird nach oben ausgerichtet.

Tabelle 2.81: Die Werte von valign in <tr>.

Beispiel:

```
<table border=1
  <caption>Browserstatistik</caption>
  <tr><th>Browser</th><th>Marktanteil</th></tr>
  <tr><td>Microsoft Internet Explorer</td><td>60,4 %</td>
  </tr>
  <tr><td>Netscape Communicator</td><td>38,5 %</td></tr>
  <tr><td>Sonstige</td><td>1,1 %</td></tr>
</table>
```

Siehe auch:

<caption>, <col>, <colgroup>, <thead>, <tbody>, <tfoot>, <table>, <th>, <td>

19.10 <tt>

Tag / Attribut	2.0	3.0	3.2	4.0	Internet Explorer	Net-scape
<tt>		X	X	X	X	1.0	1.0

Gibt den eingeschlossenen Text in der Schriftart Courier aus.

Siehe auch:

<abbr>, <b>, <big>, <blink>, <em>, <font>, <i>, <kbd>, <q>, <s>, <samp>, <small>, <strike>, <strong>, <sub>, <sup>, <u>, <var>

20 U

20.1 <u>

Tag / Attribut	2.0	3.0	3.2	4.0	Internet Explorer	Net-scape
<u>	X	X	X	X	1.0	3.0B5

Unterstreicht den eingeschlossenen Text.

Beispiel:

<u>Dieser Text wird unterstrichen,</u> aber dieser nicht mehr.

Siehe auch:

<abbr>, <b>, <big>, <blink>, <em>, <font>, <i>, <kbd>, <q>, <s>, <samp>, <small>, <strike>, <strong>, <sub>, <sup>, <tt>, <var>

20.2 <ul>

Tag / Attribut	2.0	3.0	3.2	4.0	Internet Explorer	Net-scape
<ul>	X	X	X	X	1.0	1.0
clear		X				
compact	X	X	X	X		
type			X	X	4.0	1.0

Definiert eine ungeordnete Liste (Aufzählungsliste).

clear

Dieses Attribut wurde ergänzt, um mit Bildern umzugehen, die durch das Attribut align in <img> nach links oder rechts bewegt werden. Man kann es nun verwenden, um mit allen Objekten umzugehen, die durch align verschoben werden.

Wert	Bedeutung
none	Es wird ein ganz normaler Zeilenumbruch erzeugt.
left	Es wird die Zeile umgebrochen und die nächste Zeile so weit unten eingefügt, dass der linke Rand frei von Bildern (oder sonstigen Objekten) ist.
right	Es wird die Zeile umgebrochen und die nächste Zeile so weit unten eingefügt, dass der rechte Rand frei von Bildern (oder sonstigen Objekten) ist.
all	Es wird die Zeile umgebrochen und die nächste Zeile so weit unten eingefügt, dass beide Ränder frei von Bildern (oder sonstigen Objekten) sind.

Tabelle 2.82: Die Werte von clear in <ul>.

compact

Dieses allein stehende Attribut gibt an, dass möglichst eine Platz sparende Darstellung gewählt werden soll.

type

Gibt an, welche Listenpunkte verwendet werden sollen.

Wert	Bedeutung
A	A, B, C, D, ...
a	a, b, c, d, ...
I	I, II, III, IV, ...
i	i, ii, iii, iv, ...
1	1, 2, 3, 4, ...
disc	Gefüllte Kreise

Wert	Bedeutung
square	Gefüllte Quadrate
circle	Unausgefüllte Kreise

Tabelle 2.83: Die Werte von type in <ul>.

Beispiel:

```
<ul>
  <li type="disc">Kreis (gefüllt)
  <li type="circle">Kreis
  <li type="square">Quadrat
</ul>
```

Siehe auch:

<dd>, <dir>, <dl>, <dt>, <li>, <menu>, <ol>

21 V

21.1 <var>

Tag / Attribut	2.0	3.0	3.2	4.0	Internet Explorer	Net- scape
<var>	X	X	X	X	1.0	1.0

Formatiert einen Text so, dass er als Variablenname erkennbar ist (üblicherweise kursiv).

Beispiel:

```
Dann erhöht man den Wert von <var>x</var> um eins.
```

Siehe auch:

<abbr>, <b>, <big>, <blink>, <em>, <font>, <i>, <kbd>, <q>, <s>, <samp>, <small>, <strike>, <strong>, <sub>, <sup>, <tt>, <u>

22 W

22.1 <wbr>

Tag / Attribut	2.0	3.0	3.2	4.0	Internet Explorer	Net-scape
<wbr>					1.0	1.0

Gibt dem Browser an, wo ein Wort umgebrochen werden kann, was aber nicht heißt, dass es dort auch umgebrochen wird.

Beispiel:

Ein Hochhaus<wbr>komplex ist abgebrannt.

Siehe auch:

, <nobr>

23 X

23.1 <xml>

Tag / Attribut	2.0	3.0	3.2	4.0	Internet Explorer	Net-scape
<xml>					5.0	
src					5.0	

Dieses Tag dient zur Einbindung von XML-Text in ein HTML-Dokument.

src

Dieses Attribut gibt die Adresse des XML-Dokuments an.

23.2 <xmp>

Tag / Attribut	2.0	3.0	3.2	4.0	Internet Explorer	Net-scape
<xmp>	X	X	X	X	1.0	1.0

Hier wird der nachfolgende Text eins zu eins auf dem Bildschirm ausgegeben. Das schließende `</xmp>`-Tag hebt diesen Modus wieder auf.

24 !

24.1 <!-- ... -->

Tag / Attribut	2.0	3.0	3.2	4.0	Internet Explorer	Netscape
`<!-- ... -->`	X	X	X	X	1.0	1.0

Passagen, die von `<!-- ... -->` eingerahmt sind, werden vom Browser auskommentiert und ignoriert.

Beispiel:

Dieser Text erscheint <!-- nicht --> auf dem Bildschirm.

Siehe auch:

`<comment>`

Teil III – Go ahead!

Nitty Gritty

GO AHEAD!

Tipps und Tricks

In diesem Kapitel möchte ich Sie in ein paar Themen einführen, die für Sie interessant sein werden.

1 Style Sheets

Sicher haben Sie schon festgestellt, dass es recht aufwändig werden kann, wenn Sie Ihrer Homepage einen eigenen Charakter geben möchten und deshalb einen bestimmten Stil auf jeder einzelnen Seite beibehalten möchten. Sie müssen einerseits alle Details mehrmals schreiben, obwohl sie immer gleich sind. Andererseits haben Sie es sehr schwer, wenn Sie das Erscheinungsbild aller Seiten gleichermaßen ändern möchten. Stellen Sie sich einmal vor, Sie hätten 100 einzelne HTML-Dateien, die einen gelben Hintergrund und schwarze Schrift haben. Diese Farben passen auf einmal nicht mehr ins Konzept und Sie möchten diese verändern. Dann haben Sie in allen 100 Dateien die Farbdefinition zu modifizieren. So etwas kann einige Zeit dauern und ist wirklich nervend. Es gibt allerdings eine Lösung: »Style Sheets«.

Bei einem »Style Sheet« handelt es sich um eine HTML-Datei, die definiert, wie bestimmte HTML-Elemente angezeigt werden sollen. Jede Seite, die sich auf dieselbe Stil-Datei beruft, hat das gleiche Erscheinungsbild. Deshalb kann man durch eine kleine Änderung in nur einer Datei die ganzen 100 Seiten an die neuen Vorgaben anpassen.

1.1 Eine Stil-Datei anlegen

Bevor Sie allen Internetseiten einen Stil zuordnen können, müssen Sie erst einmal die Eigenschaften festlegen. Dazu öffnen Sie wie gewohnt Ihren Texteditor und definieren, dass es sich um eine Stil-Datei handelt. Anders als bei HTML-Dateien wird nur ein Merkmal benötigt, um eine normale Textdatei in ein Style Sheet zu verwandeln. Speichern Sie die Datei einfach unter `meinstil.css` in `C:\HTML4` ab. Damit haben Sie Ihren ersten eigenen Homepage-Stil erstellt.

1.2 Ein »Style Sheet« einbinden

Nehmen wir einmal an, dass Sie die folgende HTML-Datei geschrieben haben:

```
<html>
  <head>
    <title>Diese Seite verwendet Style Sheets</title>
  </head>
  <body>
    <h1>Überschrift 1</h1>
    <h2>Überschrift 1</h2>
    <h3>Überschrift 1</h3>
    <h4>Überschrift 1</h4>
    <h5>Überschrift 1</h5>
    <h6>Überschrift 1</h6>
    Normaler Text<br>
    <a href="a.htm">Ein Link</a>
  </body>
</html>
```

Das sieht dann etwa so aus:

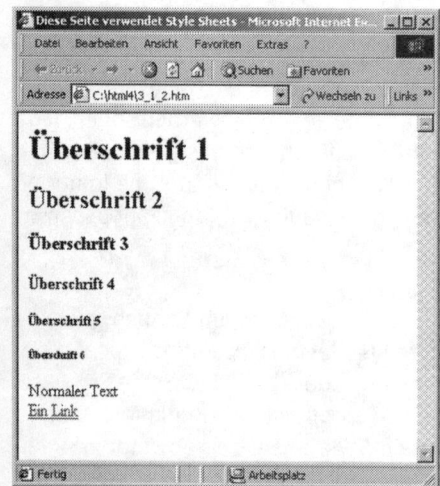

Bild 3.1: Diese Seite verwendet noch die Standardeinstellungen des Internet Explorers.

Hier werden also die ganz normalen Standardeinstellungen verwendet. Nun fügen Sie bitte die folgende Zeile in den Kopf Ihrer HTML-Datei ein:

```html
<link rel=stylesheet href="meinstil.css" type="text/css">
```

Jetzt haben Sie Ihrer Homepage die Stil-Datei meinstil.css zugewiesen. Die Attribute rel und type geben mit den Werten stylesheet und "text/css" an, dass Sie ein Style Sheet einbinden möchten. Um welche Stil-Datei es sich genau handelt, übergeben Sie wie gewohnt mit dem href-Attribut. Das ist eigentlich schon alles, was es zur Marke <link> zu sagen gibt.

Natürlich wird Ihre Homepage noch nicht großartig verändert, denn Ihre Stil-Datei ist noch leer. Das werden wir aber sofort ändern ...

1.3 Den eigenen Stil definieren

In einer Stil-Datei lassen sich sehr viele Homepageelemente einstellen. Ich werde Ihnen in den folgenden Passagen ein wenig mehr über einige ausgewählte Elemente berichten:

Farben

Tragen Sie bitte den folgenden Text in Ihre Stil-Datei ein:

```css
H1
{
color: #800000;
}
H2
{
color: #c00000;
}
H3
{
color: #ff0000;
}
H4
{
color: #ff8080;
}
H5
```

```
{
color: #ffc0c0;
}
H6
{
color: #ffffff;
}
```

Hier haben Sie das Erscheinungsbild für Überschriften der ersten bis sechsten Ordnung festgelegt. Immer wenn in Ihrem Quelltext die Marke <h1> auftaucht, wird die Farbe »Dunkelrot« eingestellt. Jede weitere Überschrift erhält einen helleren Rot-Ton.

Die Schreibweise ist sicher erst ein wenig ungewohnt, denn sie unterscheidet sich im Wesentlichen von der HTML-Sprache durch folgende Merkmale:

- Die Tags, deren Erscheinungsbild verändert werden soll, werden ohne Klammern (<>) geschrieben.
- Die Änderungen für ein Tag werden durch geschweifte Klammern ({}) umschlossen.
- Die geänderten Attribute werden meist durch andere Bezeichnungen angesprochen als in HTML. Die Werte werden nach dem Doppelpunkt angegeben. Nach jeder Zuweisung muss ein Semikolon stehen!

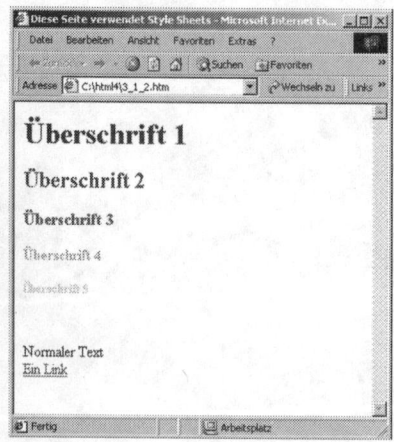

Bild 3.2: Die Überschriften werden in unterschiedlichen Farben angezeigt.

Schriftarten

Die Farben zu ändern ist ja ganz nett. Allerdings wären andere Schriftarten auch sehr interessant:

```
H1
{
color: #800000;
font-family: "Arial";
font-size: 25pt;
}
H2
{
color: #c00000;
font-family: "Arial";
font-size: 22pt;
}
H3
{
color: #ff0000;
font-family: "Arial";
font-size: 20pt;
}
H4
{
color: #ff8080;
font-family: "Times New Roman";
font-size: 18pt;
}
H5
{
color: #ffc0c0;
font-family: "Times New Roman";
font-size: 14pt;
}
H6
{
color: #ffffff;
font-family: "Times New Roman";
```

```
font-size: 12pt;
}
```

Hier haben wir also den ersten drei Überschriften die Schriftart (Attribut: font-family) Arial und den letzten drei die Schriftart Times New Roman zugewiesen. Außerdem wird die Schriftgröße (Attribut: font-size) immer kleiner. Die Einheit »pt« steht für Bildpunkte. Sie können aber auch eine Zentimeterangabe »cm« eintragen.

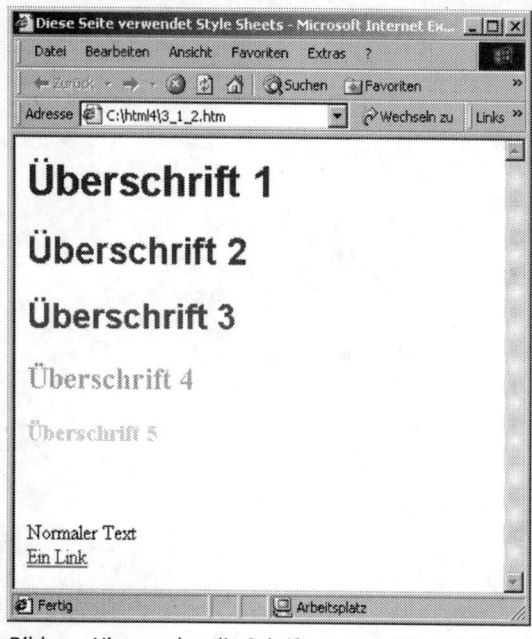

Bild 3.3: Hier wurden die Schriftarten und die Schriftgrößen vordefiniert.

Textausrichtung

Durch eine spezielle Textausrichtung kann man noch mehr Struktur in die Homepage bringen. So kann man mit margin-left, margin-right und margin-top den Abstand vom Rand einstellen. Man übergibt Werte mit der Einheit »pt« oder »cm«. Das Attribut text-align kann die folgenden Werte annehmen:

Wert	Auswirkung
left	Der Text wird zum linken Rand hin ausgerichtet.
center	Der Text wird zentriert.
right	Der Text wird zum rechten Rand hin ausgerichtet.

Tabelle 3.1: Werte des Attributes text-align in Stil-Dateien.

Außerdem steht uns noch die Möglichkeit offen, den Einzug vom linken Rand anzugeben. Das erreicht man mit dem Attribut text-indent.

```
BODY
{
margin-left: 1cm;
margin-right: 1cm;
margin-top: 2cm;
}
H1
{
color: #800000;
font-family: "Arial";
font-size: 25pt;
}
H2
{
color: #c00000;
font-family: "Arial";
font-size: 22pt;
text-indent: 1cm
}
H3
{
color: #ff0000;
font-family: "Arial";
font-size: 20pt;
text-indent: 2cm
}
H4
{
color: #ff8080;
```

```
font-family: "Times New Roman";
font-size: 18pt;
text-align: center;
}
H5
{
color: #ffc0c0;
font-family: "Times New Roman";
font-size: 14pt;
text-align: center;
}
H6
{
color: #ffffff;
font-family: "Times New Roman";
font-size: 12pt;
text-align: center;
}
```

Bild 3.4: Die Textausrichtung kann auch in einer Stil-Datei festgelegt werden.

Schriftstil

Es gibt in Stil-Dateien auch die Möglichkeit, den Text kursiv, fett und sogar unter- bzw. durchgestrichen anzuzeigen. Hierzu verwendet man font-weight und text-decoration.

Wert	Auswirkung
extra-light	Der Text wird sehr dünn dargestellt.
light	Der Text wird dünn dargestellt.
medium	Der Text wird normal dargestellt.
bold	Der Text wird fett dargestellt.
extra-bold	Der Text wird sehr fett dargestellt.

Tabelle 3.2: Die Werte für das Attribut font-weight in Stil-Dateien.

Wert	Auswirkung
none	Normale Textdarstellung.
underline	Der Text wird unterstrichen.
line-through	Der Text wird durchgestrichen.

Tabelle 3.3: Die Werte für das Attribut text-decoration in Stil-Dateien.

In unserem Beispiel könnten wir das so einbauen:

```
BODY
{
margin-left: 1cm;
margin-right: 1cm;
margin-top: 2cm;
}
H1
{
color: #800000;
font-family: "Arial";
font-size: 25pt;
font-weight: extra-bold;
}
H2
```

```css
{
color: #c00000;
font-family: "Arial";
font-size: 22pt;
text-indent: 1cm;
font-weight: bold;
}
H3
{
color: #ff0000;
font-family: "Arial";
font-size: 20pt;
text-indent: 2cm;
font-weight: medium;
text-decoration: line-through;
}
H4
{
color: #ff8080;
font-family: "Times New Roman";
font-size: 18pt;
text-align: center;
font-style: italic;
font-weight: medium;
}
H5
{
color: #ffc0c0;
font-family: "Times New Roman";
font-size: 14pt;
text-align: center;
text-decoration: underline;
font-weight: light;
}
H6
{
color: #ffffff;
font-family: "Times New Roman";
```

```
font-size: 12pt;
text-align: center;
font-weight: extra-light;
}
```

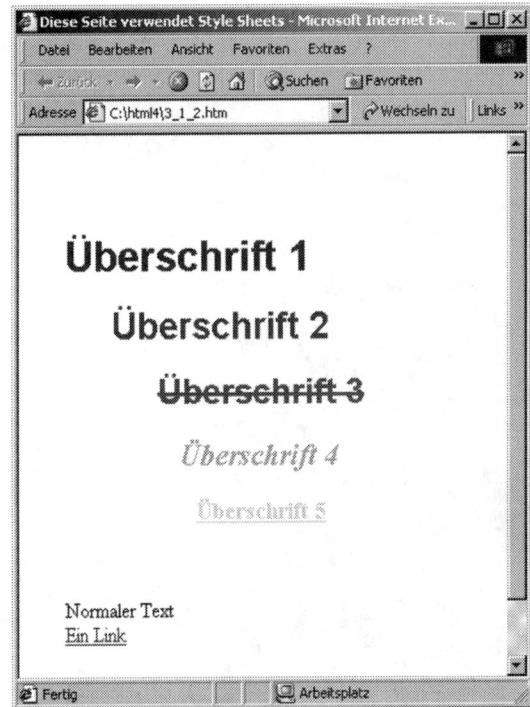

Bild 3.5: Die Überschriften haben eine unterschiedliche Dicke und verfügen teilweise über gesonderte Schrifteffekte.

Hintergrund

Um die Funktionalität von »Style Sheets« abzurunden, möchte ich noch die Einbindung des Hintergrundes ansprechen. Dafür wird nur das Attribut background benötigt, dem man sowohl eine Farbe als RGB-Codierung als auch die Adresse eines Hintergrundbildes zuweisen kann. Bitte ändern Sie die Definition des <body>-Tags so ab:

```
BODY
{
margin-left: 1cm;
margin-right: 1cm;
margin-top: 2cm;
background: url("ein_bg.jpg");
}
```

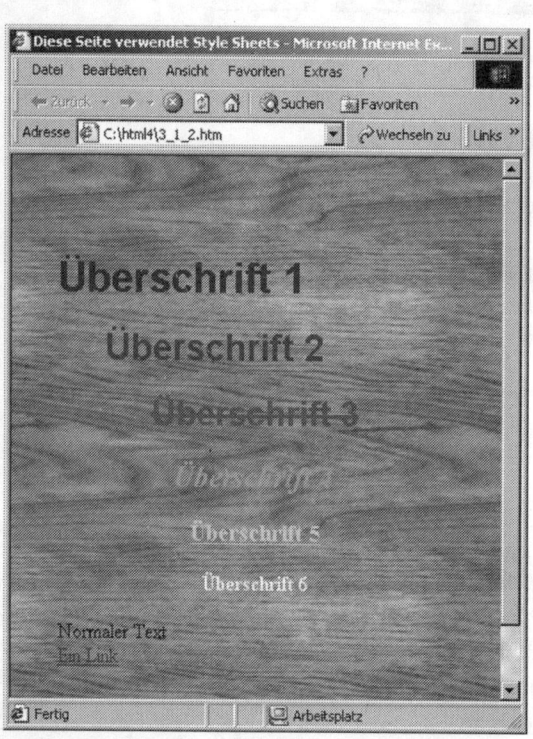

Bild 3.6: Sogar der Hintergrund lässt sich in einem Style Sheet definieren.

1.4 Übersicht

Hier noch einmal alle Attribute im Überblick:

Attribut	Beschreibung	Werte
font-size	Legt die Textgröße fest.	pt (Bildpunkte), cm (Zentimeter)
font-family	Legt die Schriftart fest.	Name der Schriftart
font-weight	Gibt die Schriftdicke an.	extra-light, light, medium, bold, extra-bold
font-style	Gibt den Schriftstil an.	normal italic
line-height	Legt den Abstand zwischen den Grundlinien des Textes fest.	pt (Bildpunkte), cm (Zentimeter), % (Prozent)
color	Legt die Textfarbe fest.	RGB-Codierung
text-decoration	Legt fest, ob Text unterstrichen werden soll.	none, underline, line-through
margin-left	Gibt den Abstand zum linken Rand an.	pt (Bildpunkte), cm (Zentimeter)
margin-right	Gibt den Abstand zum rechten Rand an.	pt (Bildpunkte), cm (Zentimeter)
margin-top	Gibt den Abstand zum oberen Rand an.	pt (Bildpunkte), cm (Zentimeter)
text-align	Legt die Textausrichtung fest.	left, center, right
text-indent	Legt fest, wie weit der Text vom linken Rand eingerückt werden soll.	pt (Bildpunkte), cm (Zentimeter)
background	Gibt das Hintergrundbild oder die Hintergrundfarbe an.	Adresse, RGB-Codierung

Tabelle 3.4: Die verschiedenen Attribute in der Stil-Programmierung

2 Dynamic HTML

»Dynamic HTML« wurde von Microsoft entwickelt und erstmals in den Microsoft Internet Explorer 4.0 eingebaut. Es erleichtert Ihnen die Arbeit, wenn Sie keine starren Internetseiten, sondern etwas mehr Bewegung und Interaktivität auf Ihrer Homepage wünschen.

2.1 Was bietet Dynamic HTML?

Im Prinzip handelt es sich bei »Dynamic HTML« um eine Sammlung von JavaScripts. Man kann eine Vielzahl von neuen Möglichkeiten nutzen, die den Rahmen dieses Buches sicherlich sprengen würden. Ich möchte hier auf einige sehr interessante kleine Aspekte von Dynamic HTML eingehen:

2.2 Seitenübergänge

Wenn man einen Link betätigt, gelangt man nach kurzer Zeit, die für das Herunterladen der einzelnen Dateien vergeht, direkt auf die nächste Seite. Ich möchte Ihnen hier einmal demonstrieren, wie es auch anders geht:

 Hinweis Seitenübergänge funktionieren nur mit einem Internet Explorer 4.0 oder höher!

```
<html>
  <head>
    <title>Seitenübergänge</title>
  </head>
  <body bgcolor="#000000" text="#FFFFFF">
    <h1 align="center">Diese Seite ist die
    Ausgangsseite.</h1>
    <h2 align="center">Von hier gelangt man zur nächsten
    <a href="seite2.htm">Seite</a>.</h2>
  </body>
</html>
```

Diese HTML-Datei können Sie unter dem Namen `seite1.htm` abspeichern. Sie erzeugt folgendes Bild:

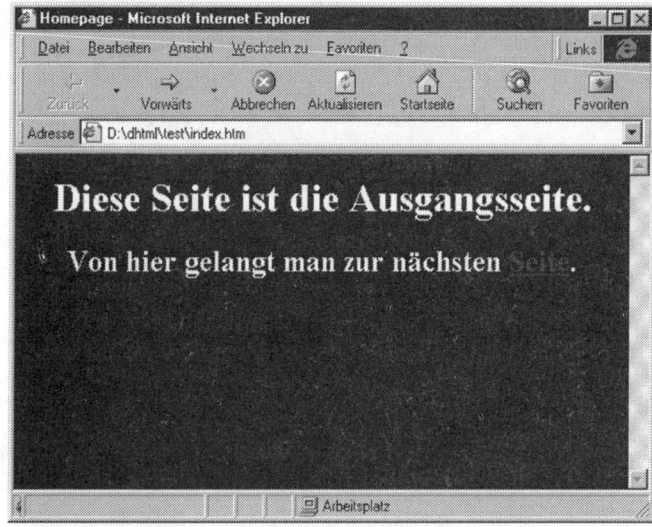

Bild 3.7: Diese Seite bildet den Ausgangspunkt für das nächste »Experiment«.

Die Datei seite2.htm, auf die der Link verweist, existiert noch nicht. Die Betonung liegt auf »noch«, denn hier ist sie schon:

```
<html>
  <head>
    <title>Seite 2</title>
    <meta http-equiv="Page-Enter"
    content="revealTrans(Duration=1.0,Transition=0)">
  </head>
  <body>
    <br>
    <br>
    <br>
    <br>
    <br>
    <br>
    <h1 align="center">Diese Seite ist die 2. Seite.</h1>
```

```
    <h2 align="center">Sie definiert den Übergang.</h2>
  </body>
</html>
```

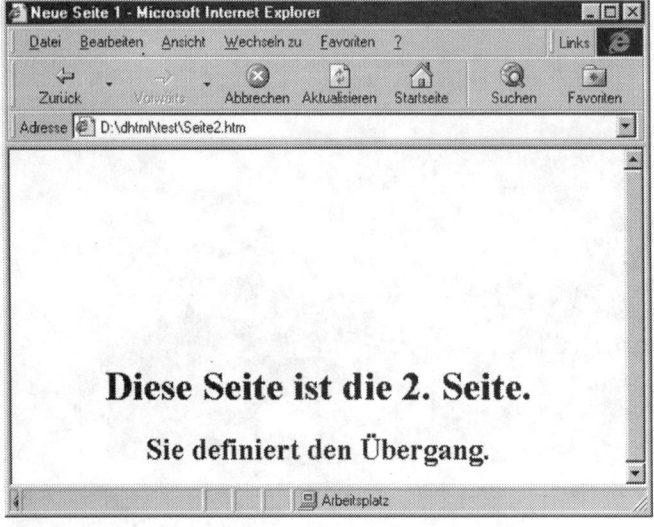

Bild 3.8: Diese Seite definiert die Art des Übergangs.

Bitte öffnen Sie nun die Datei seite1.htm und klicken Sie auf den Link zur Seite 2.

Da die Abbildungen recht viel Platz verbrauchen, habe ich diese verkleinert und nebeneinander gestellt. Zuerst bringe ich die relevante Abbildung und danach die Beschreibungen mit dem Vermerk, welche der Abbildungen welche Transition verkörpert.

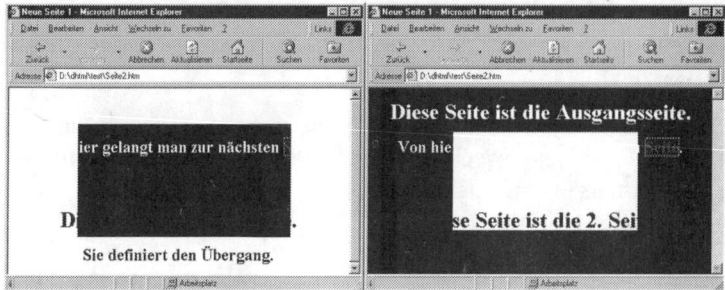

Bild 3.9: Links: 0, Rechts: 1.

Von außen nach innen (links)

```
<META http-equiv="Page-Enter" content="revealTrans(Duration=1.0,Transition=0)">
```

Wenn Sie diese Zeile mit dem Wert 0 für Transition im Kopf der Seite verwenden, wird sie von außen nach innen aufgebaut.

Von innen nach außen (rechts)

```
<META http-equiv="Page-Enter" content="revealTrans(Duration=1.0,Transition=1)">
```

Wenn Sie diese Zeile mit dem Wert 1 für Transition im Kopf der Seite verwenden, wird sie genau in die andere Richtung von innen nach außen aufgebaut.

Bild 3.10: Links: 2, Rechts: 3.

Rund von außen nach innen (links)

```
<META http-equiv="Page-Enter" content="revealTrans(Duration=1.0,Transition=2)">
```

Mit dieser Zeile erzwingen Sie einen Übergang von außen in die Bildmitte. Dieser Seitenwechsel erfolgt kreisrund. Die alte Seite verschwindet als Punkt in der Mitte.

Rund von innen nach außen (rechts)

```
<META http-equiv="Page-Enter" content="revealTrans(Duration=1.0,Transition=3)">
```

Hier erscheint die neue Seite zuerst als kleiner Punkt in der Bildmitte. Sie weitet sich dann kreisrund immer weiter zum Bildrand hin aus, bis sie das ganze Browserfenster überdeckt.

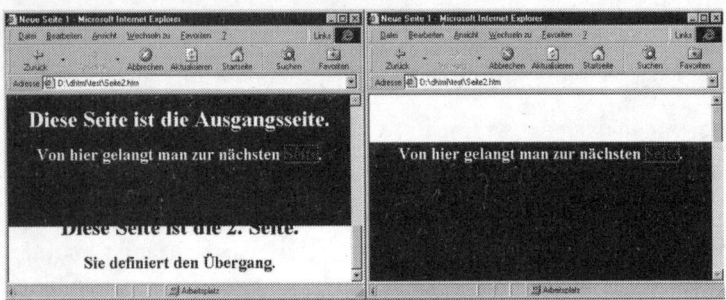

Bild 3.11: Links: 4, Rechts: 5.

Von unten nach oben (links)

```
<META http-equiv="Page-Enter" content="revealTrans(Duration=1.0,Transition=4)">
```

Hier wird die neue Seite vom unteren Bildrand her aufgedeckt. Wenn Sie eine besonders pfiffige Überschrift verwenden, ist der Überraschungseffekt hier besonders hoch, wenn sie erst am Ende des Überganges sichtbar wird.

Von oben nach unten (rechts)

```
<META http-equiv="Page-Enter" content="revealTrans(Dura-
tion=1.0,Transition=5)">
```

Hier wird genau entgegengesetzt von oben nach unten aufgedeckt. Eine spritzige Überschrift erzeugt beim Betrachter Spannung, die nach und nach aufgelöst wird.

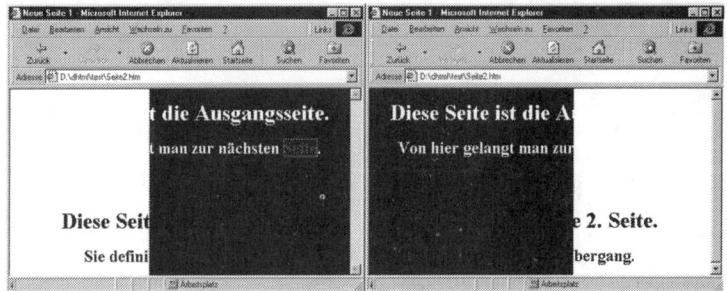

Bild 3.12: Links: 6, Rechts: 7.

Von links nach rechts (links)

```
<META http-equiv="Page-Enter" content="revealTrans(Duration=1.0,Tran-
sition=6)">
```

Wenn Sie diese Zeile mit dem Wert 6 für Transition im Kopf der Seite verwenden, wird sie von links nach rechts aufgebaut.

Von rechts nach links (rechts)

```
<META http-equiv="Page-Enter" content="revealTrans(Duration=1.0,Tran-
sition=7)">
```

Hier wird die neue Seite von rechts nach links aufgebaut. Auch hier wird Spannung aufgebaut, weil man nicht sofort anfangen kann zu lesen, sondern erst den Zeilenbeginn abwarten muss.

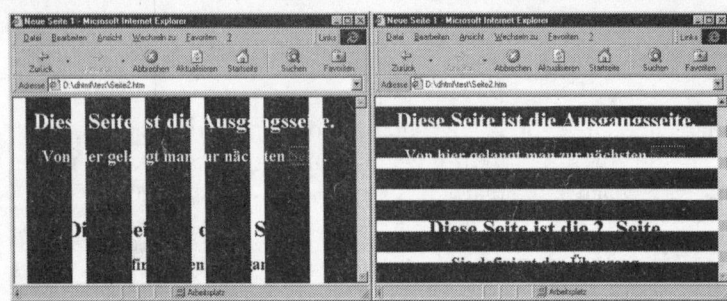

Bild 3.13: Links: 8, Rechts: 9.

Vertikal gestreift (links)

`<META http-equiv="Page-Enter" content="revealTrans(Duration=1.0,Transition=8)">`

Hier werden mehrere vertikale Streifen aufgebaut, die sich immer weiter ausdehnen. Die neue Seite wird dadurch erst sehr spät lesbar.

Horizontal gestreift (rechts)

`<META http-equiv="Page-Enter" content="revealTrans(Duration=1.0,Transition=9)">`

Auch hier werden Streifen verwendet, die allerdings horizontal verlaufen. Sie dehnen sich ebenfalls gleichmäßig aus. Einzelne Zeilen werden recht schnell lesbar.

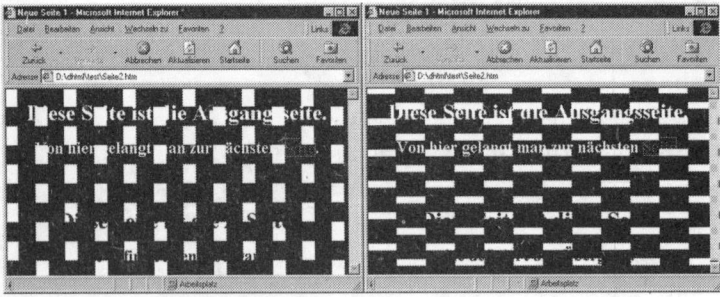

Bild 3.14: Links: 10, Rechts: 11.

Horizontale Balken (links)

```
<META http-equiv="Page-Enter" content="revealTrans(Duration=1.0,Transition=10)">
```

Hier werden versetzte Balken aufgebaut, die sich in horizontale Richtung ausdehnen. Bei diesem Seitenübergang wird die neue Seite erst recht spät lesbar.

Vertikale Balken (rechts)

```
<META http-equiv="Page-Enter" content="revealTrans(Duration=1.0,Transition=11)">
```

Bei diesem Übergang werden versetzte Balken erzeugt, die sich vertikal ausdehnen.

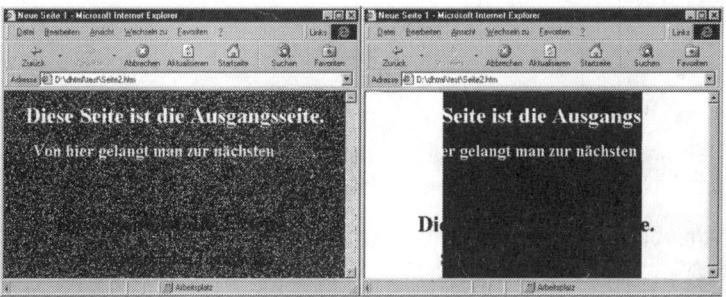

Bild 3.15: Links:12, Rechts: 13.

Schneegestöber (links)

```
<META http-equiv="Page-Enter" content="revealTrans(Duration=1.0,Transition=12)">
```

Dieser Übergang ist besonders reizvoll, weil er einem Schneegestöber ähnelt. Es werden zufällig Bildpunkte der alten Seite durch die entsprechenden Bildpunkte der neuen Seite ersetzt.

Von den Seiten nach innen (rechts)

```
<META http-equiv="Page-Enter" content="revealTrans(Duration=1.0,Transition=13)">
```

Die neue Seite verdrängt die alte hier von den Seiten her. Die alte Seite verschwindet als Linie in der Bildmitte.

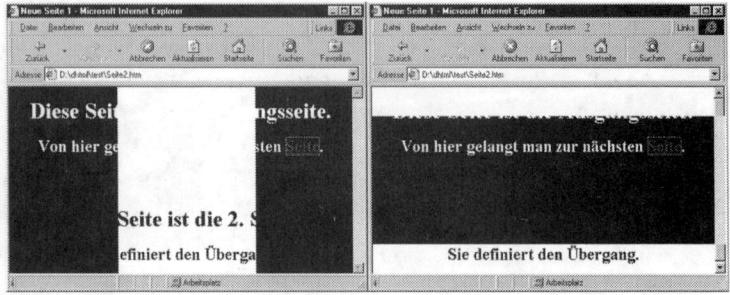

Bild 3.16: Links: 14, Rechts: 15.

Von innen zu den Seiten (links)

<META http-equiv="Page-Enter" content="revealTrans(Duration=1.0,Transition=14)">

Der umgekehrte Fall lässt die neue Seite in der Bildmitte erscheinen und sich zu den Seiten hin ausdehnen.

Von oben und unten nach innen (rechts)

<META http-equiv="Page-Enter" content="revealTrans(Duration=1.0,Transition=15)">

Wenn Sie diese Zeile verwenden, verdrängt die neue Seite die alte, indem sie von oben und unten gleichzeitig zur Bildmitte vorrückt.

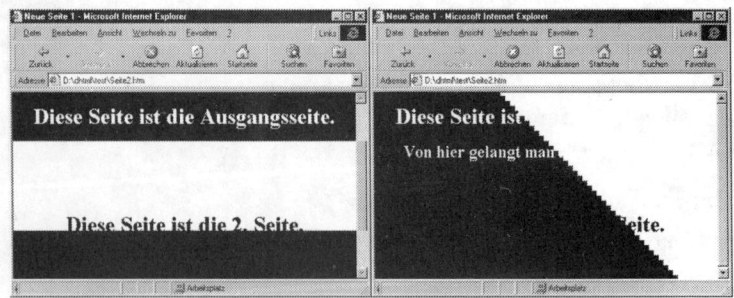

Bild 3.17: Links: 16, Rechts: 17.

Von innen nach oben und unten (links)

```
<META http-equiv="Page-Enter" content="revealTrans(Duration=1.0,Tran-
sition=16)">
```

Der umgekehrte Fall lässt die neue Seite zuerst in der Bildmitte erscheinen und von dort auf den oberen und unteren Rand zulaufen.

Von rechts oben nach links unten (rechts)

```
<META http-equiv="Page-Enter" content="revealTrans(Duration=1.0,Tran-
sition=17)">
```

Hier wird die neue Seite von oben rechts diagonal über die Bildmitte nach unten links eingeblendet. Im weitesten Sinne entsteht ein Effekt, der dem »Umblättern« ähnelt.

Bild 3.18: Links: 18, Rechts: 19.

Von rechts unten nach links oben (links)

```
<META http-equiv="Page-Enter" content="revealTrans(Duration=1.0,Tran-
sition=18)">
```

Hier wird die neue Seite von rechts unten nach links oben aufgebaut. Eine Überschrift wird erst relativ spät sichtbar.

Von links oben nach rechts unten (rechts)

```
<META http-equiv="Page-Enter" content="revealTrans(Duration=1.0,Tran-
sition=19)">
```

Hier weicht die alte Seite der neuen von links oben nach rechts unten. Weil dieser Übergang in Leserichtung von links nach rechts und von oben nach unten vor sich geht, wird er als sehr angenehm empfunden.

Bild 3.19: Links: 20, Rechts: 21.

Von links unten nach rechts oben (links)

```
<META http-equiv="Page-Enter" content="revealTrans(Duration=1.0,Transition=20)">
```

Die letzte diagonale Übergangsrichtung von links unten nach rechts oben wird durch diese Zeile verwirklicht.

In horizontalen Lamellen (rechts)

```
<META http-equiv="Page-Enter" content="revealTrans(Duration=1.0,Transition=21)">
```

Hier wird die neue Seite Linie für Linie an zufälligen Positionen eingeblendet. Die Linien verlaufen horizontal.

Bild 3.20: Transition 22.

In vertikalen Lamellen (oben)

```
<META http-equiv="Page-Enter" content="revealTrans(Duration=1.0,Transition=22)">
```

Einen Hauch von Strichcodes, wie man sie aus dem Supermarkt kennt, verbreitet diese Variante mit vertikalen zufälligen Linien.

Zufall (ohne Bild)

```
<META http-equiv="Page-Enter" content="revealTrans(Duration=1.0,Transition=23)">
```

Probieren Sie doch einfach mal diese Variante aus. Bei `Transition=23` wird zufällig einer der vorherigen Übergänge ausgewählt.

2.3 Spezialüberschrift

Manchmal reicht ein kleiner Effekt, um aus einer Homepage einen besonderen Blickfang zu machen. Dazu bietet sich zum Beispiel dieses kleine JavaScript an:

```
<html>
  <head>
    <title>Dynamic HTML</title>
    <script language="JavaScript">
    <!--
      function title_onmouseover()
      {
        pgtitle.style.color = "yellow"
      }
      function title_onmouseout()
      {
        pgtitle.style.color = "black"
      }
    //-->
    </script>
  </head>
  <body>
    <h1><a id=pgtitle onmouseover="title_onmouseover();"
    onmouseout="title_onmouseout();" >
    Bitte bewegen Sie die Maus über diese
    Überschrift!</a></h1>
  </body>
</html>
```

Wenn wir uns die Seite einmal ansehen, erscheint folgendes Bild:

Bild 3.21: Noch sieht die Überschrift ganz normal aus ...

Jetzt bewegen Sie bitte die Maus über die Überschrift.

Bild 3.22: Doch mit Dynamic HTML wird die Farbe geändert, wenn sich die Maus über die Überschrift bewegt.

Dynamic HTML ist sehr vielseitig. Man kann zum Beispiel sehr interessante Seitenübergänge gestalten. Es gibt noch eine Vielzahl von anderen Einsatzmöglichkeiten, die allerdings den Rahmen dieses Buches sprengen würden.

3 Nützliche JavaScripts

Hier habe ich einige JavaScripts aufgelistet, die sich für Ihre Internetseiten als sehr nützlich herausstellen werden:

3.1 Aktualisierungsdatum

Wenn man dem Betrachter auf einen Blick mitteilen möchte, ob sich an der Seite seit seinem letzten Besuch etwas geändert hat, kann man ein Aktualisierungsdatum anzeigen. Wenn Sie sich die Mühe sparen möchten, es bei jeder Änderung selbst anzupassen, können Sie an der entsprechenden Stelle in Ihrem HTML-Text einfach folgendes Skript verwenden:

```
<script language="JavaScript">
 <!--
    document.write("Diese Seite wurde aktualisiert am: " + docu-
ment.lastModified);
 //-->
</script>
```

Wenn Sie sich das Ergebnis mit einem Browser ansehen, erscheint folgendes Bild:

Bild 3.23: Ein JavaScript berechnet das Aktualisierungsdatum.

Woher weiß der Browser auf einmal, wann die Seite geändert wurde? Sicher wissen Sie, dass in jeder Datei das Erstellungs- und Aktualisierungsdatum abgespeichert wird. Der oben gezeigte Quelltext fragt genau diese Angabe aus der aktuellen HTML-Datei ab und schreibt sie selbstständig auf den Bildschirm.

3.2 Kompatibilitäts-Skript

Im Kapitel über Musik haben wir schon ein Problem von verschiedenen Browsern festgestellt. Sie benutzen teilweise verschiedene Tags, um das Gleiche auszudrücken. Wenn Netscape Musik im Hintergrund abspielen soll, ist `<embed>` notwendig. Der Internet Explorer hat die Nebenwirkung, auch bei der Verwendung von hidden=true den Platz auf dem Bildschirm freizulassen, an dem die Anwendung erscheinen würde. Deshalb verwendet man dafür besser <bgsound>, was der Netscape aber nicht versteht. Wenn man diesen Konflikt lösen möchte, kann man wieder ein JavaScript einfügen:

```
<script language="JavaScript">
  <!--
    if(navigator.userAgent.indexOf("Macintosh") == -1)
    {
      if(navigator.appName == "Netscape")
      document.writeln("<embed src=ein_song.mid autostart=true hidden=true>");
      else document.writeln("<bgsound src=ein_song.mid>");
    }
  //-->
</script>
```

Dieses Skript überprüft zuerst, ob der Betrachter einen Macintosh verwendet. Wenn das der Fall ist, wird gar keine Musik abgespielt. Andernfalls wird geprüft, ob es sich um einen Netscape oder Internet Explorer handelt. Je nachdem, was dabei herauskommt, wird die Zeile

```
<embed src=ein_song.mid autostart=true hidden=true>
```

für den Netscape oder

```
<bgsound src=ein_song.mid>
```

für den Internet Explorer in den HTML-Text eingefügt. Bitte beachten Sie dabei, dass Sie keine Anführungszeichen verwenden dürfen, da diese bereits für das Skript geöffnet wurden.

Dieses Skript können Sie jederzeit für Ihre Zwecke verändern, wenn Sie unterschiedliche Befehlszeilen für verschiedene Browser erzeugen müssen.

3.3 Statuszeilen-Laufschrift

Wenn Sie einen guten Eindruck machen möchten, können Sie das folgende Skript in Ihre Seite einbinden:

```html
<html>
  <head>
    <script language="JavaScript">
      <!--
        function status_line(x)
        {
          var msg = "Dieses Buch stammt aus der Nitty-Gritty-Reihe
                     des Addison-Wesley Verlages!";var out = " ";
          var c   = 1;
          var e   = 120;
          if (x > e)
          {
            x--;
            var cmd="status_line(" + x + ")";
            timerTwo=window.setTimeout(cmd,100);
          }
          else if (x <= e && x > 0)
          {
            for (c=0 ; c < x ; c++)
            {
              out+=" ";
            }
            out+=msg;
            x--;
            var cmd="status_line(" + x + ")";
            window.status=out;
            timerTwo=window.setTimeout(cmd,100);
          }
          else if (x <= 0)
          {
            if (-x < msg.length)
            {
              out+=msg.substring(-x,msg.length);
              x--;
              var cmd="status_line(" + x + ")";
              window.status=out;
              timerTwo=window.setTimeout(cmd,100);
            }
```

```
          else
          {
            window.status=" ";
            timerTwo=
            window.setTimeout("status_line("+e+")",100);
          }
        }
      }
    // -->
    </script>
    <title>Eine Laufschrift</title>
  </head>
  <body onload=
  "timerONE=window.setTimeout('status_line(120)',100);">
    <h1>Achten Sie bitte auf die Statusleiste!</h1>
  </body>
</html>
```

Mit diesem Programm erscheint der Text, welcher der Variable msg zugeordnet wurde, in der Statusleiste des Browsers als Laufschrift.

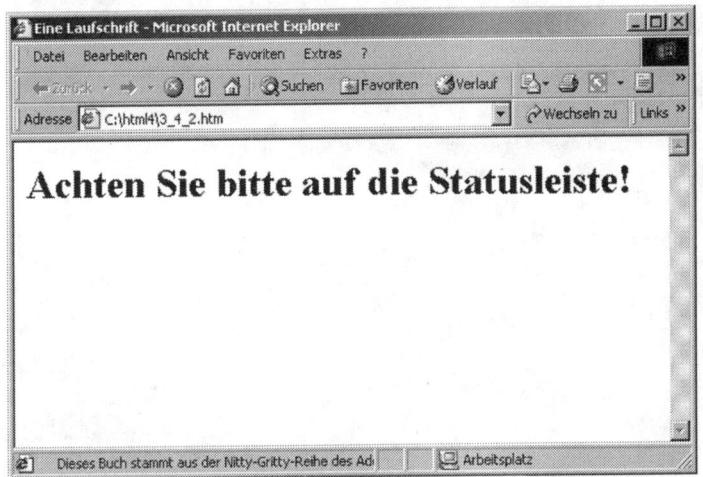

Bild 3.24: Mit so einer Laufschrift in der Statusleiste können Sie jeden Betrachter Ihrer Homepage verblüffen.

Bitte beachten Sie, dass dieses Skript durch den Aufruf

`onload="timerONE=window.setTimeout('status_line(120)',100);"`

in `<body>` gestartet werden muss.

4 Interessante Seiten im Web

An dieser Stelle möchte ich Sie auf einige sehr interessante Internetseiten aufmerksam machen, die in Zusammenhang mit HTML 4 oder diesem Buch stehen.

4.1 Browser

Microsoft Internet Explorer

Der wohl verbreitetste Browser ist der Microsoft Internet Explorer. Laden Sie hier neue Versionen herunter oder informieren Sie sich über neue Plug-Ins und Updates.

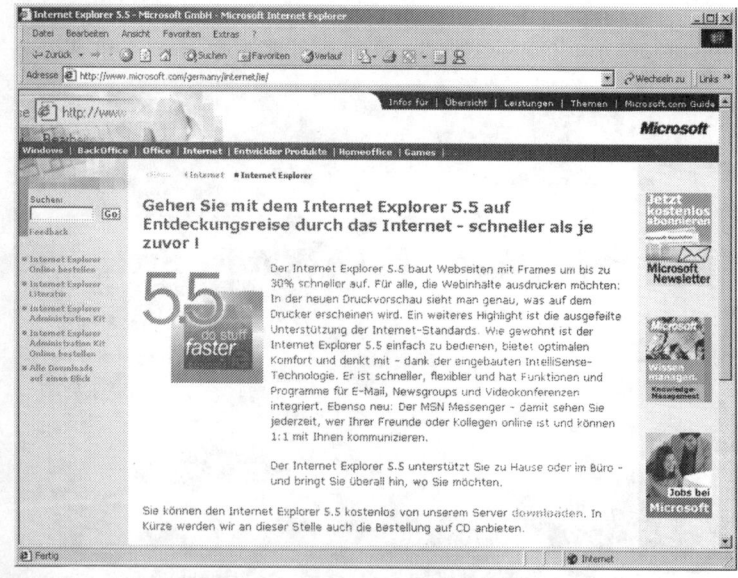

Bild 3.25: http://www.microsoft.com/germany/internet/ie

Netscape Navigator

Als Zweites auf der Rangliste der verbreitetsten Browser steht der Netscape Navigator. Auch hier werden Sie mit Updates und weiterführenden Informationen versorgt.

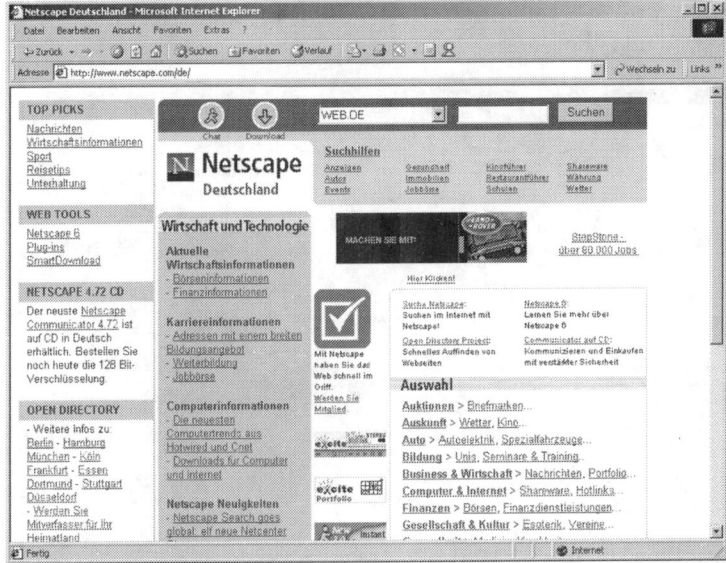

Bild 3.26: http://www.netscape.com/de

Tipps und Tricks

4.2 HTML

Hier finden Sie interessante Seiten zum Thema HTML.

W3C

Für die Weiterentwicklung von HTML ist das »World-Wide-Web-Consortium« (W3C) verantwortlich (englisch). Hier finden Sie neue Referenzen und Ähnliches.

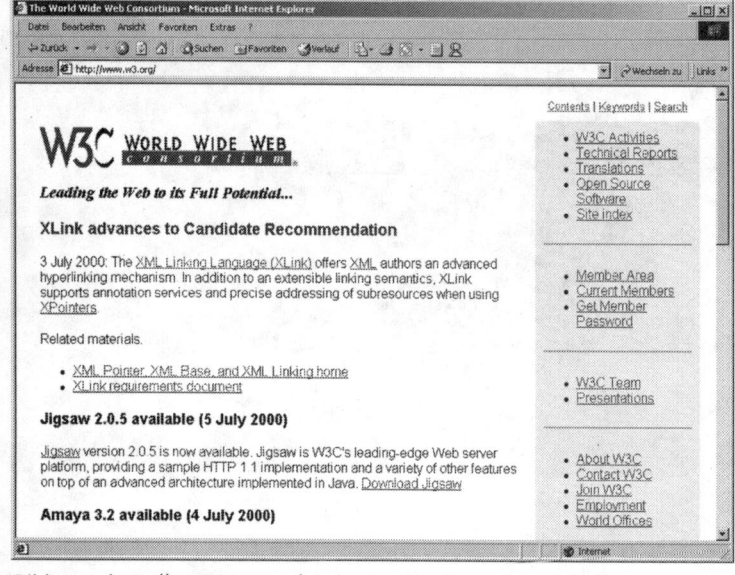

Bild 3.27: http://www.w3.org/

Self-HTML

Eine sehr schöne Online-Einführung zu HTML und sonstigen Internetsprachen finden Sie in »Self-HTML«.

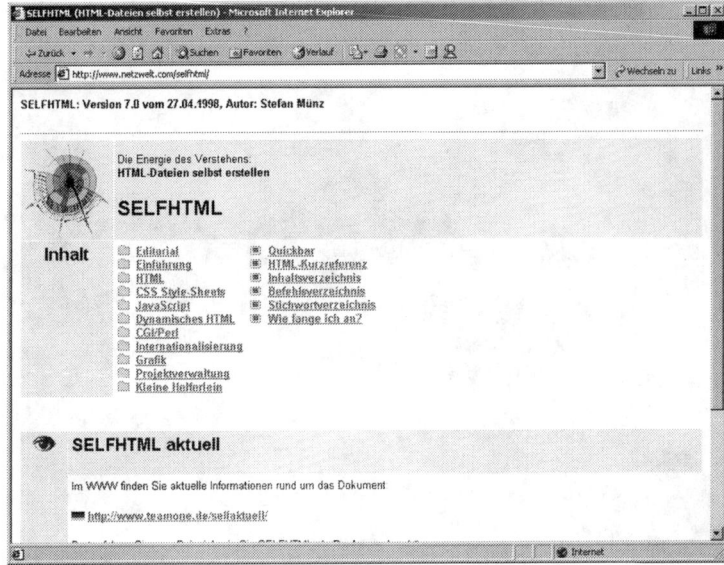

Bild 3.28: http://www.netzwelt.com/selfhtml

Developer-Zone

In der Developerzone (englisch) finden Sie viele nützliche Informationen zu HTML, XML und CSS.

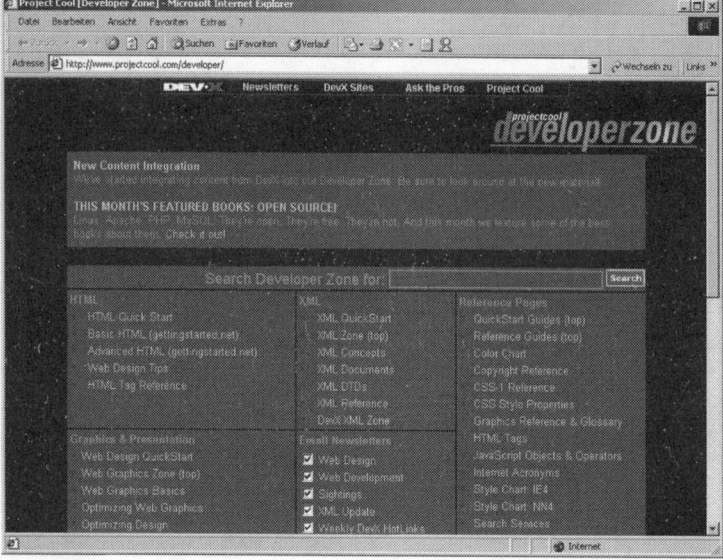

Bild 3.29: http://www.projectcool.com/developer

WebCoder

Wenn Sie Referenzen oder Beispiele zu Dynamic HTML oder JavaScript suchen, sind Sie bei WebCoder (englisch) an der richtigen Adresse.

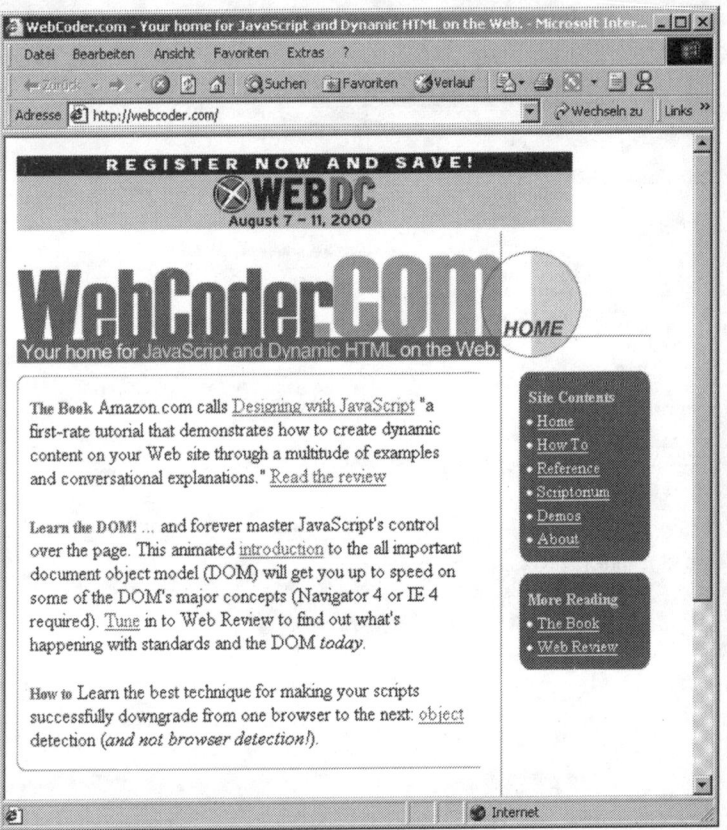

Bild 3.30: http://webcoder.com/

Site-Experts

Die Site-Experts (englisch) befassen sich mit HTML, XML und CSS. Ein Besuch lohnt sich.

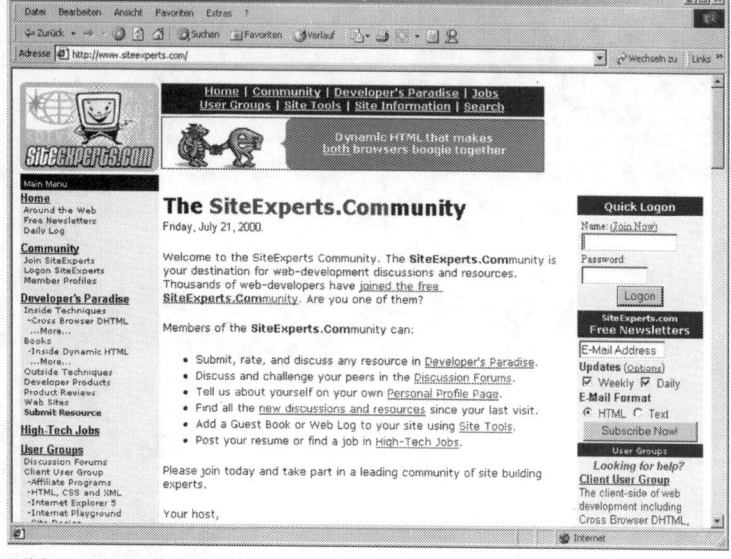

Bild 3.31: http://www.siteexperts.com/

4.3 Über dieses Buch

Hier habe ich einige Seiten zusammengestellt, die direkt mit diesem Buch in Zusammenhang stehen:

Addison-Wesley

Dieses Buch ist beim Addison-Wesley Verlag erschienen, der natürlich seine eigene Internetsite unterhält. Hier finden Sie Fachbücher von Profis für Profis.

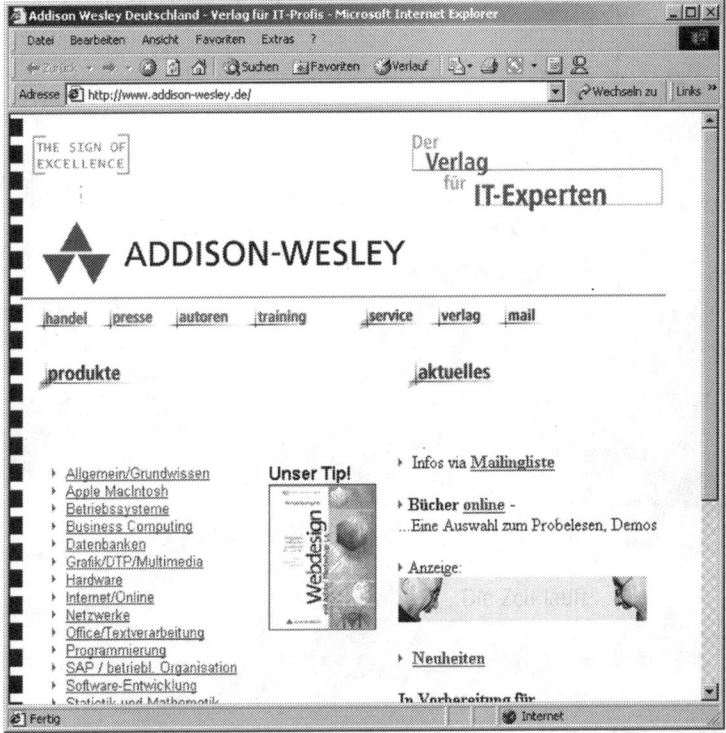

Bild 3.32: http://www.addison-wesley.de

Nitty Gritty

Dieses Buch ist in der Nitty-Gritty-Reihe erschienen, die speziell für Umsteiger von anderen Programmiersprachen konzipiert wurde. Vielleicht finden Sie hier ja noch einige andere interessante Bücher.

Die Webseite der Nitty-Gritty-Reihe finden Sie unter *http://www.nitty-gritty.de*

Die Bücher-Online-Seite von Ingo Dellwig

Neben Presseberichten und Fehlerreports finden Sie auf meiner Bücher-Online-Seite ein Leserverzeichnis, in dem Sie Ihre Homepage anderen Lesern vorstellen können. Außerdem können Sie sich hier informieren, welche Bücher noch aus meiner Feder stammen:

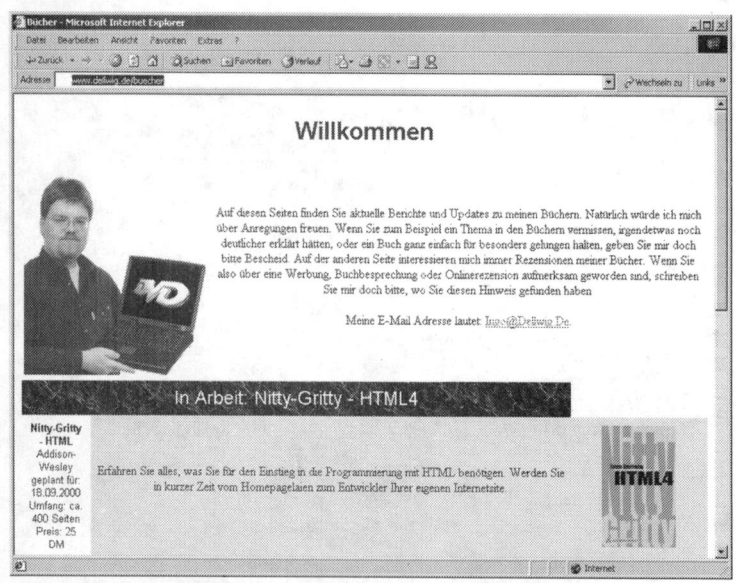

Bild 3.33: http://www.dellwig.de/buecher

5 Mein Tipp zum Schluss ...

... ist folgender: Man lernt nie aus. Deshalb sollten Sie sich immer den Quelltext von Internetseiten ansehen, die Elemente enthalten, dessen Erscheinungsbild Sie sich nicht erklären können. So erweitern Sie laufend Ihr Wissen über HTML. Mit dem Microsoft Internet Explorer steht Ihnen jederzeit die Möglichkeit offen, den Quelltext zu betrachten, wenn Sie die rechte Maustaste betätigen und die Option »Quelltext anzeigen« wählen.

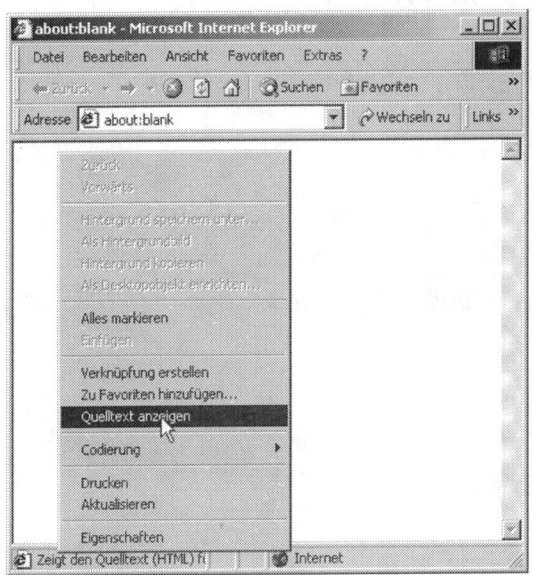

Bild 3.34: Mit dieser Option können Sie sich den Quelltext einer Seite anzeigen lassen, selbst wenn sie sich in einem Rahmen befindet.

Wenn Sie den Text der Seite betrachten möchten, welche die Rahmen erzeugt, verwenden Sie einfach den Menüpunkt ANSICHT / QUELLTEXT.

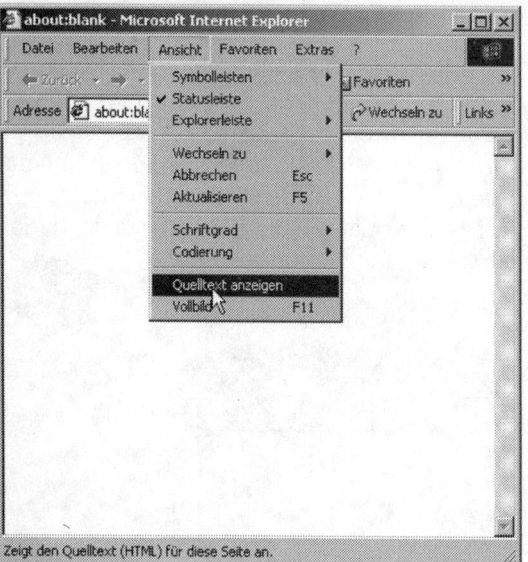

Bild 3.35: So gelangen Sie an den Quelltext einer Rahmen erzeugenden Seite.

Anhang

A Umformungen von Sonderzeichen

Zeichen	Umformung
	&#32;
"	&quot;
&	&amp;
<	&lt;
>	&gt;
@	&#64;
{	&#123;
}	&#125;
~	&#126;
¡	&#161;
¢	&#162;
£	&#163;
´	&#164;
¥	&#165;
©	&#169;
	&#172;
®	&#174;
"	&#176;
±	&#177;
–	&#181;
¼	&#188;
½	&#189;
¾	&#190;

Zeichen	Umformung
¿	&#191;
À	&Agrave;
Á	&Aacute;
Â	&Acirc;
Ã	&Atilde;
Ä	&Auml;
Å	&Aring;
Æ	&AElig;
Ç	&Ccedil;
È	&Egrave;
É	&Eacute;
Ê	&Ecirc;
Ë	&Euml;
Ì	&Igrave;
Í	&Iacute;
Î	&Icirc;
Ï	&Iuml;
Ñ	&Ntilde;
Ò	&Ograve;
Ó	&Oacute;
Ô	&Ocirc;
Õ	&Otilde;
Ö	&Ouml;
Ø	&Oslash;
Ù	&Ugrave;
Ú	&Uacute;
Û	&Ucirc;
Ü	&Uuml;
Ý	&Yacute;

Zeichen	Umformung
þ	&THORN;
ß	&szlig;
à	&agrave;
á	&aacute;
â	&acirc;
ã	&atilde;
ä	&auml;
å	&aring;
æ	&aelig;
ç	&ccedil;
è	&egrave;
é	&eacute;
ê	&acirc;
ë	&euml;
ì	&igrave;
í	&iacute;
î	&icirc;
ï	&iuml;
ð	&eth;
ñ	&ntilde;
ò	&ograve;
ó	&oacute;
ô	&ocirc;
õ	&otilde;
ö	&ouml;
ø	&oslash;
ù	&ugrave;
ú	&uacute;
û	&ucirc;

Zeichen	Umformung
ü	&uuml;
ý	&yacute;
ÿ	&yuml;

Tabelle A.1: So werden Sonderzeichen umgeformt.

B Vordefinierte Farbwerte

Die folgende Tabelle gibt alle in JavaScript vordefinierten Farben mit ihren RGB-Werten an.

Farbe	Rot	Grün	Blau
aliceblue	F0	F8	FF
antiquewhite	FA	EB	D7
aqua	00	FF	FF
aquamarine	7F	FF	D4
azure	F0	FF	FF
beige	F5	F5	DC
bisque	FF	E4	C4
black	00	00	00
blanchedalmond	FF	EB	CD
blue	00	00	FF
blueviolet	8A	2B	E2
brown	A5	2A	2A
burlywood	DE	B8	87
cadetblue	5F	9E	A0
chartreuse	7F	FF	00
chocolate	D2	69	1E
coral	FF	7F	50
cornflowerblue	64	95	ED
cornsilk	FF	F8	DC

Farbe	Rot	Grün	Blau
crimson	DC	14	3C
cyan	00	FF	FF
darkblue	00	00	8B
darkcyan	00	8B	8B
darkgoldenrod	B8	86	0B
darkgray	A9	A9	A9
darkgreen	00	64	00
darkkhaki	BD	B7	6B
darkmagenta	8B	00	8B
darkolivegreen	55	6B	2F
darkorange	FF	8C	00
darkorchid	99	32	CC
darkred	8B	00	00
darksalmon	E9	96	7A
darkseagreen	8F	BC	8F
darkslateblue	48	3D	8B
darkslategray	2F	4F	4F
darkturquoise	00	CE	D1
darkviolet	94	00	D3
deeppink	FF	14	93
deepskyblue	00	BF	FF
dimgray	69	69	69
dodgerblue	1E	90	FF
firebrick	B2	22	22
floralwhite	FF	FA	F0
forestgreen	22	8B	22
fuchsia	FF	00	FF
gainsboro	DC	DC	DC
ghostwhite	F8	F8	FF

B

Farbe	Rot	Grün	Blau
gold	FF	D7	00
goldenrod	DA	A5	20
gray	80	80	80
green	00	80	00
greenyellow	AD	FF	2F
honeydew	F0	FF	F0
hotpink	FF	69	B4
indianred	CD	5C	5C
indigo	4B	00	82
ivory	FF	FF	F0
khaki	F0	E6	8C
lavender	E6	E6	FA
lavenderblush	FF	F0	F5
lawngreen	7C	FC	00
lemonchiffon	FF	FA	CD
lightblue	AD	D8	E6
lightcoral	F0	80	80
lightcyan	E0	FF	FF
lightgoldenrodyellow	FA	FA	D2
lightgreen	90	EE	90
lightgrey	D3	D3	D3
lightpink	FF	B6	C1
lightsalmon	FF	A0	7A
lightseagreen	20	B2	AA
lightskyblue	87	CE	FA
lightslategray	77	88	99
lightsteelblue	B0	C4	DE
lightyellow	FF	FF	E0
lime	00	FF	00

Farbe	Rot	Grün	Blau
limegreen	32	CD	32
linen	FA	F0	E6
magenta	FF	00	FF
maroon	80	00	00
mediumaquamarine	66	CD	AA
mediumblue	00	00	CD
mediumorchid	BA	55	D3
mediumpurple	93	70	DB
mediumseagreen	3C	B3	71
mediumslateblue	7B	68	EE
mediumspringgreen	00	FA	9A
mediumturquoise	48	D1	CC
mediumvioletred	C7	15	85
midnightblue	19	19	70
mintcream	F5	FF	FA
mistyrose	FF	E4	E1
moccasin	FF	E4	B5
navajowhite	FF	DE	AD
navy	00	00	80
oldlace	FD	F5	E6
olive	80	80	00
olivedrab	6B	8E	23
orange	FF	A5	00
orangered	FF	45	00
orchid	DA	70	D6
palegoldenrod	EE	E8	AA
palegreen	98	FB	98
paleturquoise	AF	EE	EE
palevioletred	DB	70	93

Farbe	Rot	Grün	Blau
papayawhip	FF	EF	D5
peachpuff	FF	DA	B9
peru	CD	85	3F
pink	FF	C0	CB
plum	DD	A0	DD
powderblue	B0	E0	E6
purple	80	00	80
red	FF	00	00
rosybrown	BC	8F	8F
royalblue	41	69	E1
saddlebrown	8B	45	13
salmon	FA	80	72
sandybrown	F4	A4	60
seagreen	2E	8B	57
seashell	FF	F5	EE
sienna	A0	52	2D
silver	C0	C0	C0
skyblue	87	CE	EB
slateblue	6A	5A	CD
slategray	70	80	90
snow	FF	FA	FA
springgreen	00	FF	7F
steelblue	46	82	B4
tan	D2	B4	8C
teal	00	80	80
thistle	D8	BF	D8
tomato	FF	63	47
turquoise	40	E0	D0
violet	EE	82	EE

Farbe	Rot	Grün	Blau
wheat	F5	DE	B3
white	FF	FF	FF
whitesmoke	F5	F5	F5
yellow	FF	FF	00
yellowgreen	9A	CD	32

Tabelle A.2: *Vordefinierte Farben in HTML 4*

C Die hexadezimalen Zahlen

D	H	D	H	D	H	D	H	D	H	D	H	D	H	D	H
0	00	16	10	32	20	48	30	64	40	80	50	96	60	112	70
1	01	17	11	33	21	49	31	65	41	81	51	97	61	113	71
2	02	18	12	34	22	50	32	66	42	82	52	98	62	114	72
3	03	19	13	35	23	51	33	67	43	83	53	99	63	115	73
4	04	20	14	36	24	52	34	68	44	84	54	100	64	116	74
5	05	21	15	37	25	53	35	69	45	85	55	101	65	117	75
6	06	22	16	38	26	54	36	70	46	86	56	102	66	118	76
7	07	23	17	39	27	55	37	71	47	87	57	103	67	119	77
8	08	24	18	40	28	56	38	72	48	88	58	104	68	120	78
9	09	25	19	41	29	57	39	73	49	89	59	105	69	121	79
10	0A	26	1A	42	2A	58	3A	74	4A	90	5A	106	6A	122	7A
11	0B	27	1B	43	2B	59	3B	75	4B	91	5B	107	6B	123	7B
12	0C	28	1C	44	2C	60	3C	76	4C	92	5C	108	6C	124	7C
13	0D	29	1D	45	2D	61	3D	77	4D	93	5D	109	6D	125	7D
14	0E	30	1E	46	2E	62	3E	78	4E	94	5E	110	6E	126	7E
15	0F	31	1F	47	2F	63	3F	79	4F	95	5F	111	6F	127	7F

D	H	D	H	D	H	D	H	D	H	D	H	D	H	D	H
128	80	144	90	160	A0	176	B0	192	C0	208	D0	224	E0	240	F0
129	81	145	91	161	A1	177	B1	193	C1	209	D1	225	E1	241	F1
130	82	146	92	162	A2	178	B2	194	C2	210	D2	226	E2	242	F2
131	83	147	93	163	A3	179	B3	195	C3	211	D3	227	E3	243	F3
132	84	148	94	164	A4	180	B4	196	C4	212	D4	228	E4	244	F4
133	85	149	95	165	A5	181	B5	197	C5	213	D5	229	E5	245	F5
134	86	150	96	166	A6	182	B6	198	C6	214	D6	230	E6	246	F6
135	87	151	97	167	A7	183	B7	199	C7	215	D7	231	E7	247	F7
136	88	152	98	168	A8	184	B8	200	C8	216	D8	232	E8	248	F8
137	89	153	99	169	A9	185	B9	201	C9	217	D9	233	E9	249	F9
138	8A	154	9A	170	AA	186	BA	202	CA	218	DA	234	EA	250	FA
139	8B	155	9B	171	AB	187	BB	203	CB	219	DB	235	EB	251	FB
140	8C	156	9C	172	AC	188	BC	204	CC	220	DC	236	EC	252	FC
141	8D	157	9D	173	AD	189	BD	205	CD	221	DD	237	ED	253	FD
142	8E	158	9E	174	AE	190	BE	206	CE	222	DE	238	EE	254	FE
143	8F	159	9F	175	AF	191	BF	207	CF	223	DF	239	EF	255	FF

D Glossar

Hier sind alle Begriffe zusammengestellt, die im Buch erwähnt wurden und eventuell einer weiteren Erklärung bedürfen.

Adresse

Alle Dienste im Internet werden über eine Adresse angesprochen. Sie kann die verschiedensten Formate haben. Eine E-Mail-Adresse könnte so aussehen: name@anbieter.de. Eine Homepage erreicht man dagegen so: http://www.anbieter.de/

Anker

Als Anker bezeichnet man das Bild oder den Text, auf den man klicken muss, um auf die Seite zu gelangen, auf welche die zugeordnete Verknüpfung zeigt.

Attrlibut

Ein Attribut kann einem Tag in HTML zugeordnet werden und beschreibt die Eigenschaften des erzeugten Elementes genauer. Wenn man zum Beispiel mit <hr> eine horizontale Trennlinie erzeugt, kann man mit dem Attribut size die Stärke der Linie festlegen.

<hr size=4>

Dieser Befehl erzeugt also eine wesentlich kräftigere Linie als <hr> alleine.

Betriebssystem

Jeder Computer muss nach dem Starten ein Grundprogramm aufrufen, das ihm sagt, wie er auf Eingaben zu reagieren hat und wie er die Hardware ansprechen muss. Dieses Programm nennt man Betriebssystem. Die gängigsten Versionen heißen MS-DOS, OS/2, Windows95/98/NT/2000, MacOS und Unix.

Bildpunkt

Ein Bildpunkt ist der kleinste auf dem Bildschirm darstellbare Punkt. Wenn Sie eine Bildschirmauflösung von 800x600 Bildpunkten nutzen, können Sie 480.000 Bildpunkte darstellen.

Browser

Ein Browser ist ein Programm, das die Sprache HTML in ein grafisches Bild umsetzt und die Eingaben des Benutzers interpretiert und ihn so durch das Internet surfen lässt. Die gängigsten Browser heißen Netscape Navigator und Microsoft Internet Explorer.

CGI

CGI (Common Gateway Interface) ist ein Standard, der eine Schnittstelle zwischen Computern definiert. Er wird zum Beispiel verwendet, um die Datenübergabe so genannter CGI-Skripte zu definieren.

Dienstanbieter

Ein Dienstanbieter stellt die Verbindung zwischen dem Kunden und dem Internet her. Sie wählen sich mit einem Modem oder per ISDN bei Ihrem Dienstanbieter ein und der übermittelt alle Daten, die Sie abrufen, zu Ihrem Computer.

Download

Siehe Herunterladen.

Dynamic HTML

Dynamic HTML ist eine Erweiterung von HTML, die es ermöglicht, Animationen und viele andere Elemente mit HTML zu programmieren.

Editor

Siehe Texteditor.

E-Mail

Im alltäglichen Leben haben Sie sicher schon einmal einen Brief geschrieben. Genauso können Sie auch über das Internet Post versenden. Sie geben die Adresse des Empfängers an und schreiben Ihren Text dazu. In wenigen Minuten (manchmal schon Sekunden) ist der Brief als Datei bei dem Empfänger. Diese Variante ist also wesentlich schneller als die normale Post und kostet nicht einmal Porto. So einen Brief nennt man E-Mail.

Festplatte

Ein Computer speichert sowohl das Betriebssystem als auch andere Programme auf einer Festplatte ab. Diese Hardware ist vergleichbar mit einer Diskette, allerdings wesentlich schneller und größer.

FTP

Wenn man im Zusammenhang mit dem Internet von FTP spricht, meint man das »File Transfer Protocol«. Diese englische Bezeichnung steht für »Protokoll zur Dateiübertragung«. Computer verständigen sich ja untereinander in verschiedenen Sprachen (Protokolle). Dieses wurde speziell für den Austausch von Daten im Internet entwickelt.

Mit FTP kann man problemlos auf große Dateiarchive von Firmen, Universitäten oder sonstigen Einrichtungen zugreifen.

Gastzugang

Viele Dienstanbieter stellen ihren Mitgliedern Software zur Verfügung. Damit wirklich nur die Mitglieder darauf Zugriff haben, wird beim Aufbau der Verbindung eine Abfrage der Nutzerkennung und des Passwortes durchgeführt. Manche Daten sind aber auch für Internetanwender freigegeben, die kein Mitglied des Anbieters sind. Diese Personen können sich dann unter dem Namen »Gast« oder in Englisch »Anonymous« eintragen. Meist ist die Eingabe eines Passwortes nicht notwendig. In einigen Fällen wird aber die E-Mail-Adresse des Gastes als Passwort erwartet. Darauf werden Sie aber früh genug hingewiesen.

Hardware

Die Hardware eines Computers besteht aus dem Rechner selbst mit all seinen Karten, dem Monitor, der Tastatur, der Maus, dem Drucker und allen sonstigen Geräten, die daran angeschlossen sind.

Herunterladen

Wenn man eine Datei von einem anderen Computer auf den eigenen überträgt, spricht man von »herunterladen«.

Hochladen

Im Gegensatz zum Herunterladen überträgt man beim Hochladen eine Datei vom eigenen Computer auf den anderen Computer.

Homepage

Eine Homepage besteht meist aus mehreren Dateien, die sich jeder Internetanwender ansehen kann. Eine Homepage wird meist in der Sprache HTML geschrieben und mit einem Browser-Programm dargestellt. Homepages informieren über einzelne Personen, Firmen, Universitäten und sonstige Institutionen.

HTML

Die Sprache HTML (Hypertext Markup Language) wurde entwickelt, um möglichst einfach eine Homepage zu erstellen. Sie regelt die Programmierung von Verknüpfungen und vereinfacht den Aufbau von Tabellen, Formularen und Listen. HTML erlaubt sogar den Einsatz von Multimedia-Elementen wie Videos und Musik.

HTTP

Das Hypertext Transfer Protocol (HTTP) dient zur Übertragung von Dateien, die auf der Sprache HTML beruhen. Homepages werden also hauptsächlich mit diesem Protokoll übermittelt.

Internet

Das Internet ist ein weltweites Netzwerk von Computern. Ursprünglich wurde es vom Militär entwickelt, um auch beim Ausfall einiger Computer ein funktionsfähiges Kommunikationsnetz zu haben. Inzwischen ist es aber auch für Firmen und Privatleute ein immer wichtigeres Medium geworden.

ISDN

Die Deutsche Telekom AG bietet nicht nur die normalen so genannten analogen Telefonanschlüsse, sondern auch digitale ISDN-Anschlüsse. Bei dieser Variante wird die Stimme erst in digitale Muster und auf der anderen Seite wieder in akustische Signale umgewandelt. Da Programme und Dateien digital gespeichert und übertragen werden, ist ISDN eine schnelle Möglichkeit der Datenübertragung.

Java

In Java geschriebene Programme werden über das Internet übertragen und laufen dann auf Ihrem Rechner ab. Diese Programmiersprache wurde extra für das Internet entwickelt.

Körper

Im Körper einer HTML-Datei werden alle Daten, Bilder und sonstige Elemente aufgeführt, die später im Browserfenster erscheinen sollen. Die Ausrichtung und Konfiguration dieser Elemente wird hier ebenfalls festgelegt.

Kopf

Im Kopf einer HTML-Datei wird unter anderem der Titel der Seite festgelegt.

Link

Siehe Verknüpfung.

Modem

Ein Modem wird benötigt, um Daten über eine Telefonleitung zu übertragen. Diese Hardware wandelt Daten in akustische Signale um. Auf der anderen Seite befindet sich ebenfalls ein Modem, das diesen Vorgang umkehrt. Ein Modem beherrscht also beide Wege der Übersetzung.

Netzwerk

Ein Netzwerk ist ein Verbund von Computern, die untereinander Daten austauschen. Das Internet ist also ein riesiges Netzwerk.

Pixel

Siehe Bildpunkt.

Protokoll

Bei der Datenübertragung gibt es Protokolle, die kontrollieren können, ob alle Daten angekommen sind oder ob sie unterwegs vielleicht durch irgendwelche Störungen verändert wurden.

Quelltext

Der Text, der eine HTML-Datei beschreibt, heißt Quelltext.

Server

Ein Computer, der Daten speichert, um sie anderen Rechnern im Netzwerk zur Verfügung zu stellen, heißt Server.

Software

Alle Programme und Daten, die man speichern kann, heißen Software.

Sonderzeichen

Alle Zeichen, die nicht zu den Buchstaben von A bis Z und den Ziffern 0 bis 9 gehören, heißen Sonderzeichen.

Speicherplatz

Um Daten zu sichern, benötigt man Speicherplatz. Es kann sich dabei um Hauptspeicher oder um Festplattenkapazität handeln.

Standleitung

Eine dauerhafte Verbindung zwischen zwei Rechnern nennt man Standleitung.

Surfen

Unter »surfen« versteht man das Wechseln von Internetseiten.

Style Sheet

Bei einem Style Sheet handelt es sich um eine Formatvorlage, die in mehreren HTML-Seiten aufgerufen werden kann. So spart man sich viel Arbeit, denn man braucht Änderungen nur noch in einer Datei vorzunehmen.

Tag

Eine HTML Datei besteht aus normalem Text. Um andere Elemente anzeigen zu können, ist es notwendig, diese Elemente vom Text unterscheiden zu können. Dazu verwendet man so genannte Tags, die eingeklammert sind.

Telnet

Telnet ist ein Protokoll, das es erlaubt, auf anderen Rechnern Programme auszuführen oder zu steuern. Es beruht auf Textbasis.

Texteditor

Ein Texteditor dient zur Erstellung und Abänderung von Textdateien. Das Programm »Notepad« unter Windows gehört dazu.

Upload

Siehe Hochladen.

URL

Siehe Adresse.

Verknüpfung

Eine Verknüpfung ist eine Verbindung zwischen zwei Internetseiten. Wenn Sie eine Verknüpfung auf der aktuell angezeigten Seite aktivieren, gelangen Sie zur Zielseite.

VRML

VRML steht für »Virtual Reality Modeling Language«. Man kann mit ihr also virtuelle Welten darstellen.

World Wide Web (WWW)

Das »World Wide Web« ist der wahrscheinlich interessanteste Internetdienst, weil hier alle Homepages zu finden sind.

E Die Beispieldateien zum Buch

Wenn Sie die Beispiele gerne ausprobieren möchten, aber keine Zeit oder Lust haben, alles selbst abzutippen, haben Sie die Wahl, die Beispiele von einer der beiden folgenden Internetseiten herunterzuladen.

Nitty Gritty

Die erste Anlaufstelle ist sicherlich die Nitty-Gritty-Homepage. Hier finden Sie neben den Beispielen zu diesem Buch auch noch interessante Materialien für Programmierer.

Die Adresse der Homepage leutet *http://www.nitty-gritty.de*

Die Bücher-Online-Seite von Ingo Dellwig

Auf dieser Website finden Sie neben den Beispieldateien dieses Buches auch Presseartikel und Leserstimmen.

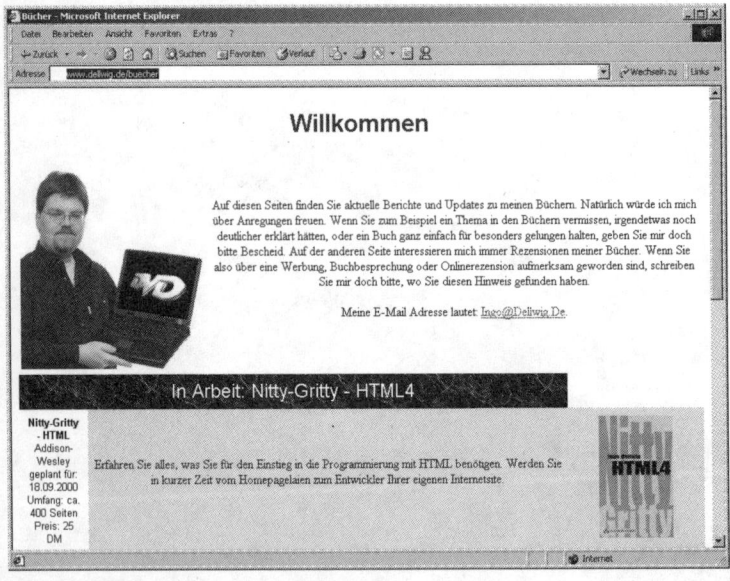

Bild A.2: http://www.dellwig.de/buecher

Stichwortverzeichnis

Symbole

.avi 68
.css 261
.exe 36
.fon 57
.gif 61, 66
.htm 25
.html 25
.jpeg 61
.jpg 61
.mid 70
.ttf 57
.wav 70
.zip 36
<!-- ... --> 91, 257
<a> 36, 109
<abbr> 114
<acronym> 114
<address> 115
<applet> 115
<area> 118
<b> 25, 33, 120
<base> 121
<basefont> 121
<bdo> 122
<bgsound> 70, 123
<big> 124
<blink> 33, 124
<blockquote> 125
<body> 26, 125

 32, 129
<button> 130
<caption> 131
<center> 33, 52, 133
<cite> 133
<code> 134
<col> 134
<colgroup> 136
<comment> 138
<dd> 139
<del> 141
<dfn> 142
<dir> 142
<div> 143
<dl> 145
<dt> 146
<em> 148
<embed> 148
<fieldset> 149
<font> 54, 58, 151
<form> 79, 152
<frame> 74, 154
<frameset> 72, 157
<h1> 31, 160
<h2> 31, 160
<h3> 31, 160
<h4> 31, 160
<h5> 31, 160
<h6> 31, 160
<head> 26, 163
<hr> 90, 163
<html> 24, 164
<i> 33, 165
<iframe> 166
<img> 65, 68, 169
<input> 81, 83, 174
<ins> 172
<isindex> 191
<kbd> 192
<keygen> 192
193
<legend> 194
<li> 45, 195

<link> 197
<listing> 199
<map> 199
<marquee> 200
<menu> 202
<meta> 204
<multicol> 205
<nextid> 206
<nobr> 206
<noembed> 207
<noframes> 77, 207
<noscript> 208
<object> 209
<ol> 46, 212
<optgroup> 214
<option> 84, 215
<p> 216
<param> 217
<plaintext> 218
<pre> 219
<q> 220
<rt> 220
<ruby> 221
<s> 222
<samp> 222
<script> 223
<select> 84, 224
<small> 226
<spacer> 227
<span> 228
<strike> 228
<strong> 229
<style> 229
<sub> 231
<sup> 231
<table> 49, 231
<tbody> 235
<td> 50, 59, 237
<textarea> 80, 240
<tfoot> 242
<th> 50, 244
<thead> 248
<title> 26, 250
<tr> 50, 250
<tt> 33, 253
<u> 253
<ul> 45, 253
<var> 255
<wbr> 256
<xml> 256
<xmp> 256

Nummerisch

3D-Optik 27

A

Abkürzungen 114
Absatzformatierung 108
Addison-Wesley 299
additive Farbmischung 57
Adressabfrage 81
Adresse 37, 115, 312
Adressformular 85
Aktualisierungsdatum 287
Anker 312
ASCII 19
Attribut 313
Attribute 27, 107
Audiodatei 124
Aufzählung 44
Ausrichtung 63
Auswahlfeld 214
Auswahlliste 225
Auswahlmenüs 84

B

Backslash 95
Basisadresse 121
Begrüßungsseite 97
Beispiel 223
Beispieldateien 320
Bemerkungen 81
Beschreibung 193
Beschriftung 85
Besondere Tags 90

Betreff 42
Betriebssystem 313
Bezeichnung 194
bidirectional override 122
Bild 62
Bilder 64, 169
Bildpunkt 313
Bildschirmbreite 65
blinken 33, 125
Blocksatz 20
Browser 20, 25, 292, 313
Browser ohne Rahmenunterstützung 77
Button 130

C

CGI 313
Checkbuttons 82

D

Dateimanager 41
Dateistruktur 94, 95
Daten 50
Definitionen 142
Definitionsbeschreibung 139
Definitionsliste 145
Definitionslisten 139, 146
Dienstanbieter 314
Domain 38
Doppelkreuz 58
Download 314
durchstreichen 222
Dynamic HTML 19, 274, 314

E

Editor 314
einbetten 71
Einbindung 149
einfügen 173
Eingebettete Objekte 108
E-Mail 314
E-Mail-Adresse 41, 79

E-Mail 41
EPACRIS 39
Erscheinungsbild 101
Explorer 24

F

Farbanteil 57
Farbdefinition 261
Farben 57, 263
Farbmischung 57
Farbwerte 306
Fehlermeldung 38, 39
Festplatte 314
fett 25
Fettdruck 20, 120
file transfer protocol siehe FTP
Fließtext 28, 86
Formate 61
Formatierung von Tabellen 51
Formular 152
Formularbereich 150
Formulare 79, 108, 130
Formulare absenden 85
Formulare auswerten 90
Formularelemente 152
Frame 154
FTP 40, 314

G

Gastzugang 40, 315
geordnete Liste 212
Geordnete Listen 46
Geräusche 70
Gewerbliche Homepage 92
Glossar 312
Grafiken 61, 104
Grafiken ausrichten 63
Graustufen 61
Größenänderung 65
Grundaufbau einer Tabelle 49
Grundfarben 57
Gruppen 149

H

Hardware 315
Hello World 23
Herunterladen 315
hervorheben 148
hexadezimale Schreibweise 57
hexadezimale Zahlen 311
Hintergrund 66, 271
Hintergrundfarbe 59, 67
Hintergrundgrafiken 66
Hintergrundmusik 123
Hochladen 315
Homepage 315
Homepage eines Vereins 91
Hot-Area 118
HTML 19, 23, 294, 316
HTML-Kopf 163
HTML-Körper 126
HTML-Struktur 107
HTTP 37, 316
Hyperlinks 107
Hypertext Markup Language siehe HTML
hypertext transfer protocol siehe HTTP

I

Image-Map 118
Image-Maps 199
Informationsmechanismus 204
Inline-Frame 166
Interaktivität 274
Internet 316
Internet Explorer 20
Internetbrowser 24
Internetverbindung 62
ISDN 316

J

Java 116, 316
Java-Applet 116
JavaScript 71, 223, 287
joe 20

K

Knopf 130
Knöpfe 82
Komma 56
Kommentare 91, 139
Kompatibilität 288
Kompatibilitäts-Skript 288
Kopf 26, 163, 317
Kopf-Elemente 107
Körper 26, 126, 316
kursiv 33, 165
Kurzreferenz 107

L

Landesbezeichnung 38
Laufschrift 200
Lesezeichen 112
Linie 27
Link 19, 34, 35, 109, 317
Linux 20
Liste 43, 142, 212
Listen 43, 108
Listenelement 195

M

Macintosh 20
Mauszeiger 35
Microsoft 20
MIDI-Format 70
Mikrofon 70
Modem 317
Multimedia 209
Multimedia-Elemente 108
Musik 70, 123

N

navigieren 43
Netscape 20
Netscape Communicator 20
Netzwerk 38, 317
Nitty Gritty 300
Notepad 20

O

Option 214

P

Paragraph 216
Parameterübergabe 217
PC 19
Pfadangaben 37
Pixel 317
Planung 91
Plug-In 36, 149
Post 41
Private Homepage 91
Programmierung 94
Protokoll 317

Q

Quellcode 134
Quelltext 24, 30, 317

R

Radiobuttons 82
Rahmen 66, 71, 75, 108, 154, 166
reservierte Sonderzeichen 29
Revision 108
RGB-Codierung 57

S

Schatten 27
Schrägstrich 95
Schrift formatieren 108
Schriftart 54, 151, 226
Schriftarten 56
Schriftbild 54
Schriftgröße 54, 124
Scrollbalken 75
Seitenübergänge 274
Server 34, 317
Serverbezeichnung 38
Skriptsprachen 223
Slash 95
Software 317
Sonderzeichen 29, 303, 318
Spalte 51
Spalten 72, 81, 134, 137, 205
SPECTROsoftware 38
Speicherplatz 318
Spezialüberschrift 285
Sprache 97
Sprachen 122
Stammverzeichnis 96
Standardschriftart 121
Standard-Zielrahmen 121
Standleitung 318
Startdatei 38
Stereo 123
Style Sheet 318
Style Sheets 19, 261
Suche 191
Suchmaschinen 114
Surfen 318

T

Tabelle 64, 232
Tabellen 20, 48, 108
Tabellenfuß 242
Tabellenrahmen 49
Tabellentext 49
Tabellenüberschrift 50, 131
Tabellenunterschrift 131
Tabellenzeile 52
Tag 23, 24, 25, 107, 318
Tastatureingabe 192
Telnet 38, 318
Text 52
Text ausrichten 33
Textabschnitt 56
Textausrichtung 266
Textbeschreibung 68
Textbild 28
Texte 64
Texteditor 20, 318
Textfarben 58, 67
Textfelder 79, 241

Textformat 19
Textpassagen hervorheben 54
Titel 26
Transparentfolie 67
Trennlinie 27, 164
Trennlinien 49, 90
Trennzeichen 56

U

Überlegungen vor der Programmierung 91
Überschriften 31, 160
Übersichtlich programmieren 99
Übersichtlichkeit 99
Umformungen 29, 303
Umlaute 29
Ungeordnete Listen 43
Unix 20
unterstreichen 253
Unterverzeichnisse 38
Upload 318
URL 319

V

Verknüpfung 34, 37, 66, 319
Verknüpfungen 102
Verschlüsselungscode 192
Verzeichnis 24
Verzeichnisnamen 95
Verzeichnisstruktur 37
Videos 68, 169
Vordefinierte Farbwerte 306
VRML 319

W

Wartezeit 69
Wiederholung 69, 124
Windows 20
Word Wide Web siehe WWW
WWW 19, 319

X

XML 256

Z

Zeilen 51, 72
Zeilenumbruch 64, 90, 129, 143, 206
Zeilenumbrüche 28, 107
Zelle 51
Zellenrand 49
zentrieren 33, 133
Zitat 220
Zitate 125, 133

Das Netz verstehen
Das Lernkonzept von Addison-Wesley

Einsteigen. Lernen
Anfangen, anwenden, verstehen

Walter Herglotz
HTML lernen
ca. 400 Seiten, 1 CD-ROM, **ISBN 38273-1717-7**
DM 49,90 / öS 364,00 / sFr 45,00

Kommunizieren. net.com
Technologien und Tools zum Verstehen

Jochen Schiller
Mobilkommunikation
560 Seiten, **ISBN 38273-1578-6**
DM 69,90 / öS 510,00 / sFr 63,00

Uyless Black
Internet-Technologien der Zukunft
384 Seiten, **ISBN 38273-1546-8**
DM 99,90 / öS 729,00 / sFr 88,00

Radia Perlman
Bridges, Router, Switches und Internetworking-Protokolle
ca. 608 Seiten, **ISBN 38273-1672-3**
DM 129,90 / öS 948,00 / sFr 116,00

▲ **ADDISON-WESLEY**   www.addison-wesley.de

Nitty Gritty Windows-Programmierung mit C++
Henning Hansen
ca. 350 S.
DM 25,00/öS 183,00/sFr 23,00
ISBN 3-8273-1747-9
EAN 97838273-1747-6

Nitty Gritty Java 2
Florian Hawlitzek
ca. 400 S.
DM 25,00/öS 183,00/sFr 23,00
ISBN 3-8273-1671-5
EAN 97838273-1671-4

Nitty Gritty C++
Till Jeske
ca. 400 S., 1 CD-ROM
DM 25,00/öS 183,00/sFr 23,00
ISBN 3-8273-1666-9
EAN 97838273-1666-0

Nitty Gritty JavaScript 1.3
Elmar Dellwig, Ingo Dellwig
ca. 400 S.
DM 25,00/öS 183,00/sFr 23,00
ISBN 3-8273-1670-7
EAN 97838273-1670-7

Nitty Gritty Delphi 5
Frank Eller
ca. 400 S.
DM 25,00/öS 183,00/sFr 23,00
ISBN 3-8273-1668-5
EAN 97838273-1668-4

Nitty Gritty Visual Basic 6
Jürgen Bayer
ca. 400 S.
DM 25,00/öS 183,00/sFr 23,00
ISBN 3-8273-1667-7
EAN 97838273-1667-7

[THE SIGN OF EXCELLENCE]

 ADDISON-WESLEY   www.nitty-gritty.de

THE SIGN OF EXCELLENCE

Internet-Technologien der Zukunft

Video und Audio im Internet

Uyless Black

Das Buch widmet sich ausführlich den Themen VoIP, MPEG-2 und die Protokollreihe H32X für Multimedia-Anwendungen, Layer-3-Vermittlung, IPv6, Routing, Generierung von Routen und Datenverkehrsintegrität sowie den aktuellen Verfahren, um minimale Paketverzögerungen zu erreichen. In einem ausführlichen Exkurs wird das Mobile IP beschrieben – seine Position als Lösung für drahtlose Internet-Konnektivität und wohin der Weg führen wird.

ca. 380 Seiten, erscheint 10/99
DEM 99,90, ATS 729,00, CHF 88,00
ISBN 3-8273-1546-8

THE SIGN OF EXCELLENCE

Mobilkommunikation

Techniken für das allgegenwärtige Internet

Jochen Schiller

Der Markt mobiler, drahtloser Kommunikation wächst rapide. Neue, integrierte Lösungen werden ebenso benötigt wie Kommunikationsprofis. Das Buch vermittelt fundiertes Wissen aus den Bereichen Signalübertragung, Medienzugriffsverfahren, Mobilfunk (GSM, UMTS), Satelliten, Rundfunk (DAB), drahtlose lokale Netze (IEE 802.11/15), mobiles Internet (WAP, Mobile IP, TCP) und WWW. Zahlreiche Beispiele beschreiben die Umsetzung der verschiedenen Technologien in der Praxis.

net.com

560 Seiten, 1. Auflage
DM 69,90/öS 510,00/sFr 63,00
ISBN 3-8273-1578-6

THE SIGN OF EXCELLENCE

Webdesign mit Adobe Photoshop 5.5

Webgrafiken professionell gestalten
mit Mac und PC

Michael Baumgardt

Gelernte Grafiker erfahren, wie sie »ihr« Bildbearbeitungsprogramm kompetent für das Webdesign einsetzen können. Besonders werden Themen wie das Web-Farbmanagement, Bildformate und Dateigrößen behandelt, wobei der Autor verschiedene Bildformate wie GIF, JPEG und PNG hinsichtlich Ihrer Komprimierungskapazitäten vergleicht und ihre optimale Verwendung aufzeigt. In Ergänzung zu Photoshop werden die Stärken und Einsatzmöglichkeiten der Webdesign-Tools Image Ready, ImageStyler und Golive aufgezeigt.

dpi

288 S., 1 CD-ROM, 2. Auflage 2000
DM 99,90/öS 729,00/sFr 88,00
ISBN 3-8273-1581-6